21世纪高职高专国家示范院校物流管理专业工学结合系列教材

连锁经营管理原理与实务

LIANSUO JINGYING GUANLI YUANLI YU SHIWU

主　编　魏国平　缪兴锋
副主编　王小玲　刘　鹏

华南理工大学出版社
·广州·

图书在版编目(CIP)数据

连锁经营管理原理与实务/魏国平,缪兴锋主编. —广州:华南理工大学出版社,2011.2
(21世纪高职高专国家示范院校物流管理专业工学结合系列教材)
ISBN 978-7-5623-3401-9

Ⅰ.①连… Ⅱ.①魏… ②缪… Ⅲ.连锁商店 – 商业经营 – 高等学校:技术学校 – 教材 Ⅳ.①F717.6

中国版本图书馆CIP数据核字(2011)第015646号

总 发 行:华南理工大学出版社(广州五山华南理工大学17号楼,邮编510640)
营销部电话:020 – 87113487　87110964　87111048(传真)
　　　　　　E-mail:scutc13@ scut. edu. cn　　http://www. scutpress. com. cn
责任编辑:吴兆强
印 刷 者:广州市穗彩彩印厂
开　　本:787mm×1092mm　1/16　印张:10.75　字数:276千
版　　次:2011年2月第1版　2011年2月第1次印刷
印　　数:1～2500册
定　　价:20.00元

版权所有　盗版必究

"21世纪高职高专国家示范院校物流管理专业工学结合系列教材"
编 委 会

顾　问：王之泰（中国物流学会副会长，教授）

主　编：叶小明（广东轻工职业技术学院院长，教授）

　　　　张宁东（南宁职业技术学院副院长，教授）

副主编：缪兴锋（广东轻工职业技术学院，教授/高工）

　　　　陈杰伦（广东工程职业技术学院副院长，副教授）

　　　　周　旺（南宁职业技术学院教务科研处处长，教授）

　　　　秦殿军（南京工业职业技术学院系主任，教授）

编　委：（按姓氏笔画顺序排列）

　　　　方　轮　王秀贵　印晓南　刘大为　伍　曙　朱　权

　　　　孙　振　叶　枫　刘　鹏　别文群　张　强　范家巧

　　　　张　梅　魏国平　胡艳曦　赵迪琼　徐　御　黄　慧

　　　　梁海琼　曾敬然

总策划：潘宜玲

策　划：吴兆强　孟宪忠

企业专家委员会：

徐隆久（东莞市威特隆仓储设备有限公司 总经理）

马建聪（国药控股广东恒畅物流有限公司药品现代物流中心 总经理）

姜世建（北京易通交通信息发展有限公司 IT 事业部 经理）

邵清东（北京络捷斯特科技发展有限公司 总经理）

申　昊（深圳市中海资讯科技有限公司教育项目经理）

薛　原（广州微智科技有限公司 总经理）

李智杰（广州市智成计算机科技有限公司 总经理）

任其林（广西大泽联合商贸有限责任公司 副总经理）

参编院校名单：

广东轻工职业技术学院（国家示范性院校）

南宁职业技术学院（国家示范性院校）

南京工业职业技术学院（国家示范性院校）

番禺职业技术学院（国家示范性院校）

广东经济管理学院

广东工程职业技术学院

广东岭南职业技术学院

广东技术师范学院天河学院

东莞南博职业技术学院

湖南科技职业技术学院

前　言

连锁经营最早兴起于商业发达的美国,这种先进的经营模式后来不断扩散。现在,连锁经营正风靡全球,在欧、美、日等经济发达国家的商业领域中占据了主导地位。中国由于买方市场的形成和新兴业态的兴起,推动着中国零售业格局在世纪之交发生了重大变革。数十年来以传统百货店为主的中国零售业,已逐渐进入以连锁经营为主的业态多样化时代,其发展速度远远超过了英、美、日等经济发达国家,目前,我国已跃居世界连锁经营大国之列。最近十年是中国连锁业发展最快的时期,也是政府管理部门探索连锁行业管理、连锁企业深入思考和实践发展模式的十年。连锁企业经营与管理水平的提高不仅需要高级连锁经营管理人才,也需要大量掌握一定专业技术、服务于一线的应用型、技能型与操作型的连锁经营专业人才,连锁经营管理的高等职业教育责无旁贷地肩负这个重任。

我国连锁经营的职业教育仍十分滞后,现代连锁经营管理人才严重匮乏。在结合连锁经营人才的需求特征、国内外连锁经营学科的发展动态和未来高职连锁经营管理教育的要求的前提下,本教材开发宗旨是以素质教育、创新教育为基础,以企业岗位需求为依据,以增强学生职业能力为本位,力求突出以下特色。

(1) 理念与方法创新。秉承连锁经营管理专业人才培养目标,根据职业岗位群和工作技能对专业知识结构要求,本教材倡导目标驱动型的教学模式,强调问题解决和创新实践;结合学生的专业实际,引导学生自主选择、自我设计连锁经营管理的具体工作任务和项目,提供拓展内容,调动学生的主观能动性,挖掘学生潜力,在教师的指导和引导下,通过实践、参与和合作等方式,实现任务目标;以知识目标为基础、能力目标为杠杆,摒弃"借用教材、压缩内容"的滞后方法,专门开发符合高职特点的"工学结合教材"。在对职业岗位所需求的专业知识和专项能力进行科学分析的基础上,借鉴国内外先进教材,以确保符合职业教育的特色。

(2) 教学内容创新。针对高职高专学生的特点、培养目标及学时压缩的趋势,以项目任务为导向,控制内容深浅度、覆盖面及写作风格,力求反映知识更新和连锁经营行业发展的最新动态,将新知识、新内容、新案例及时反映到教材中,体现了高职教育专业紧密联系行业和企业的实际要求。每一章节均由大量的现实案例、相关链接、实训项目等构成,增加教学的应用性和仿真性,所有案例均贴近连锁经营管理的具体实际和高职教学的要求。

本书由广东轻工职业技术学院魏国平老师、缪兴锋老师、刘鹏老师及广东电子商务技师学院王小玲老师编写。本书既可作为高职高专院校物流管理、连锁经营管理专业以及市场营销专业的核心课程教材，也可作各层次成人教育和企业培训教学参考书，同时适合作为广大连锁经营和零售业从业人员的自学读物。为了配合教学需要，我们还制作了每章的电子课件，若有需要请与编者联系：E-mail：wgpftz@126.com。或与编辑联系：吴兆强 QQ 362992115。

本教材在编写过程中得到了许多院校和研究机构的专家、教授和连锁经营企业领导的大力支持，在此一并致谢。由于编者水平有限，书中难免存在疏漏和不足之处，恳请广大读者提出宝贵意见，以日臻完善。同时，在编写过程中参考了大量的书籍、文献，引用了许多学者的资料，在此谨对他们表示衷心的感谢。此外，书中难免遗漏而未注明出版之处，敬请见谅。

编　者

2010 年 9 月

目　录

项目1　连锁经营管理原理与概述 ……………………………………………… (1)

　知识目标 ………………………………………………………………………… (1)
　能力目标 ………………………………………………………………………… (1)
　教学任务 ………………………………………………………………………… (1)
　引导案例 ………………………………………………………………………… (1)
　1.1　连锁经营内涵及基本特征 ………………………………………………… (4)
　　1.1.1　连锁经营的内涵 …………………………………………………… (4)
　　1.1.2　连锁经营的优势 …………………………………………………… (8)
　　1.1.3　连锁经营四个层次的统一 ………………………………………… (9)
　　1.1.4　连锁经营的3S特征 ………………………………………………… (10)
　1.2　连锁经营的产生与发展 …………………………………………………… (12)
　　1.2.1　连锁经营的产生 …………………………………………………… (12)
　　1.2.2　我国连锁经营发展的现状 ………………………………………… (12)
　1.3　连锁经营的类型 …………………………………………………………… (15)
　　1.3.1　直营连锁 …………………………………………………………… (15)
　　1.3.2　特许连锁 …………………………………………………………… (17)
　　1.3.3　自由连锁 …………………………………………………………… (23)
　1.4　直营连锁、特许连锁与自由连锁的区别与比较 ………………………… (24)
　　1.4.1　直营连锁、特许连锁与自由连锁的区别 ………………………… (24)
　　1.4.2　直营连锁、特许连锁与自由连锁的比较 ………………………… (25)
　复习思考题 ……………………………………………………………………… (25)
　驱动任务与实训项目 …………………………………………………………… (26)
　课后案例 ………………………………………………………………………… (26)

项目2　连锁经营的业态理论分析与运用 ………………………………………… (29)

　知识目标 ………………………………………………………………………… (29)
　能力目标 ………………………………………………………………………… (29)
　教学任务 ………………………………………………………………………… (29)
　引导案例 ………………………………………………………………………… (29)

2.1 业态的内涵及基本特征 (30)
2.1.1 业态的内涵 (30)
2.1.2 有店铺零售业态的构成要素与基本特征 (32)
2.1.3 零售业态与零售业种 (33)
2.2 适合连锁经营的业态 (33)
2.2.1 超级市场 (34)
2.2.2 专业店与专卖店 (35)
2.2.3 便利店 (36)
2.2.4 仓储式商店 (36)
2.2.5 购物中心 (37)
2.2.6 自动售货机 (38)
2.3 零售组织演变规律与西方零售业发展演变 (43)
2.3.1 零售组织分类 (43)
2.3.2 零售组织演化规律理论 (44)
2.3.3 西方零售业的重大变革 (45)
2.4 我国零售业发展的基本认识 (48)
2.4.1 我国零售业的变革历程 (48)
2.4.2 我国零售业变革的动因 (48)

复习思考题 (49)
驱动任务与实训项目 (49)
课后案例 (49)

项目3 连锁企业的组织结构设计与岗位配备 (52)

知识目标 (52)
能力目标 (52)
教学任务 (52)
引导案例 (52)

3.1 连锁经营的组织结构设计 (55)
3.1.1 连锁经营企业组织结构设计的考虑因素 (55)
3.1.2 连锁经营企业组织结构设计的内容 (56)
3.1.3 连锁经营企业组织结构设计的原则 (57)
3.1.4 连锁经营企业组织结构设计的基本程序 (58)
3.2 连锁经营企业组织结构类型选择 (59)
3.2.1 中小型连锁经营企业的组织结构 (59)
3.2.2 大型连锁经营企业的组织结构 (60)

3.3 连锁企业总部功能 ……………………………………………………… (61)
3.4 连锁企业总部职能部门的管理职责 ………………………………… (62)
3.5 连锁经营门店结构设计 ………………………………………………… (64)
    3.5.1 门店的组织结构与职能 …………………………………………… (64)
    3.5.2 门店主要岗位的管理职责 ………………………………………… (64)
复习思考题 …………………………………………………………………… (67)
驱动任务与实训项目 ………………………………………………………… (68)
课后案例 ……………………………………………………………………… (68)

项目4 连锁门店店址选择与开设 ……………………………………… (70)

知识目标 ……………………………………………………………………… (70)
能力目标 ……………………………………………………………………… (70)
教学任务 ……………………………………………………………………… (70)
引导案例 ……………………………………………………………………… (70)
4.1 商圈理论的基本认识 …………………………………………………… (72)
    4.1.1 商圈理论的基本内涵 ……………………………………………… (72)
    4.1.2 商圈的具体内容 …………………………………………………… (72)
4.2 商圈分析的内容与步骤 ………………………………………………… (73)
    4.2.1 商圈分析的基本内容 ……………………………………………… (73)
    4.2.2 商圈饱和度分析方法 ……………………………………………… (75)
    4.2.3 商圈分析的步骤 …………………………………………………… (75)
4.3 连锁企业门店店址选择 ………………………………………………… (75)
    4.3.1 店址选择的重要性 ………………………………………………… (75)
    4.3.2 连锁企业门店选址的考虑因素 …………………………………… (76)
    4.3.3 连锁企业门店选址步骤 …………………………………………… (77)
    4.3.4 门店选址的禁忌地段 ……………………………………………… (80)
    4.3.5 门店选址决策 ……………………………………………………… (81)
4.4 连锁门店店铺租赁 ……………………………………………………… (83)
    4.4.1 连锁门店店铺租赁注意事项 ……………………………………… (83)
    4.4.2 连锁门店店铺租赁合同的签订 …………………………………… (85)
4.5 连锁门店开店资金筹措与运用 ………………………………………… (88)
4.6 连锁门店的开业手续办理与开业 ……………………………………… (89)
    4.6.1 连锁门店开业的手续办理 ………………………………………… (89)
    4.6.2 门店开业筹备与开业 ……………………………………………… (89)
复习思考题 …………………………………………………………………… (92)

驱动任务与实训项目 …………………………………………………………… (92)
课后案例 ……………………………………………………………………… (92)

项目5　连锁经营策略 …………………………………………………………… (96)

知识目标 ……………………………………………………………………… (96)
能力目标 ……………………………………………………………………… (96)
教学任务 ……………………………………………………………………… (96)
引导案例 ……………………………………………………………………… (96)

5.1　连锁经营的商品策略 …………………………………………………… (98)
5.1.1　连锁经营的商品分类 ………………………………………………… (98)
5.1.2　连锁企业的基本商品分类 …………………………………………… (99)
5.1.3　连锁企业商品分类体系的建立 ……………………………………… (100)
5.1.4　连锁企业商品策略 …………………………………………………… (100)
5.1.5　连锁企业商品结构策略 ……………………………………………… (101)
5.1.6　连锁企业确定商品范围与构成的考虑因素 ………………………… (103)
5.1.7　连锁企业商品结构优化管理 ………………………………………… (104)

5.2　连锁经营的价格策略 …………………………………………………… (108)
5.2.1　影响连锁企业定价的主要因素 ……………………………………… (108)
5.2.2　连锁企业的定价策略 ………………………………………………… (110)
5.2.3　连锁企业商品的定价方法 …………………………………………… (112)
5.2.4　连锁企业商品价格的调整 …………………………………………… (116)

5.3　连锁经营的促销策略 …………………………………………………… (118)
5.3.1　连锁经营促销的含义与类型 ………………………………………… (118)
5.3.2　连锁经营的促销策划 ………………………………………………… (119)
5.3.3　连锁经营的广告策略 ………………………………………………… (122)
5.3.4　连锁企业的销售促进 ………………………………………………… (124)
5.3.5　连锁经营的公共关系 ………………………………………………… (126)

复习思考题 …………………………………………………………………… (131)
驱动任务与实训项目 ………………………………………………………… (131)
课后案例 ……………………………………………………………………… (132)

项目6　连锁经营的培训与督导体系构建 ………………………………………… (138)

知识目标 ……………………………………………………………………… (138)
能力目标 ……………………………………………………………………… (138)
教学任务 ……………………………………………………………………… (138)

引导案例 ……………………………………………………………………… (138)
6.1 连锁经营培训体系 ………………………………………………………… (140)
　6.1.1 连锁经营培训体系的内涵 ………………………………………… (140)
　6.1.2 连锁经营培训体系的具体规划——"五T模型" ………………… (141)
　6.1.3 连锁经营门店店长的培训课程规划 ……………………………… (142)
　6.1.4 连锁经营门店店员培训课程规划内容 …………………………… (144)
6.2 连锁经营督导体系 ………………………………………………………… (148)
　6.2.1 构建连锁专卖网络督导体系的含义 ……………………………… (148)
　6.2.2 构建连锁专卖网络督导体系的具体内容 ………………………… (149)
　6.2.3 连锁专卖店督导流程、工作内容与评估考核 …………………… (150)
复习思考题 …………………………………………………………………… (153)
驱动任务与实训项目 ………………………………………………………… (154)
课后案例 ……………………………………………………………………… (154)

参考文献 ……………………………………………………………………… (157)

项目 1　连锁经营管理原理与概述

【知识目标】
1. 掌握连锁经营管理的含义和内容；
2. 了解连锁经营的历史发展；
3. 熟悉连锁经营管理的特征与发展趋势；
4. 掌握连锁经营基本类型。

【能力目标】
1. 学会将连锁企业的具体运作形成标准化管理方案；
2. 能根据连锁企业基本原理识别连锁经营优势；
3. 能分析连锁企业具体经营过程中存在的问题。

【教学任务】
1. 连锁经营的内涵及基本特征；
2. 国内外连锁经营发展的情况；
3. 连锁经营类型。

【引导案例】

连锁经营在"十一五"开局之年再创新高
——2006 年中国连锁 100 强经营分析

2006 年作为"十一五"的开局之年，我国连锁经营的发展跃上了一个新的台阶。

根据商务部商业改革发展司和中国连锁经营协会的调查统计，2006 年"中国连锁经营 100 强"销售规模达到 8 552 亿元，同比增长 25%，大大高于社会消费品零售总额 13.7% 的增幅。门店总数达到 69 100 个，同比增长 57%，剔除个别企业超常规发展因素，调整后门店总数增长 26%，与销售规模增幅基本持平。营业总面积达 5 170 万平方米，同比增长 16%。员工人数达 204 万人，同比增长 31%。继 2005 年"连锁 100 强"总销售规模占社会消费品零售总额的比重首次突破 10%（达到 10.5%）后，2006 年进一步提高到 11.2%。

在"连锁 100 强"中，国美电器集团以 869.3 亿元销售规模、820 家店铺的业绩首次跃居第一，百联集团有限公司、苏宁电器集团、华润万家有限公司、大连大商集团有限公司分别以 770.9 亿元、609.5 亿元、378.5 亿元、361.4 亿元的业绩排名第二至第五位。通过对 2006 年"中国连锁经营 100 强"的分析，有以下几个特点值得关注。

一、行业集中度进一步提高

从总体规模看,近几年,100强企业的总销售规模平均增幅超过30%,2002～2006年占社会消费品零售总额的比重分别为6.0%、7.8%、9.3%、10.5%和11.2%,五年内将近翻了一番。2006年,100强中的前10家企业总销售规模达4 073亿元,占100强总销售规模的48%,比2005年提高了4个百分点;前30家企业的总销售规模达6 396亿元,占100强的75%。从单个企业看,100强企业平均销售规模为85.5亿元,平均拥有店铺510家(剔除个别企业超常规发展因素),2005年则分别为70.8亿元和383家店。2006年,100强企业中最后一位的销售规模达11.8亿元,比2005年的最后一位增长44%,比2004年的增长145%。从业态情况看,家电专业店一枝独秀。有5家家电企业入围前30强,即国美、苏宁、五星、大中、宏图三胞,其销售规模和店铺数量的增幅分别为56%和54%,远高于其他业态。

二、外资零售企业发展活跃

一是开店速度快。2006年,家乐福新开33家店,沃尔玛新开15家店,麦德龙新开6家店。以经营大型超市为主的11家外资零售商(家乐福、大润发、沃尔玛、好又多、易初莲花、麦德龙、乐购TESCO、百佳、欧尚、永旺、华糖)新开店铺数量超过100家,也超过了上年同期水平。

二是并购力度大。在快速开店的同时,外资企业普遍采取了并购的扩张方式。其中,比较具有代表性的是百思买控股江苏五星电器,家得宝并购家世界家居,特易购增资并控股乐购,百盛收购输出管理百货店,沃尔玛宣布收购好又多(2007年初宣布)等。在这些并购案例中,并购企业实力强,涉及金额大,并购的战略意图明显。此外,在现有的中外合资公司内,外方通过收购合作公司的股权,加快了独资经营的步伐。

三是效益水平高。18家以国外品牌经营零售企业,店铺数量增幅只有20%,不及100强平均水平,但销售规模增幅却达27%,高于100强平均水平。其中11家以经营大型超市(包括会员店)为主的外资企业共经营567家大型超市,比2005年增加102家门店。单店销售规模为2.15亿元,同比增长5%,大大高于国内同业态店铺的销售。

三、企业盈利水平普遍改善

2006年100强企业总销售规模同比增长25%,增幅分别比2005年和2004年降低8%和9%,但企业的效益水平普遍改善。首先,百货业态效益大幅提高。如北京王府井百货(集团)股份有限公司店铺数量仅增长了14%,销售规模却上升了29%,其中上市公司部分净利润1.81亿元,同比增长570.37%。百盛集团上市公司部分的经营利润增幅达78.2%。其他以百货业态为主的企业,毛利水平和净利润也都有不同程度的提高。其次,超市业态盈利能力明显增强。以超市和大型超市为主要业态(不包括百货店和便利店)的企业,店铺数量和销售规模保持同步增长,增幅均为19%。总体库存周转次数由上年的平均11.7次增加到12.2次,毛利率由12.6%提高到12.9%。自有品牌商品销售规模达到43.5亿元,比上年增长52%。便利店企业的平均毛利率也由2005年的16.8%提高到2006年的17.7%,库存年平均周转次数由20次增加到24次。效益提高的原因主要有两个方面：其一是经营管理水平的提高，包括采用新的管理技术，不断创新经营，强化控制成本等；其二是消费环境的改善，这对百货店业态的影响尤为明显。

四、区域优势企业份额持续扩大

2006年100强企业中，有58家是以区域发展为主的企业，比2005年增加了4家，其中北京、山东、江苏各有7家。2006年，58家企业共实现销售规模2 660亿元，店铺数23 700个，占100强的比重为31%和34%，分别比2005年增长了21%和23%。区域性企业一般在本地区占有较大的市场份额。以进入100强的三家山东企业为例，2006年，山东家家悦超市有限公司销售规模（注：含部分威海市外门店销售额）占威海市社会消费品零售总额的19%，利群集团股份有限公司和青岛维客集团股份有限公司两家企业的总销售规模则占青岛市社会消费品零售总额的4%。

五、特许经营发展迅速

在2006年100强企业中，共有46家开展了特许经营（2005年为41家），特许经营的销售规模达1 020亿元，比2005年增长了27%，占100强总销售规模的比重为11%。2006年100强企业共有加盟店4.1万个，超过了开展特许经营企业的直营店数量，比2005年翻了一番，占100强总店数的59%。开展特许经营较多的业态和业种是便利店、农村超市、餐饮企业等。

六、行业地位和责任提升

2006年是政府出台零售业相关政策法规最多的一年，涉及并购、促销、工商关系、食品安全、农村商业、特许经营、分等定级等内容，从规划、规章、规定等多个层面，坚持规范与促进并举，成为零售业和连锁经营健康快速发展的外部助推力。例如，连锁100强中部分企业店铺数出现超常规增长，其中一个重要原因是商务部"万村千乡"市场工程实施后，农村店增长迅速，如新合作商贸连锁有限公司一年内新增门店15 200家。2006年零售业成为中国经济发展的热门领域，这与连锁经营这种现代经营方式的应用密不可分。行业地位越高，社会给予行业的关注就越多。2006年连锁100强企业与资本市场关系更加紧密，有22家为上市公司或具有上市公司背景，一些100强企业成为收购或被收购的对象。

连锁经营在快速发展的同时，也要求行业承担相应的社会责任，如维护和谐的工商关系、提高食品安全管理水平、保护消费者权益等，这些都要求企业通过不断完善自身经营管理水平、提升核心竞争力来实现。

资料来源：中国连锁经营协会

阅读讨论：

1. 什么是连锁经营？连锁经营与传统的商业经营模式有什么不同？
2. 连锁经营为什么会发展如此迅速？有何特征？
3. 如何全面认识连锁经营？

1.1 连锁经营内涵及基本特征

1.1.1 连锁经营的内涵

连锁经营是以企业的"总部"、"配送中心"和若干数量的"连锁分店"组织机构为基础，在统一店名、统一店貌、统一采购、统一配送、统一财务、统一经营、统一价格、统一服务、统一管理等若干统一的管理方式下，由若干数量的连锁分店，构成规范、统一、规模化、连锁化的销售网络体系，从事商品或者服务的商业企业经营模式。连锁经营是商业经营领域中的一种企业经营模式，从广义上讲加盟也可以称之为连锁。连锁经营在我们身边有很多成功的企业，比如：快餐店中的肯德基、麦当劳；家电行业中的国美、苏宁、三友等都是连锁经营好的范例。

连锁经营是当今世界上许多国家的不同企业普遍采用的一种现代化的商业经营模式，其存在的方式是以连锁店作为基础，连锁店则是总部领导和管理下的采用规范化经营和标准化管理的联合体，连锁经营具备在数量上和规模上的优势，不同的国家在对连锁经营企业的界定时在数量上有不同的规定。美国商务部规定连锁经营企业其连锁分店数量至少要达到 11 个，而我国的工商管理部门规定连锁经营企业其连锁分店数量至少要达到 10 个。

连锁经营应该考虑管理分销的 3 个重要因素：成本、覆盖率、控制。通常运营成本包括：筹建连锁店的资金、工商注册的费用、工商税务费用、员工工资、流动资金等方面的现金。在市场的覆盖率方面，连锁经营企业不仅可以区域经营，也可以使用招商加盟的方式来增加市场覆盖率，扩大市场影响力。控制主要是对连锁分店的管理、运营、服务、销售等方面的控制。发展连锁经营，可以改变我国商业经营中的陈旧观念与落后的经营管理模式，改变低效率的物流运作方式，完善商业企业的经营机制，为商业企业的经营管理注入新的活力。同时也可以促进大流通、带动大生产，提升流通产业竞争力和行业的集中度，推进流通现代化，从而提高企业工作效率和经济效益。目前，连锁经营在我国发展速度逐步加快，日益显示出其经营优势和效率，已成为我国零售业、餐饮业和服务业普遍应用的经营方式、管理模式和组织形式，并加快向汽车、医药、美容化妆品、烟草、家居建材、加油站等多业种渗透，我国的制造企业在自建渠道方面也采用连锁经营的模式，显示出了连锁经营的强大的生命力和发展潜力。

【相关链接】

财富金矿：十大热门连锁行业

自 20 世纪 90 年代中期，特许经营模式开始在我国推广，2000 年以后进入高速发展期。截至 2004 年底，我国特许加盟店铺数达 12 万家，从业人员 180 万人，2004 年新增就业人数约 60 万人。尤其伴随着我国《商业特许经营管理办法》的出台，中国已成为发展最快、市场空间最大同时也是投资者和国外特许经营者最关注的市场。据了解，从 2005

年1月底开始，中国连锁经营协会首次对我国特许经营企业状况进行了全面、深入的调查，内容包括特许企业经营状况、发展模式、配送体系、合同、总部面临的主要困难、加盟商等20多项，涉及餐饮、家装、洗衣、教育、图书/音像、汽车养护和维修、服装、美容、药店、房屋中介服务等15个行业。调查显示，从目前各行业特许经营的发展态势和投资人的加盟热点看，便利店、汽车养护、家装、房屋中介、教育培训、美容健身、餐饮、洗衣、服装、图书音像销售10个行业成为投资热门。传统行业进入品牌维护期，餐饮业、服装业和零售业是我国最早进入特许经营的传统行业，同时也可谓是其三大支柱行业。大多企业经过几年初创期的发展，加盟店都在100家左右，达到了高峰，品牌也有了一定知名度。但由于发展速度过快，体系对加盟商的支持开始减弱，控制力也不断下降，所以总部开始放慢加盟，集中精力发展直营店，重新树立品牌成为企业当前重点。行业进入品牌维护期。

1. 零售业：社区便利店是重点

零售业是国内最早尝试发展特许加盟的行业。目前，零售业发展特许经营的主力业务是便利店。在发展便利店连锁经营方面，上海走在最前列，被称为"上海企业领跑中国便利店"。

据商务部的统计数据显示，便利店已成为我国连锁商业发展最新的亮点。2004年，我国前30家连锁企业中，便利店的销售增长额达到49.7%，居各业态之首。像颇具全国代表性的上海联华快客、上海可的、上海良友金伴以及北京物美便利超市，2004年总店数都在500家以上，上海联华快客更是多达1800家，销售额也都在10亿元以上。可便利店发展也不能盲从，社区便利店和社区超市应是社区商业的重点。2004年11月，在万年花城举办的2004年社区商业发展高峰论坛暨大盘社区商业研讨会上，北京市商务局规划处副处长范瑞就表示，在每间隔500米处设置一个便利店；支持社区引进小型的折扣店及连锁经营的综合超市；鼓励消费水平较高的社区完善美容美发、酒吧茶馆、餐饮娱乐等个性消费的商业服务。据介绍，国外一些连锁企业大举进入北京社区。目前，冠军店已有5家，7-eleven便利店8家，迪亚天天折扣店则达40家。

2. 餐饮美食：理性发展

餐饮连锁是特许加盟的主导力量。从1993年全聚德集团发展特许加盟体系开始，餐饮业在特许经营领域的发展中一直起带头作用。但随着行业的不断发展，目前，餐饮业已步入品牌调整期。马兰拉面、老家快餐店2004年加盟店数仅增长3%左右，大大少于直营店的增长。东来顺也对其自身经营发展速度进行了调整，2005年按15%的速度增长；而经过几年快速发展的昆明大滇园滇味火锅已经进入盘整阶段，2004年加盟店关闭了45家，2005年计划只建3至5家。但行业整体势头仍猛。

据统计，2004年餐饮业快速发展，餐饮消费成为消费增长的亮点，餐饮业实现零售额7 486亿元，增长21.6%，高于社会消费品零售总额增幅8.3个百分点，比上年净增1 300多亿元，实现中国餐饮年营业额连续14年高增长；实现营业税金411亿元，同比增长23.3%，占社会消费品零售总额的比例将达到14%，对社会消费品零售总额的增长贡献率为21%。以全聚德为代表的中式正餐企业在特许经营方面积极探索，而中式快餐特许经营则进入相对稳定和理性的盘整期，骨干企业的品牌效应日益明显，新生代品牌悄然脱颖而出。外资西式快餐特许经营全面启动。西式快餐的代表企业麦当劳在2003年建立中国内地第一家特许加盟店后,其在中国内地的特许经营战略已清晰。据了解,麦当劳已在数千报名加盟的投资者中面试了50多人,部分人已开始了为期一年的培训。

3. 服装服饰:渐趋规范

服装行业是特许加盟的积极参与者和实践者。贝纳通、鳄鱼、金利来、杉杉等品牌的成功使众多服装企业对特许经营情有独钟。特许经营的确可弥补其本身规模的不足,使企业以较少资本实现快速发展。虽然在发展过程中,也难免经历一些诸如"模式转换之痛"的问题,但服装业的特许经营与餐饮、零售等有很大差别,其他产品的特许经营可以只提供"模式",而服装必须提供最终产品,因此,服装企业的特许经营常常只是在价值链末端销售环节的"特许",永远不会伸展到前端"原材料采购"、"产品设计"、"产品生产"诸环节。特许人和被特许人在价值链上的战略同盟关系使得服装企业或服装品牌的特许经营从一开始就在一条相对规范的道路上运行。所以前景还是比较看好。据了解,在我国"服装之都"的温州,其品牌服装以特许经营方式在全国开设了近万家专卖店,占领了温州服装总产值约60%的市场份额。而另据业内专家估算,单就我国休闲服装至少应有1 400亿元的巨大市场。可休闲服装品牌1990年左右进入国内市场,目前还未见年销售额超过20亿元的品牌,也就是说还没有人能拿到超过2%的份额。

4. 洗衣行业:稳中求胜

洗衣业开展特许经营源于20世纪90年代中期,是目前我国特许经营应用最为广泛、市场发展也较稳定的行业,其领导品牌基本形成,管理体系也趋于成熟。2004年洗衣行业总店铺平均增长率为25%,其中加盟店增长21%;总收入增长46%,其中加盟店增长率为46%。同特许行业整体增长率相比,该行业连锁发展速度放缓,但收益状况仍然保持较高水平。

2004年洗衣业服务网点已经发展到100多万个,从业人员也从1979年的3万人发展到今天的400多万人。据业内专家估算,洗衣市场容量将在400亿元。像北京的福奈特和荣昌·伊尔萨、上海的"象王"(中国台湾品牌在内地发展)和郑州的"康洁"等就是利用特许经营实现了其在全国的扩张。

5. 家装行业:产业链整合

家装行业是我国改革开放后迅速发展起来的新兴行业,日益成为新的消费热点和新的经济增长点。据中国建筑装饰报告,截至2003年,我国建筑装饰行业年产值已达8 000亿元左右,其中家装产值约4 500亿元,行业内共有企业近20万家,从业者队伍达到1 000余万人,年实现增加值超过2 000亿元,平均每年递增30%以上,预计2005年将上升到6 000亿元以上。其创造的价值已跃居轻工业40多个行业的前列。家装行业市场容量之大、发展速度之快、行业分布之广,已超过国内的汽车产业和家电产业,前景十分广阔,形成兴旺发达的朝阳产业。家装行业开展特许经营是从2001年开始的。在目前我国家装行业的"特许经营"还没有形成完整意义上的规范,整个家装市场还处在一个相对滞后、混乱的市场格局下。但家装特许经营模式随着家装行业近十年的迅速兴起,其近6 000亿元的巨大商业空间依然受到了越来越多投资者的青睐。2004年,家装行业的特许经营进入一个非常关键的发展阶段,企业普遍把精力从前几年的重在数量扩张转向支持、提升现有的特许系统,放慢扩充网点的速度,实现系统良性发展。有些企业如北京东易日盛、业之峰、元洲、龙发,上海的百姓、重庆的九鼎日盛、深圳的居众等都开始整合家装、家居产业链,为加盟商提供更为广阔的利润增长空间。

6. 汽车养护:市场巨大

据有关资料显示,早在20世纪80年代,美国的汽车专业维修市场就开始迅速萎缩,汽车养护企业逐渐占到了整个汽车保修行业的80%以上。这些企业不但年均营业收入超过100亿美元,而且将车辆报废率减少1/5,一举取代了传统汽车修理业的霸主地位。而汽车"三分修,七分养"、"以养代修"的观念也已经深入人心。在国内,全国私人汽车的保有量已占汽车总量的1/3以上,在北京等大城市私人汽车拥有量还在大幅度增加。所以,汽车养护业作为我国一种新兴行业发展势头日渐迅猛,对于投资者来说,也是一种不错的选择。据了解,还有一些重点城市的区域品牌,类似北京月福、爱义行、中石化长城润滑油公司等,虽然目前没有开展特许加盟业务,但在未来,规模发展特许经营依然是其目标。

7. 房产中介:诚信是关键

近几年,由于国内市场上几千万套公房允许上市流通,房地产中介服务行业又迎来了一个"黄金"发展时期。据了解,在国外,90%以上的房屋流通通过中介企业完成,存量房的成交量远远超过了增量房,达到了5∶1,而在中国市场上,增量房的消费仍是主体,部分城市到了50∶1,二、三级市场非常活跃的城市也只不过1∶1左右,无论是从50∶1或1∶1,要达到国外的5∶1的水平,中介在此中的商机是无比巨大的。由于近两年房地产行业良好的发展势头,直接带动了房屋中介服务的迅速兴起,丰厚的投资回报刺激中介连锁店如雨后春笋般出现在大街小巷,连二、三级城市也出现了房屋中介的身影。天津顺驰置业2004年在全国的店铺数就有800家,全年营业收入总额也有1.5亿元。

调查还显示,房产中介特许经营企业的店铺数和收入两项指标均高于特许行业平均增长水平两倍以上,收入更是在三倍以上。但从直营店和加盟店发展的绝对数上看,直营店大大高于加盟店数量,不同于其他行业。因为交易过程中技术含量不高,更像撮合;该行业很容易出现业主和租(买)户私下交易的"甩单"现象,所以,总部只好多开店,以量取胜,而直营店又能避免加盟店瞒报业绩的情况发生。诚信问题成为该行业特许经营发展的最大考验。

8. 美容健身:"槛"低利大

2004年中国美容经济论坛上发布的《中国美容经济调查报告》显示,美容业正成为中国继房地产、汽车、旅游和电子通讯之后的第五大消费热点。2004年美容服务业直接创造GDP 847.2亿元,直接提供税收约56亿元。全国有近500万直接从业者,同时间接带动的就业人数在140万人左右,并间接带动需求1 250亿元、税收104亿元和87亿元的增长利润。另据专家介绍,全国现有3 750多家化妆品企业,其中一半以上为民营企业。近年来美容经济一直以每年15%以上的速度增长。预计到2010年,全国美容服务性总收入将突破3 000亿元。全国目前用于美容业投入和改造的资金大约在2 000亿元以上。只是由于美容业导入特许经营相对较晚,目前多以产品代理或设备销售为主,所以,迅速扩大加盟网络是产品占领市场的行为。但它却忽视了特许经营的两个主要特性:服务模式和专有技术,其后果将导致加盟商难控制等矛盾出现,有的企业会萎缩,还有的企业最终还是要由产品品牌向服务品牌过渡。

9. 教育培训：方兴未艾

在国内，教育培训被称为"朝阳产业"，正显示出越来越强劲的需求势头。中国社科院公布的"2004年中国居民生活质量报告"显示，子女教育消费首次超过养老和住房消费，成为居民储蓄的最大目的。据估计，全国居民教育消费额每年约2 500亿元。

英语培训、婴幼儿教育、计算机培训是教育培训产业的三大支柱。根据调查分析，2004年这三大领域的总体市场规模近200亿元。由于教育培训领域的广阔市场和丰厚利润，国内外企业纷纷采取"教育连锁经营"的方式进军教育培训市场，其主要特点是采取特许经营方式进行授权经营。这些企业既包括APTECH计算机教育（北大青鸟）、英孚英语教育等全球性的特许连锁经营机构，也包括洋话连篇英语教育、银河网络教育、环球雅思、吉的堡、东方爱婴、红黄蓝亲子园、东方之星幼教等国内教育培训机构。

10. 图书音像："穷"则思变

在我国，图书音像行业一直存在着较大的政策壁垒。但根据中国入世承诺的进一步实施，图书音像零售行业政策有了较大的变动。根据加入WTO的协议，从2004年12月11日中国对外资开放了全国各地的所有图书零售市场。市场的开放必将推动国内图书音像连锁企业的前进步伐。2004年1月14日，在全国已经拥有600多家书店的席殊书屋成为《出版物市场管理规定》出台以来第一个获得全国图书连锁牌照的企业，此后山东世纪天鸿书业有限公司成为全国第一个同时获得出版物国内总发行权和全国性连锁经营权的民营企业。在音像零售行业，中凯旗下的音像连锁企业九洲回响已拿到文化部全国连锁的牌照。至此，拥有全国连锁牌照的音像企业已经达到12家。

资料来源：华夏经济网

1.1.2 连锁经营的优势

1. 连锁经营的竞争优势

与传统的商业经营模式相比较，连锁经营具备以下两个方面的竞争优势。

一是连锁经营具有降低成本运行的优势。连锁经营企业由于连锁分店数量多，集中采购和销售的规模较大，在采购环节除了在对供应商具备较强的议价能力之外，还可以降低采购费用。同时连锁企业的各分店之间有一定的联系，有利于专业化的分工与管理，可以提高企业的管理效率，从而可以降低管理费用。

二是连锁经营企业具备较强的市场占有率与开拓优势和整体营销优势。企业在激烈的市场竞争中，对市场的占有率和开拓的速度有很高的要求，与传统的商业经营方式相比较，采用成熟的赢利模式和扩张方式对市场的覆盖和开拓的速度相对较快。同时由于连锁经营的分店都必须要统一的店名、店貌、商品、价格、服务与管理，在消费者的心目中得到强化和认可，有利于企业树立良好形象，可以以较低的营销成本获得最大的收益。

2. 连锁经营分店数量的规模优势

连锁分店数量的规模化是连锁经营企业的生命。连锁经营企业的规模化途径和体现方式就是连锁分店数量的规模化。从连锁经营企业连锁分店的数量的发展来看，通过直接投资建立"直营连锁店"、以特许的方式建立"特许加盟店"、以自愿加盟的方式建立"自愿加盟连锁店"等三种方式能够快速发展分店数量，少则几十家，多则上千或者上万家，分别分布在不同的城市、区域或者国家。

连锁经营企业通过数量的规模化实现销售规模和市场占有与市场的区域覆盖，进而扩大连锁经营企业的市场销售额。而在扩大销售额的同时，使连锁经营企业的商品采购规模化、商品库存和配送集约化，通过规模优势降低企业的运营成本。

3．连锁经营的物流管理优势

连锁经营企业通过物流的系统化和标准化工作，实现物流配送的合理化，从而提升商品的配送效率，降低经营成本。连锁经营物流系统主要由采购、仓储、流通、装卸、配送和信息处理六个功能模块构成，这些功能模块相互作用、相互联系、相互制约，它们把各自特定的功能有机地结合起来、协调运行，共同产生出新的总功能。这个总功能再去协调各个子系统，从而使各子系统在相互联系、相互影响、相互制约中保持协调一致，在发挥各自特定功能的基础上形成系统的总功能，实现着商品的科学流动。同时各个功能模块在实际的运作过程中实现标准化。

连锁经营物流的系统化和标准化通常由配送中心来实现，配送中心是连锁经营的核心，通过配送中心的作业活动，可以简化门店的物流活动，从而降低连锁企业的物流总费用，实现商品在流通领域中的增值，并向门店提供增值服务。系统化和标准化是连锁经营物流合理化的基础，通过物流合理化最终可以实现整个连锁经营物流管理降低物流费用与减少商品销售成本、压缩库存进而减少流动资金的占用和物流合理配置，可以提高企业的管理水平。

1.1.3　连锁经营四个层次的统一

连锁经营在核心企业的领导下，采用规范化经营同类商品和服务，实行共同的经营方针和一致的营销行动，实行集中采购和分散销售的有机结合。其中的核心企业为总部、总店或本部，各个分散经营的企业叫做分部、分店、分支店或者成员店等。连锁经营在概念上具有四个鲜明的特征：企业识别（CIS）系统及商标统一、商品和服务统一、经营管理统一、经营理念统一（图1-1）。拥有这四项统一才算具备了连锁经营的基础，这四项统一在连锁经营的执行上难度和层次上各有不同。

1．企业识别系统及商标统一

企业识别系统作为企业的外在形象，是指连锁企业所暴露给公众的直接印象，包括连锁企业的招牌、标志、商标、标准色、标准字、装潢、外观、卖场布局、商品陈列、包装材料、员工服装、识别卡等。其作用在于不仅有利于识别，更重要在于消费者的认同，对企业产生很深的印象。企业识别系统与商标的统一是连锁企业经营内容的统一，是连锁经营四个层次统一中最基础的一项，对于连锁企业而言，只有外在形象的统一是远远不够的。

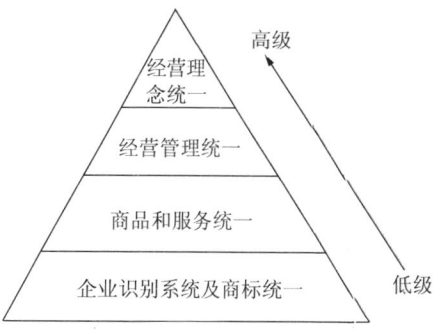

图1-1　连锁经营四个层次的统一

2．商品和服务统一

连锁商店店内的商品陈列、标价、促销等和所提供的服务皆一致化，各店铺的商品按照统一的规划摆放、组合。操作规范一致化，不管哪一家店均大同小异，使消费者对连锁店形成稳定的预期，即顾客去任何一家消费都有相同的感觉；消费者无论到哪家店铺，都保证可以享受到连锁商店所提供的一致的商品和服务。其主要表现在：连锁企业各门店所经营的商品都是经过总部精心策划和挑选的，是按照消费者需求做出的最佳的商品组合，并且在不断更新换代；所提供的服务也是统一规划的，无论任何地方任何一家门店，服务都是统一的、规范的；通过礼节、口号、招呼等行为语言，皆能识别出企业行为的一致性。

3. 经营管理统一

经营管理统一是企业内部管理模式的统一，是制度层面的统一。其主要表现在：经营战略、经营策略上实行集中管理，即由总部统一规划，制定规范化的经营管理标准，并下达给各门店认真执行；各门店必须遵从总部所颁发的规章制度，一切均要标准化、制度化、系统化。通常做法是制定连锁经营运营手册和建立一套标准化经营管理制度系统。

4. 经营理念统一

经营理念统一是企业全体员工的观念与行为的统一，是文化层面的统一。连锁企业的经营理念是该企业的经营宗旨、经营哲学、价值观念、企业定位和中长期战略的综合，是其全部经营管理活动的依据。任何一个成功的连锁企业，一定是一个独特的文化团体，经营理念是连锁企业的灵魂，是企业经营方式、经营构想等经营活动的根本出发点，连锁门店作为一个连锁系统的组成部分，无论规模大小、地区差异，都必须持有一个共同的经营理念。

以上连锁经营的"四个统一"是相对的统一，而不是绝对的统一。重点和难点是经营理念和经营管理的统一。经营理念是属于指导性、方向性的东西，一旦方向偏离了企业运营的轨道，那么后续的经营活动和整个连锁经营体系就无法达到预期的状态。

1.1.4 连锁经营的3S特征

连锁经营作为一种商业模式在激烈的市场竞争中迅速发展，其本质是它适应了社会化大生产的要求，在具体的经营管理过程中实现了商业活动的简单化、专业化和标准化，在一定的程度上获得其他商业形式无可比拟的效率和经济效益。简单化是采用连锁经营企业的基本贡献；标准化是连锁经营向规模发展，实现低成本扩张的基础；专业化是连锁企业能持续发展的法宝。

1. 简单化（Simplification）

简单化主要是指流程简单化，即将作业流程尽可能地"化繁为简"，减少经验因素对经营管理活动的影响，连锁经营模式成功的基础是全盘复制，不能因为门店数量的增加而出现经营管理活动的紊乱与无序。连锁系统整体庞大而复杂，必须将采购、财务、货源供求、物流、信息管理等工作流程和功能简明化，去掉不必要的环节和内容，以提高效率，使"人人会做、人人能做"。在实行简单化时首先要考虑行业特点，不同的行业简单化有自身的要求，实现简单化的具体措施是制定出简明扼要的操作手册，可以使企业的员工能按手册操作，各司其职，各尽其责，通过员工操作手册完成任务，即使人员频繁变动，也不会影响具体运营中的操作。

【案例链接】

麦当劳的简单化

麦当劳公司的第一本操作手册长度有15页，不久之后扩展到38页，1958年多达75页。在作业手册中可以查到麦当劳所有的工作细节。在第三本手册中，麦当劳开始教加盟者进行公式化作业：如何追踪存货，如何准备现金报表，如何准备其他财务报告，如何预测营业额及如何制定工作进度表等。甚至可以在手册中查到如何判断盈亏情况，了解营业额中有多大比例用于雇用人员，有多少用于进货，又有多少是办公费用。每个加盟者在根据手册计算出自己的结果后，可以与其他加盟店的结果比较，这样就便于立即发现问题。麦当劳手册的撰写者不厌其烦，尽可能对每一个细节加以规定，这正是手册的精华所在。也正因如此，麦当劳经营原理能够快速全盘复制，全世界上万家分店，多而不乱。

2. 标准化（Standardization）

标准化是指连锁企业为适应市场竞争的需要而采取的作业形式，是为持续地生产、销售预期品质的商品和服务而设定的既合理又较理想的状态、条件以及能反复运作的经营系统。即将一切工作都按规定的标准去做。连锁经营的标准化，表现在两个方面：一是管理和作业标准化，即总部、分店及配送中心对商品的订货、采购、配送、销售等各司其职，并且制定规范化规章制度，整个程序严格按照总公司所拟定的流程来完成。二是企业整体形象标准化，连锁门店的开发、设计、设备购置、商品的陈列、广告设计、技术管理等都集中在总部。总部提供连锁店选址、营运前的培训、经营过程中的监督指导和交流等服务，从而保证了各连锁店整体的外在形象一致性。

【案例链接】

麦当劳的标准化

人们熟知的麦当劳，其全世界的餐厅都有一个金黄色"M"形的双拱门，都以红色和黄色为主；根据统计，最适合人们从口袋里掏出钱来的高度是92厘米，因此，麦当劳柜台设计以92厘米为标准；店铺内的布局也基本一致：壁柜全部离地，装有屋顶空调系统；其厨房用具全部是标准化的，如用来装袋用的"V"型薯条铲，可以大大加快薯条的装袋速度；用来煎肉的贝壳式双面煎炉可以将煎肉时间减少一半；所有薯条采用"芝加哥式"炸法，即预先炸3分钟，临时再炸2分钟，从而令薯条更香更脆；在麦当劳与汉堡包一起卖出的可口可乐，据测在4℃时味道最甜美，于是全世界麦当劳的可口可乐温度，统一规定保持在4℃；面包厚度在17厘米时，入口味道最美，于是所有的面包做成17厘米厚；面包中的气孔在5厘米时最佳，于是所有面包中的气孔都为5厘米。

3. 专业化（Specialization）

专业化即将一切工作都尽可能地细分专业，同时在商品方面突出差异化。首先，专业化表现在连锁经营系统内部与门店之间的职能分工上。总部的作用就是研究企业的经营技巧，连锁总部设置不同职能部门进行业务管理分工并直接指导门店的经营，这就使门店摆脱了过去靠经验管理的营销，大大提高了企业的管理水平。同时连锁经营的专业化也表现在连锁门店依据运营程序与作业特点，在各个环节、岗位、人员的专业分工，使得采购、销售、送货、仓储、商品陈列、橱窗装潢、财务、促销、公共关系、经营决策等工作形成各个专业化职能领域，在整个连锁经营体系发挥专业化的作用。比如采购的专业化通过聘用或培训专业采购人员来采购商品可使连锁店享有下列好处：对供应商的情况较熟悉，能够选择质优价廉、服务好的供应商作为供货伙伴；了解所采购商品的特点，有很强的采购议价能力；商品陈列的专业化指由经过培训的理货员来陈列商品，善于利用商品的特点与货架位置进行布置，能及时调整商品位置，防止缺货或商品在店内积压过久。

1.2　连锁经营的产生与发展

1.2.1　连锁经营的产生

连锁经营作为零售商业的一种形式，首先在美国产生并发展起来，以后逐渐传到欧洲一些资本主义国家和日本。1859 年，世界公认的第一家直营连锁商店——大西洋和太平洋茶叶公司在美国纽约建立两家茶叶店；1865 年，这个公司的连锁店发展到 25 家，1880 年，发展到 100 家，1936 年已经扩张到 5 000 多家。1862 年，英国第一个连锁商店股份企业——无酵母面包公司在伦敦宣告成立。1866 年，法国创办第一家连锁集团。亚洲相对较晚，于 20 世纪 60 年代，日本三越、高岛屋、大荣、大丸、伊势丹等著名的百货公司都是通过连锁经营迅速成长起来。20 世纪之前，类似的连锁店已经在珠宝、家具、药品、鞋帽等众多行业中出现。连锁经营凭借其独到的优越性，在发达国家得到了迅速发展，其销售额在社会商品零售总额中的份额均超过 30％，美国更是高达 60％，成为零售业的主要形式。

自由连锁组织源于欧美，20 世纪初，在全国性直营连锁店的冲击下，中小企业为了生存，先是游说政府禁止连锁店扩张，后又以连锁店的发展会带来大量的失业和破产为由，劝告消费者不要到连锁店购物。这些措施失败后，中小企业不得已才联合起来，采取自由连锁的方式经营。第一家自由连锁店出现在 1887 年的美国，当时美国 130 家食品零售商共同投资兴办了一家联合批发公司，为出资的成员企业服务。到 1955 年，美国自由连锁店的销售额超过了直营连锁。20 世纪 60～70 年代，自由连锁发展到鼎盛时期，在亚洲的日本等国也得到迅速发展。

特许连锁组织源于美国，1865 年，胜家缝纫机公司率先以特许经营方式建立分销网络。20 世纪初，从可口可乐、百事可乐以及众多汽车商采用这种模式扩展销售网络开始，到肯德基、麦当劳取得巨大成功后，特许经营于 20 世纪 70 年代得到迅速发展。

1.2.2　我国连锁经营发展的现状

20 世纪 80 年代，肯德基、麦当劳在中国落户，连锁概念才开始被中国认同和接受，中国真正意义上的自己的连锁是在 1990 年底，东莞虎门镇出现了国内第一家连锁超市

——佳美超市,并于1991年发展到10多家。1993年开始,连锁经营从超市、快餐店开始向其他业态渗透,并成功地尝试了特许经营。此外一些服务行业如冲印店、干洗店、房地产中介所等开始尝试连锁经营。1996年,全球第一大零售连锁集团沃尔玛进入深圳;1995年,全球第二大零售连锁集团家乐福进入北京;1996年,全球第三大零售连锁集团麦德龙进入上海,世界第一家仓储式商店万客隆进入广州。2000年,上海联华超市销售额终于超过上海第一百货公司而名列中国零售企业榜首,标志着中国商业开始真正步入现代化的行列。中国连锁经营的发展现状主要表现在如下方面。

1. 连锁经营规模化发展

全国形成了一些较大规模的连锁型企业,如上海华联、联华、国美电器、苏宁电器、广东美佳超市公司、深圳万佳百货有限公司等,这些连锁经营企业发展势头迅猛,规模效益明显,在行业中市场份额不断扩大,市场地位日益突显。2007年"连锁百强"销售规模占社会消费品零售总额的比重为11.2%。

2. 中高端人才匮乏

由于连锁经营模式在我国发展时间相对较短,还处于摸索阶段,不少管理人员是从其他行业转过来的,不太熟悉国际连锁店通行的管理方式,经验丰富的中高级管理人员的严重缺乏影响了我国连锁店的管理水平。高等教育在相关专业设置上表现出明显的滞后性,至今仍然没有连锁经营管理类专业开设,专业化人才极度匮乏。经过实际的运营管理实践,许多连锁企业已经形成了较完整的营运体系,在店铺的开拓、配送中心的运作、采购的控制、统一的销售体制与政策推行等方面都积累了许多适合中国特点的经验,并培养和造就了一些连锁经营方面的管理人才。但是就整个连锁经营管理对连锁管理人才的需求来说,中高端的人才还是相当匮乏。

3. 行业多样化和业态丰富化

连锁经营模式的内涵和运作规律以及由此产生的规模效益已日益被中国的企业所认同,国内已经开始把连锁经营的方式从超市连锁拓展到不同的行业和业态中,如专业店与专卖店连锁、餐饮的快餐店连锁、服务业连锁、家电销售连锁、建材连锁、药店连锁等。

中国连锁经营将从零售领域向批发领域、生产领域和服务行业不断发展。例如,生产企业开设的专卖连锁店,将从服装、包袋、鞋类向汽车、家用电器等行业发展。以批发商业组织的销售网合作连锁将得到长足的发展。服务行业的连锁经营广泛开展,将从旅游、餐饮、洗染、照相彩扩,迅速向服务、速递、运输、租赁、法律、中介服务、社会化家政等领域发展。农村农副产品的销售连锁组织也会得到一定程度的发展。在零售业中,连锁经营将会迅速从超级市场向便利店、大型综合超市、仓储式超市、购物中心、折扣店、廉价店和家居中心等业态发展。中国连锁经营的发展已形成了一些有独立市场地位的流通组织,20世纪末21世纪初,便利店、大型综合超市和仓储式超市成为发展最迅速的连锁经营的业态。超级市场已经在我国一些城市和地区成为极具竞争力的流通产业。

4. 区域化扩张与资本多元化并行

我国有一部分已形成了一定规模的连锁企业的沿海城市,从1998年起开始规模化开拓国内市场,发展连锁集团组织,主要以在各地成立连锁分公司、建立配送中心的形式,集中在一个区域内发展连锁店。在地区上,鼓励有条件的连锁企业,通过兼并联合、参股控股、特许经营等方式将中西部的连锁企业纳入现有的连锁体系中。

【相关链接】

连锁经营的发展趋势

中国加入WTO后，国内市场呈现国际化的竞争态势，企业生存发展压力进一步增大。内外资企业跨地区、跨行业的强强联合，为大力发展连锁经营提供了经济实力。据此我国连锁经营将表现出如下发展趋势。

（1）连锁经营"电子化"。近几十年来，发达国家连锁经营的迅速发展，一个重要的方面是得益于计算机技术和通讯技术的发展，得益于条形码的开发和应用，得益于销售时点系统、电子转账作业系统、电子订货系统和物流配送系统等的发展。比如，美国"西尔斯·罗巴克百货公司"投入巨资建立起有数百台小型计算机和5万多台销售时点系统全日制工作的计算机控制系统，并引进最先进的多媒体技术、卫星通讯网络，充分利用电脑使总部与各地的连锁分店以及供应商传递各种信息，做到其所属的连锁分店都处于实时控制管理之下。日本的连锁店在总部（本部）与各连锁分店、物流配送中心之间都实现了计算机网络化，使庞大的连锁店网络得以高效运作。日本"西友"公司在国内各地建立了11个物流配送中心，承担本公司及邻近地区其他连锁分店的进货、配货和送货任务。日本的"桔高"公司也利用设在全国各地的23个物流配送中心，向各加盟店提供近2/3的商品。可以断言，随着科学技术的进步，连锁经营手段将更趋现代化和电子化。

（2）连锁企业将逐步摆脱价格战的困扰，竞争将表现为：集约式的价值竞争取代粗放式的价格竞争，流通领域企业间单独依靠价格、拼数量或始终如一地以打江山的创业品牌打"持久战"、"吃老本"、"拼优惠条件"等竞争将被视市场需求变化、不断开展营销创新、品牌创新以及开发不同获利定位的高价值、高附加价值的商品或优良投资环境等集约式竞争所取代；开放式竞争将进一步取代封闭式竞争，流通领域提供商品和营销技术服务将在相互依赖中产生，国内流通竞争将进一步体现出全球性的有形与无形资产的多种竞争要素有机结合起来的公开式竞争；信息武装下的专业化连锁企业竞争将取代传统式综合化竞争。在新世纪信息流通先于商品流通的时代，流通企业将进一步创新竞争观念，树立企业为消费需求而存在的"经营顾客"的理念，进而获取"前哨信息"，聚焦主业经营，以占领市场份额。

（3）现代化购物中心将在大城市悄然兴起，外资将注入购物中心建设与管理。连锁经营的专卖店、专业店、大型综合超市等将成为现代购物中心的最佳招商对象。

（4）商业街的建设、改造将成为大城市增强城市竞争力、走向国际化的举措之一，受到地方政府的重视。商业街将出现共同投资、共同建设、共同管理、共同采购的现象。布局合理、网点多的商业街将成为网络经济发展的最佳选择对象，进而引入连锁经营管理的理念。

（5）连锁经营类型"融合化"。在零售业态竞争发展中，以经营鲜活商品、食品等为主的中型超级市场、便利店，将伴随消费者需求的改变，成为提高消费者生活质量的购物好去处，并进一步与大型综合超市和部分餐饮业形成竞争态势。另外，各种商品的大型专业店将呈现更大的发展，并与百货店形成既竞争又介入的关系。

（6）连锁经营发展空间"爆炸化"。连锁经营企业强强联合，跨区域、跨省间的合并、兼并等将不断出现，我国将出现真正意义上的全国性内资连锁大企业，并与外资合资企业形成更加明显的对抗局面。

（7）电子商务的发展将以更加务实的"供应链管理"或"提供第三方平台服务"的方式看好连锁经营企业，并得到进一步的发展，形成一定的竞争氛围。

（8）外资连锁零售业的进一步发展，将使传统经营方式的分销商处于更加被动的地位，因此，流通领域深化改革、扩大开放、结构重组、完善政策、建章立制等的必要性，显得更加迫切。

（9）国家住房改革政策的进一步落实，将促进装饰、装修、建材连锁超市的发展，同时也将促进家用电器、厨房等耐用消费品的更新换代，进而带动相关产业的发展。

（10）聪明的商家从人口普查结果看到商机，从而出现工商联手、商农联手，共同开发新产品或创造新型营销方式的趋势。连锁经营方式将更加"受宠"。

（11）连锁企业间管理人才的竞争，将成为中外连锁企业间市场竞争的核心。懂贸易、金融、法律、现代管理、现代营销以及懂专业外语或既懂经营又懂计算机应用的专业人才，将受到中外连锁经营企业的格外青睐。

（12）我国流通基础设施落后的现状将受到政府有关部门的重视，并将受到相应的政策支持。同时，流通指导生产、引导消费、容纳就业人员、促进国民经济发展的作用，也将受到政府的重视。

（13）连锁经营方式将进一步促进工商资本相互渗透，将主要表现为：制造业以品牌为基础发展专卖连锁店；商业企业将以发展专业连锁店方式，吸引国内外著名企业与之合作。工商资本渗透，将促使连锁经营资源的有效利用，连锁经营成功企业的"无形资产"将更加有用武之地，甚至被视为"投资手段"得以发展。

进入21世纪，我国零售市场的竞争会更加激烈，发展连锁经营，进行规模扩张，是增强流通企业核心能力、持续发展的必由之路。

资料来源：中国加盟商网

1.3 连锁经营的类型

连锁经营的类型可以根据不同的分布地区进行划分，从成员店的分布地区划分连锁商店有地区性连锁、全国性连锁和国际性连锁3种类型。地区性连锁即总部及所有成员店集中于同一城市或地区；全国性连锁是指所有成员店分布于全国各地；国际性连锁是指成员店的发展已跨国界分布。但是通常在研究和讨论连锁经营的类型时，主要是按照经营形式进行划分，按此划分标准连锁经营可以分为直营连锁、特许连锁和自由连锁3种，这是连锁商店最基本的分类方式。

1.3.1 直营连锁

直营连锁又称正规连锁（Regular Chain），这是大型垄断商业资本通过吞并、兼并或独资、控股等途径，发展壮大自身实力和规模的一种形式。日本通产省给正规连锁商店下的定义是：本质上是处于同一流通阶段，经营同类商品和服务，并在同一经营资本及同一总部集权性管理机构统一领导下进行共同经营活动（由两个以上单位店铺组成）的零售企业集团。美国商务部对直营连锁的定义是"以单一资本直接经营11家以上商店的零售业或餐饮业的企业形态"。在直营连锁分店数量的要求上,美国规定连锁商店必须有11个以上分店,英国规定要有10个以上分店。我国对直营连锁组织(Company-owned Chain Organise)的定义是指总公司直接经营的连锁店,即由公司总部直接经营、投资、管理各个零售点的经营形态。

正规连锁是美国连锁商店的基本形式。到1979年,连锁商店的销售额已占零售额总数的33.5%。分行业看,百货商店中连锁形式占94.2%,杂货店中连锁形式占79.9%,而食品杂货店中连锁形式占57%。也就是说,正规连锁主要集中于百货业、食品杂货业和妇女服装业。在欧洲,正规连锁商店又称为多店铺商店或多支店商店(Multiple Shop Organization)。1980年连锁商店的市场占有率,最高的是英国,为20.8%,其次是瑞士,为11%,荷兰为8.5%,法国为6.2%,德国为6%,这种情况说明它在市场上有一定影响。在日本,由于这种形式一开始就被运用到超级市场,随着超级市场的发展而普及到各种商品零售领域并形成独立的零售企业形态。

1. 直营连锁的基本特征与影响

直营连锁的连锁公司的店铺均由公司总部全资或控股开设,在总部的直接领导下统一经营。直营连锁要求总部筹集足够的资金,配备大批的管理人员。正规连锁商店主要特征是所有权和经营权集中统一。其所有权和经营权的集中统一表现在:所有成员企业必须是单一所有者,归一个公司、一个联合组织或单一个人所有;由总部或总店集中领导、统一管理,如人事、采购、计划、广告、会计和经营方针都集中统一;实行统一核算制度;各成员商店经理是雇员而不是所有者;各分店实行标准化经营管理。

正规连锁商店的上层组织形式有两种:一种是由母公司直接管理,不另设总部;另一种是设立总部,由总部管理连锁商店。大型正规连锁商店的组织体系,一般分为3个层次:上层是公司总部负责整体事业的组织系统,中层是负责若干个分店的地区性管理组织和负责专项事业的事业部组织,下层是销售分店或成员店。

这样的组织形式具有统一资本、集中管理、分散销售的特点,同时给正规连锁商店的发展带来了两个方面的影响:一是积极影响,主要表现在:可以统一调动资金,统一经营战略,统一开发和运用整体性事业;作为同一大型商业资本所有者拥有雄厚的实力,有利于同金融界、生产厂商打交道;在人才培养使用、新技术产品开发推广、信息和管理现代化方面,易于发挥整体优势;众多的成员店可深入消费腹地扩大销售。二是不利影响,主要表现在:成员店自主权小,积极性、创作性和主动性受到限制;需要拥有一定规模的自有资本,发展速度受到限制;大规模的直营连锁店管理系统庞杂,容易产生官僚化经营,使企业的交易成本大大提高。

2. 直营连锁总部与连锁门店的关系

在直营连锁经营模式上,连锁店不具独立的企业法人资格,总部与连锁店的关系主要体现在以下方面:①总部与连锁店是归属于同一资本;②连锁总部对连锁店有人事权和直接经营权;③连锁店对总部无资金投入,连锁店不需向总部上交经营指导费;④连锁店的自主性相对较小或者几乎没有;⑤连锁店的一切行为均按公司总部规定行事;⑥总部对连锁店实行高度的集中、统一经营管理,连锁店只管专心致志地从事销售。

直营连锁总部的职能作用主要体现在以下方面:①统一调动资金;②统一经营战略;

③统一开发与拓展；④统一进货与配送；⑤统一培训与管理人才；⑥统一服务标识等。

1.3.2 特许连锁

特许连锁（Franchise Chain）又称合同连锁和加盟连锁，特许连锁这种现代商业销售形式在过去几十年内取得了长足的发展，无论是发达国家还是发展中国家的实践都证明，特许经营是一种行之有效的分销商品与服务的方法，同时特许经营还对经济发展起到了积极作用。特许经营的定义有很多种，目前广泛通用的定义是国际特许经营协会（International Franchise Association，IFA）的定义。该定义如下：特许经营是特许人和受许人之间的合同关系，根据合同，特许人向受许人提供一种独特的商业经营特许权，并给予人员培训、组织结构、经营管理、商品采购等方面的指导与帮助，受许人向特许人支付相应的费用。欧洲特许经营联合会（European Franchise Federation）的定义如下：特许经营是一种营销产品、服务或技术的体系，特许人和受许人在法律和财务上相互独立，但他们之间保持紧密和持续的合作，受许人依靠特许人授予的权利和义务，根据特许人的概念进行经营。双方通过直接或间接财务上的交换，受许人可使用特许人的商号、商标、服务标记、经营诀窍、商业和技术方法，持续体系及其他工业或知识产权，在经双方一致同意而制定的书面特许合同的框架和条款内进行经营。根据商务部令 2004 年 12 月 30 日发布的第 25 号《商业特许经营管理办法》，特许经营是指通过签订合同，特许人将有权授予他人使用的商标、商号、经营模式等经营资源，授予被特许人使用；被特许人按照合同约定在统一经营体系下从事经营活动，并向特许人支付特许经营费。

1. 特许连锁的基本特征

（1）特许连锁经营的核心是特许权的转让。特许权的转让方是加盟总部，接受方是加盟店。总部转让的特许权一般包括商标、专利、商业秘密、技术秘密、经营与管理模式等无形资产，如果总部没有形成这些无形资产，就不会出现特许经营模式。这些无形资产都属于知识产权范畴，所以，特许经营的核心实际上是知识产权的转让。

（2）合约是特许连锁经营加盟双方关系维持的依据。特许连锁经营的加盟店与加盟总部之间的关系是以签订特许合约为纽带的，这个特许加盟合约作为总部与加盟者之间签订的一个协议书，具有相应的法律效力，它将加盟总部与加盟者紧紧地连在一起。通过合约，总店允许加盟店使用自己转让的特许权，并要求加盟店严格地按自己的模式去经营，总店对加盟店有监督、指导权利，并有培训加盟者、向加盟者提供合同规定的帮助和服务的义务。特许合约的基本条款是由连锁企业制定的，为维护连锁经营的统一性，加盟申请者对合同条款几乎没有修改的余地，必须服从特许合约的约定，根据总部提出的销售或技术上的计划来经营企业。

（3）特许连锁经营的所有权是分散的，但对外是同一资本经营的一致形象。一般来说，特许连锁系统里，连锁加盟店对自己的店铺拥有所有权，加盟店是独立法人、资产的所有者，店主对自己的经营成败负责，而经营权则高度集中于总部。特许连锁也可通过将自己经营一段时间的店铺或承租并装修、添置设备后的店铺许可给连锁加盟者，由连锁加盟者出钱购买，作为连锁加盟者拥有销售、人事和分配权，但经营决策权还是高度集中于总部，比如麦当劳常用这一方法招募加盟者，这两种形式中无论是哪种加盟形式，连锁加盟店都是自出资金、自担费用、自负盈亏。

尽管特许连锁经营的所有权是分散的，但在表面上与直营连锁相似，要对外形成同一资本经营的企业形象，使公众把连锁加盟店看做是加盟总部业务的有机组成部分。例如，美国麦当劳快餐店在全世界有1万多家分店，它们的标记、商标、布局、风格都是统一的，其中有的是直营连锁分店，有些是特许连锁加盟分店，除了总部知道它们的区别外，消费者是无法分辨两者的。

（4）连锁加盟总部提供特许权许可和经营指导，连锁加盟店为此支付费用。连锁加盟企业接受加盟者的申请并签订合约之后，连锁加盟店就可以使用总部特有的商标、连锁店名和字号，同时按照总部开发的生产、加工、销售、服务及其他经营方面的技术，总部在合约有效期内应持续提供各种指导和帮助，这种运营管理过程中的指导和帮助有助于连锁加盟者了解、吸收和复制连锁企业的管理与运营技术，并在开业之后尽快走上正轨，取得收益。但是连锁加盟店在取得这些权利时要付出一定代价，即要向总部交纳相关费用。一般情况下，加盟者在签订特许合约时，要一次性交纳一笔加盟金；而对于总部提供的指导、服务、统一开展的销售活动，连锁加盟店则要按合约规定向总部交纳特许权使用费和销售促销费等，这些费用的收取根据连锁企业要求而定，或者根据加盟连锁组织开发的先后、加盟店数的多少、总店知名度的高低、总店服务内容的不同而不同，其收取的方式有的是按毛利或者销售额提成，有的则是制定一个定额。

总之，特许经营要取得成功，关键在于加盟总部和加盟者双方的通力合作。一方面总部本身要经营有法；另一方面需要加盟者全力配合，共同努力。成功的连锁总部，一定会十分重视每一间加盟店的经营情况，不是撒手不管，任其发展，而是将自己的利益与加盟店的利益连在一起，加盟店生意好，总部才有利可图；如果加盟店生意欠佳，总部的利润也会受影响。只有这样，总部和加盟店之间才能建立一个互利互惠的关系，双方才会为同一个目标努力把特许事业搞好。

【相关链接】

加盟连锁经营失败的十大原因

加盟连锁作为商业经营发展的一个新趋势，其魅力正逐渐为国人所认识，但再优秀的连锁，也有失败的例子，本文所列的10种可能导致失败的原因，应引起相关人士的重视。许多人在经过了一段较长时间的打工生涯之后，拥有了一定的资金，就产生了投资的心态，以为买一家加盟店就像投资股票、房地产一样，等着赚钱。的确，对于没有经营经验的人，是可以通过连锁总部的训练指导，比较容易在较短的期间内入行，而且成功的几率也较大。这是加盟连锁店的优势。但是再怎么优秀的连锁体系，也有失败的例子，如果以为一旦加盟了连锁店，就能轻松地坐拥增值利润，就未免过于天真。

1. 加盟动机偏颇

再优秀的连锁体系也不可能保证所有的加盟店都能百分之百地经营成功。以日本的摩斯汉堡（Mosburger）为例，日本人相当自豪其95%的高成功率，但即使如此，也表示有5%的失败率。该公司从一年间的1000位加盟应征者中严加挑选，最后缔结契约的仅是其中的5%，即50人。尽管这50人具备了强烈的创业意愿，和总公司具有同样的经营理念，最后的结果也不过是95%的成功率。从国外众多失败的案例可以看出，最重要的失败原因还是加盟动机偏颇。以为一旦加盟，就可以躺着什么也不干，一切由总部来管理。连锁总部是拥有若干在他处经营成功的实绩，但在他处由别人（总部加上加盟店主）经营成功的例子，并不表示在本地由你和总部经营就会成功。必须牢记，总部和加盟店是两个完全不同的事业体，总部提供（销售）给你的，只是一套加盟营运组合，你必须按照它的经验和指导，按部就班地切实去执行，才有可能获得成功。

2. 加盟时资金调度失常

由于急于创业开店，有些加盟者为了筹措加盟金、权利金及开创费用等而到处张罗，甚至借高利贷也在所不惜。一旦开店，虽然生意也还算顺利，但是每天为了筹钱偿债，无心完全投入于事业的经营。本该在阵前领军的经营者，一旦因为资金的调度而离开第一线，店内其他员工马上会受到影响，于是服务品质逐渐下降。而顾客也是敏感的，慢慢地也会逐渐远离该店，当然业绩就不可能再往上提升，本来生意还不错的店面往往就因为高利贷而拖垮了。

3. 加盟前未作详细调查

这种失败的例子不在少数。某些加盟者对于将加盟的连锁总部认识不清，总以为先加盟进去再说，以后有了问题，总部自然会出面协助解决。结果开店以后，总部什么经营指导也没有，有困难与总部联系也未见回音，这才发觉上当。具体说来，主要有以下几种类型。

（1）缺乏加盟连锁的基本知识。由于没有这方面的知识，只是在相关的报纸杂志上看到广告就打电话过去，在听了对方简单而又令人心动的说明之后，就匆匆加盟。根本没有想到，加盟需要如此多的资金，并且有这么多的束缚，从而大大降低了工作热情。凡是这种情况均属于对连锁加盟缺乏认识所致。这种"因误会而结合"最终必然导致"因了解而分手"。

（2）只知道这一行业不错，却没有调查同行业者。当初只是看到广告上吸引人的条件，看到漂亮的公司目录，就匆匆加盟了，却不知进入该行业后，同行业中有更优秀的企业，有更优厚的加盟条件与支持指导，想要中途退出，却因"违反契约"而无路可退。

（3）只参观赚钱的店而不知失败的店更多。在加盟之前，虽然也遵照专家的意见，去了解了总公司究竟在做何种生意，也去看了加盟店究竟经营得如何，但是一般总部都只带你去看经营良好的店而隐瞒不赚钱的店。直到加盟后，才知道竟有那么多的店不赚钱而在苦撑。另外，参观成功的店，听到的都是目前如何轻松经营就财源滚滚，而对开店当初如何惨淡经营，如何痛苦地熬过来，却极少提及，给人一个假象，以为成功是只要加盟就唾手可得的。

（4）加盟之前没访问过总公司，也未见过总部负责人。当时提出希望到总公司参观的意愿，虽然对方没有拒绝，但是却以距离遥远、时间和金钱上都不经济作挡箭牌。直到加盟后，听其他的加盟者提起，才知原来总公司因陋就简，早知如此就不会如此贸然加盟了。

（5）与总公司老板一次也没见过面、谈过话。虽曾提出要求，但被推托说，由于公司目前全国各地在招募加盟店，忙得老板全国到处奔波，反正以后迟早会碰面的。结果是，开业的那一天，老板终于出现了，匆匆露个脸就走，和他谈了一些，才发觉老板是个没有什么理想、抱负的人，实际上，最多只是一个投机者。

4. 签约前未考虑周密

许多加盟者在签订契约之前，或因为契约条件较为有利，或因为害怕被人捷足先登，或认为早加盟可以节省加盟金，在契约内容未完全搞清楚之前，或因为契约内容太繁杂而懒于了解，就贸然在契约上签字盖章，因而失败的大有人在。

5. 自己不努力反怪罪总部

虽然是加盟店的老板，却不愿亲自经营。花钱雇人当店长，给的薪水不高，却又希望这位店长能从早到晚为自己卖命。另外，自己不做相当的投入，营业成绩不佳却怪罪总部指导不力，没有什么实际的诀窍和办法，完全一副"我倒霉、遇人不淑"的模样。事实上，加盟店和总部是命运共同体，事业成功需双方都付出相当的努力。如果加盟者以为自己是出钱投资的老板，就跷起二郎腿，等着总部赚钱给你，就未免过于天真。"同行竞争店已经在本区出现，总部却一点对策没有"；"立地环境已经改变，但总部却没教给一点应对之道"。不错，客观环境改变了，但你是否也及时跟总部反映，同时加上你的观察意见呢？自己不做相对的努力，往往注定要失败。

6. 对自己的经营能力过于自信

连锁总部提供给加盟店的"加盟营运组合"，并不像一般的专利那样受到法律的保护，因此，很难和价值感联系在一起。也就是说，总部提供的店名、产品以及顾客的信赖感等，很难有个标准尺度来衡量。整个连锁体系的力量和诀窍，很难在第一线的店铺现场用肉眼看到。而支持事业成功背后的加盟营运组合，其功效也难以认定。很多加盟者都犯了这样的错误：虽然在开店之初得到了总部的许多帮助，但由于当时拼命工作而忽略了这一点，一旦业绩稳定，就总认为是自己努力的成果，对于总部所谓的秘诀和实际指导，早已抛到脑后，认为没有总部也可以，自己的力量就足够了。于是对总部的指导不愿接受，对总部的命令不愿执行，对总部的促销计划不予配合。由于过于自信，加盟店逐渐远离总部而导致了失败。

7. 加盟店主另有事业

加盟者开店之初，按照总部的指导拼命地工作，事业蒸蒸日上，最初投入的资金都得以收回，于是志得意满，开始找寻其他赚钱的机会。不幸的是新的事业由于未摸到窍门，以致赚来的钱统统赔进去，原来的门店也由于无法两面兼顾而导致业绩下降，最终由于资金无法周转而失败。

8. 过于喜欢摆老板架子

有些加盟者以前是上班族，"多年媳妇熬成婆"，总认为这下自己当老板，就必须摆出老板的威风，对于每一位员工的工作，总要婆婆妈妈地予以干涉，而不懂得授权，致使员工情绪低落，影响经营业绩。

9. 擅自变更作业规定

有些加盟者一旦熟悉了整个商店的运作，就会觉得总部的若干作业规定不尽合理，如果是基于善意而向总部提出，总部也会乐于接受。但如果是自作主张就会出现问题。特别是在销售的商品在自家店内加工制造的情况下，如果是改变制造的方法，或是更改加工的时间，或是调换作业的顺序，以致总部的种种规定都不予在意或不予执行，那么加盟店实际上已失去了总部的支援，成为孤军奋战了。总部的种种作业规定，一定有其强势特色，擅自更改就丧失了它的特色，尤其品质方面更是如此。品质一旦不稳定，特色一旦丧失，顾客是很敏感的，慢慢地就会远离而去。

10. 得不到家族的鼎力相助

加盟连锁事先最好得到家庭成员的同意和支持，如果能获得包括父母妻子儿女在内的全家族同意，那就更好，因为一旦有事，这些人都是你的后援部队，都将发挥"内助"的功效。但是，有的加盟投资人在家人反对下，仍不顾一切，断然加盟，认为只要总部确实够强，一个人来做又何妨。可是由于一开始就遭家人反对，所以和家人的关系就搞不好，就会影响情绪，而这种情绪往往又会反映到店内，或人手不足时家人不愿帮忙，或自己偶尔有事想暂时离开，却找不到人来接替，变成"孤家寡人"。另外，由于自己一人实在忙不过来，因此忽略了很多细节，如清洁卫生等，以致影响了店铺的经营。常言道"家和万事兴"、"和气生财"，这确实相当重要。这也是许多全球便利店加盟都要求加盟者是一对而非一人的原因。"夫妻协力、共同经营"是店铺经营成功的法宝。

资料来源：华南商业网

2. 特许连锁的总部与加盟店之间的关系

在特许连锁经营模式中，各连锁加盟店保持独立的企业法人地位，总部与连锁加盟店的主要关系体现在以下方面：①总部与连锁加盟店是不同资本关系，在总部的资金构成中，连锁加盟店可以持有部分股份；②总部对连锁加盟店无人事权和直接经营权，相对直营连锁方式而言，连锁加盟店的经营自主性相对大一些；③总部与连锁加盟店的合同约束力为强硬型；④总部机构人员全部由专业人员组成，连锁加盟店的意见、建议对总部的影响小。

特许连锁总部的职能作用主要是以下方面：①按合同规定向连锁加盟店提供特许经营权和经营管理技巧；②审查加盟店资格和选择批准加盟店；③统一标志及分店设计；④制定经营方针战略与计划；⑤统一进货配送；⑥统一业务指导与统一培训；⑦统一促销。

3. 特许连锁经营的类型

（1）特许连锁按照特许的内容划分类型如下：

① 商品商标型特许经营（Product and Trade Mark Franchising）。商品商标型特许经营由来已久，最早是一种供货厂商和代销商的合同关系，是商人为供货厂商代销某种产品的关系。随着时间的发展，代销商就逐渐集中为一个供货厂商服务。这样供销两家就签订合同，代销商专门为一个供货厂商销售商品，或者代销商就直接使用供货厂商的字号、商标，成为供货厂商的一个销售部门。这样代销商与供货厂商就形成了母公司和子公司的关系，就产生了最初的特许经营，因此也被称为"第一代特许经营"。现在，商品商标型特许经营通常是由一个大制造商为其名牌化的产品寻找销路，与受许人签订合约，授权受许人对特许商品或商标进行商业开发的权利，作为回报，受许人定期向特许人支付费用。这类特许经营主要包括名牌饮料经销商、汽车销售商、汽油服务站等，比较著名的特许连锁有可口可乐、百事可乐等饮料生产商、通用及福特汽车制造商、美孚石油公司等。

② 经营模式特许经营（Business Model Franchising）。经营模式特许经营被称为"第二代特许经营"，目前人们通常说的特许经营就是这种类型。经营模式特许经营不仅要求加盟店经营总店的产品和服务，而且加盟店的商店标志、店名、商标、经营标准、产品和服务的质量标准、经营方针等，都要按照总店的全套方式进行，亦即加盟店购买的不仅仅是商品的销售权，而且是整个模式的经营权。这种经营模式特许经营范围广泛，尤其在零

售行业、快餐业、服务业中最为突出，其中消费者较为熟悉的麦当劳、肯德基、披萨饼快餐店和"7-eleven"便利店都属于这种形式。

经营模式的特许经营可分为三种类型：工作型特许经营、业务型特许经营和投资型特许经营。工作型特许经营只需受许人投入很少的资金，通常可在受许人的家中开展业务，受许人实际上为自己买了一份工作。只需一个人手的业务，如家政服务等，并不需要一个营业场所。业务型特许经营需要相对较大的投资，用于采购商品、设备和购买或租赁营业场所。因其经营规模比工作型的特许经营大许多，因此受许人需要雇佣一些员工以便进行有效的经营。这种类型的业务范围相对较广，包括冲印照片、会计服务、洗衣店以及快餐外卖等。投资型特许经营需要的资金数额更高。投资型受许人首先关心的是获得投资回报，而不是为自己找到一份工作。旅店业可作为投资型特许经营的典型。许多快餐店也可被认为是投资型特许经营，因为在许多情况下，建一个快餐店的费用也相当高。

（2）特许经营按授予特许权方式的不同分类如下：

① 一般特许经营。这是我们最常见到的形式，即总店向加盟店授予产品、商标、店名、经营模式等特许权，由该加盟店使用这些特许权进行经营，并支付一定费用作代价。

② 委托特许经营。总店把自己的产品、商标、店名等特许权出售给一个代理人，授予该代理人特许权，允许该代理人负责某个地区的特许权授予，代理人可以代表总店向他所负责地区内的加盟申请者授予特许权。可以说，这个代理人是中间人，他既是总店的特许权使用者，又是该地区的特许权授予者，但他自己并不直接经营，而是采取转嫁他人的方式开发和经营。总店之所以采取这种方式，是因为总店面向众多加盟者出售特许权比较繁杂，而总店集中向一个代理人出售特许权比较省事。美国特许连锁公司向海外扩张时，常常采用这种方法，先向外国当地的代理人出售特许权，再由该代理人负责一个国家或一个地区的特许权授予业务。例如，美国 Hisby 乳果公司在 1986 年授予了一家日本公司开设 2000 家分店的特许权。我国目前也有类似例子，如广东省饮食服务公司就以此方式购买了"7-eleven"便利店在全省的特许经营权（深圳除外），现在逐步推行其特许经营业务。

③ 发展特许经营。这是指加盟店在向总店购买了特许经营权，同时也购买了在一个区域内再建若干家分店的特许权。加盟店有了这个权力，一旦事业发展顺利，就可以在该地区内，根据本店经营发展的需要，再建若干家分店，而不必向总店重新申请。

④ 复合特许经营。这是指总部将一定区域内的独占特许权授予加盟者，加盟者在该地区内可以独自经营，也可以再次授权给下一个加盟者经营特许业务。也就是说，该加盟者既是受许人身份，同时又是这一区域内的特许人身份。加盟者支付给总部的特许费一般根据区域内的常住人口数量确定，若他再将特许权转让给他人，那么，原先这位加盟者从他人手中收取的特许费以及年金费须按一定比例上交给总部。

⑤ 分配特许经营。这是指总店不仅授予加盟店特许经营权，还授予加盟店建立批发仓库或配送中心，向其他加盟店供应分配货物的权力。

（3）按加入特许合同联盟成员的不同分类如下：

① 制造商－零售商特许系统。这种经营系统由制造商发起并提供特许经营权，零售商则是特许经营人。它在汽车行业最为普遍，如在美国，特许汽车经销商是很常见的。

② 制造商－批发商特许系统。特许人仍是制造商，但特许经营人则是批发商。饮料

行业常采用此种特许经营系统。例如，可口可乐公司把浓缩糖浆销售给瓶装厂（批发商）后，由瓶装厂进行灌装并分销到商店、自动售货机、酒吧和旅馆等零售行业，它所采用的就是这种制造商-批发商特许经营系统。

③ 批发商－零售商特许系统。它是由一个批发商发起同时吸收大量零售店加入所形成的经营系统，如 Rexall Rugs、Sentry Hardware 等。

④ 服务特许系统。这种特许经营系统由一个创造出独一无二服务概念的公司发起建立，它通过特许经营合同授予特许经营人使用总部的商业名称和专长的特权，总部则收取一定的加盟费作为补偿。

1.3.3 自由连锁

自由连锁（Voluntry Chain），又称自愿连锁，其原意是自发性连锁或任意连锁。自由连锁是企业之间为了共同的利益结合而成的事业合作体，各成员店是独立法人，具有较高的自主权，只是在不同业务范围内合作经营，以达到共享规模效益的目的。美国商务部对自由连锁定义如下：由批发企业组织的独立零售集团，即所谓批发企业主导型任意连锁集团，零售店铺成员经营的商品全部或大部分从该批发企业进货。作为对等条件，该批发企业必须向零售企业提供规定的服务。日本通产省的定义是：分散在各地的众多的零售商，既维持着各自的独立性，又缔结着永久型的连锁关系，使商品的进货及其他事业共同化，以达到共享规模利益的目的。

自由连锁主要有两种基本形式：一是以几家中小企业联合为龙头，开办自由连锁总店，然后吸收其他中小企业加盟，建立统一物资配送中心，所需资金可以通过在分店中集资解决。例如广东中新合商业机构与深圳物茂商业机构共同打造深圳商业网络平台。二是由某个批发企业发起，与一些具有长期稳定交易关系的零售企业在自愿原则下，结成连锁集团，批发企业作为总部承担配送中心和服务指导功能。

自由连锁形式的优点是：成员店利益直接，自主权大，有利于调动成员店积极性和创造性。管理民主，又有统一集中经营活动带来的整体优势和效益，无需大量投资即可深入消费腹地。其缺点表现为统一性差，决策迟缓，组织不稳定，受地域限制较大。

1. 自由连锁的基本特征

一是在自由连锁体系下，每个加盟连锁分店都是独立的企业法人，成员拥有独立的所有权、经营权和核算权。在实践中，自由连锁的经营模式在欧美以批发企业为主导，有的是一个批发企业，有的是两个或几个批发企业。有的以中心批发企业代行总部职能，不另设总部；有的另设总部负责统一管理；有的是依托原有批发企业组织起来的；也有的是由一批独立零售店（日本规定30家以上）自己组织起来的，共同投资新设立一个批发公司兼总部，由参加成员为股东组成董事会，共同执行业务，总部是服务性质的，不以营利为目的（也有总部与批发公司是分离的）。在日本除了批发企业主导型以外，还有大型零售企业主导型，总部设在核心企业。

二是在自由连锁体系下，总部与成员店之间的关系是协商与服务的关系。构成自由连锁体系的各分店，一般都是业务相同的企业，这些企业由于其规模小、市场竞争能力比较弱，为了提高规模经济水平，降低经营成本，自愿构成连锁体系，共同商讨经营管理问题。

三是各自由连锁加盟店在财产、财务、人事独立的基础上,在店名、店貌、采购、进货、配送、经营、销售和服务等方面由总部实行统一管理,各连锁分店不能各搞一套。

四是总部与连锁加盟店的合同约束力为松散型。

2. 自由连锁的总部与加盟店之间的关系

自由连锁是由中小零售企业或批发商以获得经营上的规模效益和低成本为目的而自由组织起来,建立统一管理机构,实现统一经营。连锁总部与连锁加盟店的关系主要表现在:①总部与连锁加盟店是不同资本关系;②总部对连锁加盟店无人事权和直接经营权;③总部的资金全部由连锁加盟店出资构成;④连锁加盟店的意见、建议对总部非常有影响;⑤连锁加盟店自主性大;⑥总部机构人员中有连锁加盟店代表参加。

连锁总部的职能作用一般是以下方面:①确定组织大规模销售计划;②实行共同进货与物流,合理配送;③联合开展广告等促销活动;④开展业务指导,包括店堂装修、陈列等;⑤指导财务和劳务管理;⑥组织教育培训;⑦共同利用信息。

1.4 直营连锁、特许连锁与自由连锁的区别与比较

1.4.1 直营连锁、特许连锁与自由连锁的区别

1. 特许经营与直营连锁的区别

一是产权关系不同。特许经营是独立主体之间的合同关系,各个特许加盟店的资本是相互独立的,与总部之间没有资产纽带;而直营连锁店都属于同一资本所有,各个连锁店由总部所有并直接运营、集中管理。这是特许经营与直营连锁最本质的区别。特许经营总部由于利用他人的资金迅速扩大产品的市场占有率,所需资金较少。相比之下,直营连锁的发展更易受到资金和人员的限制。

二是法律关系不同。特许经营中特许人(总部)和被特许人(加盟店)之间的关系是合同关系,双方通过订立特许经营合同建立起关系,并通过合同明确各自的权利和义务。而直营连锁中总部与分店之间的关系则由内部管理制度进行调整。

三是管理模式不同。特许经营的核心是特许经营权的转让,特许人(总部)是转让方,被特许人(加盟店)是接受方,特许经营体系是通过特许者与被特许者签订特许经营合同形成的。各个加盟店的人事和财务关系相互独立,特许人无权进行干涉。而在直营连锁经营中,总部对各分店拥有所有权,对分店经营中的各项具体事务均有决定权,分店经理作为总部的一名雇员,完全按总部意志行事。

四是涉及的经营领域不完全相同。直营连锁的范围一般限于商业和服务业,而特许经营的范围则宽广得多,除商业、零售业、服务业、餐饮业、制造业、高科技信息产业等领域外,在制造业也被广泛应用。

2. 特许经营与自由连锁的区别

一是特许经营是总部和加盟店依照一对一的特许经营合同成立的,而自由连锁是加盟店按自发的意志、自愿共同结成的组织。特许经营的加盟店与总部之间存在纵向关系,各加盟店没有横向联系。自由连锁的加盟店之间则存在横向联系。

二是自由连锁是由加盟店集资组成,所以加盟店可以得到由总部利润中作为战略性投

资的、持续性的利润返还，而特许经营没有这种总部对加盟店的利润返还机制。特许经营体系通常依托于特许人开发的某些独特的产品、服务、经营方法、商号、商誉或者专利之上，而自由连锁则没有这些特点。

三是自由连锁成员店的经营自主权比特许经营加盟店多，相互联系更为松散。特许经营加盟店在合同期内不能自由退出，自由连锁店可以自由退出。

四是自由连锁总部一般是非营利性机构，不收或收取少量的会费，特许经营则有特许经营费用和保证金等。

1.4.2 直营连锁、特许连锁与自由连锁的比较

直营连锁、特许连锁与自由连锁在具体经营管理活动中也存在较大的区别，决策权、商品来源、价格的管制等方面在不同的连锁经营类型中各有其表现形式，详见表1-1。

表1-1 连锁经营三种不同类型的比较

比较项目	直营连锁（RC）	特许连锁（FC）	自由连锁（VC）
决策	总部做出	总部为主，加盟店为辅	参考总部旨意，分店有较大自主权
所有权	非独立	非独立	非独立
分店经理	总部任命	加盟店主	成员店主
商品来源	总部统一进货	总部统一进货	大部分经由总公司、部分自己进货
价格管制	总部规定	原则上总部规定	自由
促销	总部统一实施	总部统一实施	自由加入
总部与分店关系	完全一体	契约关系	任意共同体
分店建议对总部的影响	小	小	大
分店上交总部的指导费	无	5%以上	5%以下
合同约束力	总部规定	强硬	松散
合同规定加盟时间		多为5年以上	多为1年
外观形象	完全一样	完全一样	基本一样

复习思考题：

1. 什么是连锁经营？连锁经营有哪几种基本类型？
2. 简述连锁经营的产生与发展。
3. 连锁经营的不同类型有何区别？
4. 简述连锁经营对我国企业有何借鉴意义。
5. 正规连锁的本质特征是什么？
6. 连锁经营"3S"原则的基本内容是什么？
7. 请列出三种连锁经营形态的比较表。

【驱动任务与实训项目】

1. 任务与实训内容

网上查找一家学校附近采用连锁经营模式的企业，到其门店进行考察，根据这一企业的实际情况，分析其直营门店的特点和特许经营合同，审核合同的内容，找出其中对受许人有利和不利的方面，形成分析总结报告。

2. 实训目的

（1）认知连锁经营的类型及它们的区别。

（2）掌握特许经营中的合同管理。

3. 实训要求

（1）在上课之前安排学生进行企业寻找和考察。

（2）学生完成文档报告并在课堂上进行交流与互评。

【课后案例】

7-eleven 便利店的特许扩张制度

7-eleven 作为全球最大的连锁便利店，是零售业领域特许经营的典型代表。7-eleven 的前身为美国南方公司，1974 年，日本的伊藤洋华堂公司取得了在日本开设 7-eleven 便利店的许可权，并迅速扩张，于 1989 年从南方公司收购了美国夏威夷的 58 家门店。1991 年 3 月，7-eleven 会同母公司伊藤洋华堂收购了南方公司，取得了 70% 的股权。2003 年 7-eleven 会同台湾统一集团进军中国北京。7-eleven 便利店从诞生至今，共经历了多种连锁特许方式。刚开始是"单店经营"；后来引进连锁的经营方式，在中国开展"直营连锁"经营；再后来，随着直营连锁店的增多，直接管理变得困难，于是公司发生重大变革，引进"特许经营"的方式。公司门店数量迅速增加，营业额大幅攀升，到 2003 年 7 月 30 日为止，7-eleven 在全球共有 25 149 个零售门店，遍布全球的 18 个国家和地区。7-eleven 公司是世界上最大的便利店特许组织，至 1992 年底，该公司在全世界 22 个国家和地区拥有 13 590 家分店。在我国的深圳，该公司自 1992 年起，也开始以自营的方式开展业务，据悉 7-eleven 公司计划以按期出售区域特许权的方式在中国开展特许业务。

（一）7-eleven 便利店的经营状况

7-eleven 便利店的店铺营业面积按总部统一规定，一般约为 $100m^2$。商店的商品构成比例为：食品 75%，杂志、日用品 25%。商店商圈的直径一般为 3000m，经营品种达 3000 多种，都是比较畅销的商品。另外，总部每月向分店推荐 80 个新品种，使经营的品种经常更换，给顾客以新鲜感。商店内部的陈列布局，由总部统一规定、设计。商店的建设、管理遵循四项原则：①必需品齐全；②实行鲜度管理；③店内保持清洁、明快；④亲切周到的服务。这四项原则即 7-eleven 便利店成功的秘诀。

（二）为分店着想的特许制度

1. 培训特许经营受许人及其员工

7-eleven 公司为了使受许人店主适应最初的经营，消除他们的不安和疑虑，在新的特许分店开业前,对受许人实行课堂训练和商店训练。掌握 MS 系统的使用方法,为提高员工、临时工的业务经营能力,围绕商店运营和商品管理、接待顾客等内容,集中进行短期的基础训练。

2. 合理进行利润分配

毛利分配的原则是:总部将毛利额的 57% 分给 24 小时营业的分支店(16 小时的为 55%),其余为总部所得。商店开业 5 年后,根据经营的实际情况还可按成绩增加 1% ~ 3%,对分支店实行奖励。在万一毛利达不到预定计划的情况下,分支店可以被保证得到一个最低限度的毛利额,保证其收入。

3. 总部对分支店的支持体制

总部协助各分支店进行开业前的市场调查工作,并从经营技巧培训、人才的招募与选拔、设备采购、配货等方面对分支店给予支持。总部还向分支店提供商品陈列柜、货架、陈列台等设备。总部指派专人负责分支店的日常经营指导、财会事务处理等工作。总部还负责向分店提供各种现代化信息设备及材料。

4. 加入 7-eleven 特许体系的程序

加入 7-eleven 特许体系的程序如下:

(1) 公司接待希望加入的潜在受许人。负责招聘的总部人员为了能使来访者成为受许人,向他们仔细介绍公司特许权的情况,并与之认真协商。

(2) 介绍 7-eleven 便利店的详细情况。

(3) 调查店址。为确定能否作为分支营业场所,总部要进行商圈、市场等方面的详尽调查,并将搜集的数据和信息认真加以分析、研究。

(4) 说明特许合同的内容。就特许权的各内容和合同内容,逐条解释说明。

(5) 签订特许合同。在申请人充分研究业务内容和合同内容并加入以后,正式签订合同。

(6) 商店计划、设计。特许人的建筑、设计部门在详细研究了顾客的活动线路、经营对策以后,设计商店装修方案。

(7) 签订建筑承包合同。商店设计完成后,总部负责介绍建筑施工公司,并负责签订建筑承包合同,同时协助进行融资。

(8) 准备开业。在施工的同时,订购各种设备和柜台,并进行店内布局设计,发放操作手册和促销准备工作。

(9) 店主培训。就开业所必需的准备事项、计算机系统的操作管理、商店运营技巧等,对店主进行培训指导,达到真正掌握的程度。

(10) 开业前的商品进货和陈列。此时总部有关人员亲临商店,选择供应商,提供进货信息,传授陈列技巧。

(11) 交钥匙。在开业前一天,将商店的钥匙与竣工证书一同交给店主。

(12) 开业。将开业的广告宣传品通过各种途径发放。

(13) 开启信息系统。连通商店的计算机终端与总部的主机,指导和支持商店的运营。

(14) 现场支持人员对各分店进行巡回,及时发现分支店经营中可能出现的问题并协助店主解决。

案例思考：

1. 日本 7-eleven 公司特许经营制度的主要内容是什么？对我国连锁企业经营管理有何启示？

2. 作为 7-eleven 开展特许业务的主要负责人，应该注意哪些问题？在订立特许合同时，合同中应该包括哪些条款？

项目2 连锁经营的业态理论分析与运用

【知识目标】
1. 了解零售业态的内涵；
2. 基本掌握零售业态的划分标准；
3. 熟悉并掌握零售业态的类型与经营特征；
4. 熟悉零售业态的演化理论。

【能力目标】
1. 能对中国市场中存在的各种零售业态进行分析，掌握各自的结构特征；
2. 能结合零售业态的基本理论解决连锁经营中存在的问题。

【教学任务】
1. 业态的内涵及分类；
2. 业态与连锁经营的演变。

【引导案例】

商务部关于贯彻实施《零售业态分类》国家标准的通知

各省自治区、直辖市及计划单列市商务主管部门：

零售业态是零售企业为满足不同的消费需求进行相应的要素组合而形成的不同经营形态。为发挥新型零售业态对商品流通的促进作用，指导各地做好商业网点规划工作，我部根据近年来我国零售业发展的趋势，并借鉴发达国家对零售业态的划分方式，组织有关单位对原国家标准《零售业态分类》（GB/T18106—2000）进行了修订。国家质量监督检验检疫总局、国家标准化管理委员会已联合颁布新国家标准《零售业态分类》（GB/T18106—2004）（国标委标批函[2004]102号），新标准将于2004年10月1日起开始实施。为更好地贯彻新标准，现将有关问题通知如下：

（1）做好对新的零售业态分类标准的宣传工作。零售业态分类标准是科学地规范和引导零售业发展的前提，是形成结构合理、功能完善、层次分明、体系完整的商品市场格局的重要技术基础。新标准按照零售店铺的结构特点，根据其经营方式、商品结构、服务功能，以及选址、商圈、规模、店堂设施、目标顾客和有无固定营业场所等因素将零售业分为食杂店、便利店、折扣店、超市、大型超市、仓储会员店、百货店、专业店、专卖店、家居建材店、购物中心、厂家直销中心、电视购物、邮购、网上商店、自动售货亭、电话购物等17种业态，并规定了相应的条件。这种分类方式符合国内外零售业发展的趋势。各地商务主管部门要切实做好对新标准的宣传工作，通过专题培训、新闻宣传等方式，使政府部门、企业及消费者广泛地了解新标准的业态、分类条件以及各业态的功能，为贯彻实施标准奠定基础。

（2）要把新标准作为商业网点规划工作的重要依据。零售业态是构成城市商业网点的基础。新标准对零售业态的条件和功能作了明确界定，各地应以此为依据，规划城市商业网点的布局和结构，使网点建设与社会经济发展、居民消费的变化趋势相一致，使各类业态互为补充，协调发展。已经完成商业网点规划的城市，应根据新的业态标准对规划加以修订和完善。在规划中，要注意发展新型业态与提升、改造传统商业相结合，主力业态与特色经济相协调。围绕业态结构调整的重点，鼓励发展贴近居民生活的便利店、折扣店和中小型综合超市。重视发展仓储式商品专业店、专卖店等新型业态。

（3）用新标准引导和规范商业投资方向。各地商务主管部门要在科学分析和充分论证的基础上，用新标准指导商业领域的投资和经营。通过新标准的贯彻，使企业深入了解各类零售业态的开设条件及其内涵，充分认识各类业态的经营规律，促进企业理性投资，减少盲目重复投资，避免资源浪费；根据不同业态的特点，实行差别化经营，防止无序竞争。有条件的地方可通过动态跟踪零售业态发展状况，分析预测各种零售业态的发展趋势，制定鼓励和限制的业态发展目录，引导商业企业投资，从宏观上调控商业网点布局及业态结构的平衡，促进多业态共同繁荣。

资料来源：商贸服务网

阅读讨论：
1. 什么是零售业态？如何去认识零售业态？
2. 哪些业态适合采用连锁经营模式？

2.1 业态的内涵及基本特征

2.1.1 业态的内涵

业态（Type of Operation）一词来源于日本，是典型的日语汉字词汇，大约出现在20世纪60年代。萧桂森在他给清华大学职业经理人培训中心编写的教科书《连锁经营理论与实践》中，给业态下的定义是：针对特定消费者的特定需求，按照一定的战略目标，有选择地运用商品经营结构、店铺位置、店铺规模、店铺形态、价格政策、销售方式、销售服务等经营手段，提供销售和服务的类型化服务形态。日本安士敏先生认为："业态是定义为营业的形态"，它是形态和效能的统一，形态即形状，它是达成效能的手段。

我国商务部对零售业态有以下描述：零售业态是指零售企业为满足不同的消费需求进行相应的要素组合而形成的不同经营形态。零售业态的分类原则是，按零售店铺的结构特点，根据其经营方式、商品结构、服务功能，以及选址、商圈、规模、店堂设施、目标顾客和有无固定营业场所进行分类。零售业态从总体上可以分为有店铺零售业态和无店铺零售业态两类。按照零售业态分类原则分为食杂店、便利店、折扣店、超市、大型超市、仓储会员店、百货店、专业店、专卖店、家居建材商店、购物中心、厂家直销中心、电视购物、邮购、网上商店、自动售货亭、电话购物等17种零售业态。

【相关链接】

零售业态分类标准（部分）

代码	零售业态	说　明
1000	有店铺零售	有固定的进行商品陈列和销售所需要的场所和空间，并且消费者的购买行为主要在这一场所内完成的零售业态
1010	食杂店	以香烟、酒、饮料、休闲食品为主，独立、传统的无明显品牌形象的零售业态
1020	便利店	满足顾客便利性需求为主要目的的零售业态
1030	折扣店	店铺装修简单，提供有限服务，商品价格低廉的一种小型超市业态。拥有不到2 000个品种，经营一定数量的自有品牌商品
1040	超市	开架售货，集中收款，满足社区消费者日常生活需要的零售业态。根据商品结构的不同，可以分为食品超市和综合超市
1050	大型超市	实际营业面积6 000平方米以上，品种齐全，满足顾客一次性购齐的零售业态。根据商品结构，可以分为以经营食品为主的大型超市和以经营日用品为主的大型超市
1060	仓储会员店	以会员制为基础，实行储销一体、批零兼营，以提供有限服务和低价格商品为主要特征的零售业态
1070	百货店	在一个建筑物内，经营若干大类商品，实行统一管理，分区销售，满足顾客对时尚商品多样化选择需求的零售业态
1080	专业店	以专门经营某一大类商品为主的零售业态，如办公用品专业店（Office Supply）、玩具专业店（Toy Stores）、家电专业店（Home Appliance）、药品专业店（Drug Store）、服饰店（Apparel Shop）
1090	专卖店	以专门经营或被授权经营某一主要品牌商品为主的零售业态
1100	家居建材店	以专门销售建材、装饰、家居用品为主的零售业态
1110	购物中心	多种零售店铺、服务设施集中在由企业有计划地开发、管理、运营的一个建筑物内或一个区域内，向消费者提供综合性服务的商业集合体
1111	社区购物中心	在城市的区域商业中心建立的，面积在5万平方米以内的购物中心
1112	市区购物中心	在城市的商业中心建立的，面积在10万平方米以内的购物中心
1113	城郊购物中心	在城市的郊区建立的，面积在10万平方米以上的购物中心
1120	厂家直销中心	由生产商直接设立或委托独立经营者设立，专门经营本企业品牌商品，并且多个企业品牌的营业场所集中在一个区域的零售业态

资料来源：《商业零售业态》，国家标准 GB/T18106—2004。

2.1.2 有店铺零售业态的构成要素与基本特征

零售业态的内在组合要素,包括目标顾客、商品结构、价格策略、服务方式、店铺环境等因素。由于各因素选择余地大,组合变化多,这就使现代零售业态的经营内容精彩缤纷,即使同一业态的零售商店也表现出不同的经营特色(如表2-1所示)。

1. 商品结构

按照所经营商品门类的不同,可以把各零售业态分为单一类和综合类。比如食杂店(A),主要经营日用食杂用品;专业店(H),主要经营某一大类商品为主像办公用品专业店、玩具专业店、家电专业店、药品专业店、服饰店、专卖店、家居建材商店、工厂直销中心等,可以把它们列为单一类零售业态,从而跟经营综合商品的零售业态区分开来。

2. 服务功能

由于综合类零售商经营商品种类较多,潜在消费群体广泛,必然会对服务功能(比如停车场、从业者素质、配套服务等)提出更高的要求。因而,服务功能就成为一项重要的识别标志。像百货店注重服务品质,并建有餐饮、娱乐场所等服务项目和设施,功能齐全,为客户提供多样化服务;而大型超市,由于消费群体广泛,与经营规模相配套的停车场建设就成为一项内在要求,如今仓储式会员店、社区购物中心、市区购物中心、城郊购物中心都把停车场面积作为一项主要区分标准。

表2-1 有店铺零售业态表象及主要特征

零售业态	选址	目标顾客	营业面积/m²	商品结构	售卖方式	服务功能(营业时间)
便利店	商业区、居住区、交通要道	单身者、年轻人及有目的顾客	100	即时商品、日用小百货等	开架自选为主	>16
百货店	商业中心、商业聚集地	时尚、品味流动顾客	6 000~20 000	综合性、门类齐全	柜台销售和开架面售结合	注重服务,设餐饮、娱乐
专业店	商业中心,或百货店、购物中心内	以有目的的购买的顾客为主	视商品特点	某类产品,突出专一性	柜台销售和开架面售结合	从业者专业知识丰富
专卖店	商业中心,或百货店、购物中心内	中高档消费者或年轻人	视商品特点	以某一品牌系列为主	柜台销售和开架面售结合	从业者专业知识丰富
超市	市区商业中心、居住区	居民为主	<6 000	包装食品及日用品	自选销售,统一结算	>12
大型超市	商业中心、交通要道、大型居住区	居民、流动顾客	>6 000	大众日用品	自选销售,统一结算	停车场>营业面积40%
市区购物中心	市级商业中心	市区居民	<100 000	40~100家租赁店,包括专卖店、饮食服务等	各租赁店独立经营	>500停车位
城郊购物中心	城乡接合部交通要道	市区居民	>100 000	200家租赁店以上,种类繁多	各租赁店独立经营	>1 000停车位

资料来源:《商业零售业态》,国家标准GB/T18106—2004。

3. 售卖方式

各零售业者一般会从经济成本的角度对售卖方式做出选择，这也反映出各自经营产品及规模的差异：柜台销售，一般针对一些小规模零售商，如食杂店、部分百货公司、专业店、专卖店等；而开架销售、收银台统一结算，则主要针对一些大型零售商，如大型超市、仓储会员店、各类购物中心等。

4. 营业面积（店铺规模）

店铺规模一般与商圈大小呈正比，商店规模越大，其市场吸引力越强，从而有利于扩大其销售商圈；但规模并非可以随意扩大，而应保持在与商圈购买力相适应的规模之内。店铺面积是衡量零售业态的重要因素，店铺面积一般由营业面积的大小来决定。例如，国外衡量店铺规模的基准是20平方米，在此之下称为小型店铺，便利店、专业店大多以20平方米为限，是典型的小型店铺。百货商店营业面积一般在500平方米以上，甚至达到数万平方米。综合超市的营业面积一般与百货公司相仿，而购物中心是面积最大的零售业态，大型购物中心的面积甚至达到十万平方米以上。

2.1.3 零售业态与零售业种

零售业态作为零售企业为满足不同的消费需求而形成的不同的经营形态，其主要特征体现在：首先它是一种零售经营理念和经营方式的外在表现，这种经营理念和经营方式能够让消费者比较容易识别，比如说消费者很容易将一家门店归类于百货商店、超级市场、专卖店、便利店等不同形式；其次是这种经营理念和经营方式是根据不同消费需求和目标顾客而形成的，每一种零售业态都是为了满足某一特定目标市场或者目标顾客的需求而存在；同时目标市场需求决定了零售商店的经营效率，只有采取与目标市场需求相适应的零售业态形式，零售商店的经营才有可能产生效益。

零售业态是现代意义上的零售词汇，它是由零售业种发展演变而来。所谓零售业种就是按所经营的商品类型划分或组建的零售商店。这种商店自古有之，比如古代就存在的布店、粮店、肉店、鞋店、杂货店等。这种商店规模小，经营品种有限，消费者进一家商店仅能买一种商品。这种商店的存在是与当时手工业作坊的生产方式、消费需求的单一化和偶然化、商业资本的小规模条件相适应的。零售业态商店与零售业种商店的区别在于：

一是目的不同。业种商店的主要目的是推销自己所经营的商品，而业态商店的目的主要是为了满足目标顾客的需求。

二是核心不同。业种商店的经营是以商品为核心，而业态商店的经营是以顾客为核心，体现了营销观念由销售导向向消费导向转变。

三是经营重点不同。业种商店强调的是卖什么，而业态商店强调的是怎么卖。

四是形成和繁荣的时期不同。业种店主要存在并繁荣于商品经济不发达、商业竞争不激烈、商品品种不多、消费者生活水平低的时代。而业态店主要存在并繁荣于商品经济发达、商业竞争激烈、商品品种繁多、消费者生活水平高的市场经济时代。

2.2 适合连锁经营的业态

从国内外的时间经验来看，不是任何零售业态都适合连锁经营。一般来讲，适合采用连锁经营的零售业态具备以下两个特征：一是具备可以进行连锁经营的若干统一开分店的特征。连锁经营的分店必须保持若干统一，在店名、店貌、采购、商品、服务、经营、销售、服务等方面进行标准化和规范化设计，并且能够按照标准和规范进行分店的克隆与复制。二是为满足发展连锁分店网点的目的，可以扩大市场占有率，同时也可以提高连锁经营企业的规模化经营管理水平。如果连锁分店开了很多，但是各个连锁分店是独立经营，并没有达到规模化经营管理，这就失去了连锁的本质意义。

按照这两个基本特征来分析零售业态，适合连锁经营的业态主要有：大型超市、超市、仓储会员店、食杂店、便利店、折扣店、专业店、专卖店等。

2.2.1　超级市场

1. 超级市场的定义与类型

超级市场（Supermarket）是实行自助服务和集中式一次性付款的销售方式，以销售包装食品、生鲜食品和日常生活用品为主，满足消费者日常生活必需品需求的零售业态，它普遍实行连锁经营方式。巨大的需求与先进的管理方式，已使超级市场成为中国零售业的一支主力军，并有着良好的发展空间。

目前，中国的超级市场主要分为两种类型：一是普通超级市场（或称标准超市、生鲜超市）；二是大型综合超市（或称大卖场 GMS）。普通超级市场面积大都在 800～1 500 平方米之间，设在生活小区内或附近，商品以包装冷冻食品、生鲜食品为主，附带一些日用品，这种超市未来极有可能取代传统的菜市场。大型综合超市能满足消费者一次性购齐的需要，它是外资零售集团进入中国首选的超市形式，主要开设在城乡接合部，面积在 5 000～20 000 平方米之间，以低价格和品种齐全对消费者有较大的吸引力，其力量正在迅速增长，已成为超市的主力军。

2. 超级市场的业态特征

从超级市场的实践及各国对之所作的定义来看，标准超级市场应满足以下特征：

一是经营商品种类繁多，以食品、洗涤用品等低值易耗的生活用品为主，推行"一站式"经营理念，基本上满足食品购买者一次购齐的要求。

二是采取开架自选、自我服务、一次结算的售货方式，廉价销售，商品周转速度快。

三是营业面积大，营业时间较长。大型超级市场营业面积至少达到 6 000 平方米；普通超市也在 800 平方米以上。营业时间每天基本在 11 小时。

四是具有一定规模，大型超市还设有停车场，普通超市一般不专门设置停车场。

五是店址主要设在低价便宜、交通便利、停车方便的三、四级商业区，居民住宅区或郊区。大型超市的商圈覆盖范围在 3 000～5 000 米之间，而普通超市商圈覆盖范围在 2 000 米以内。

六是使用现代化设备进行管理。

3. 超级市场发展

20 世纪 90 年代以来，中国零售业发生了根本性变化，并呈阶段性跳跃，开始出现真正意义上的现代零售业态。1990 年底，东莞虎门镇出现了中国第一家连锁超市——美佳超级市场，其开架自选的售货方式、较低的价格和面向居民区的选址都给后来者产生了极大的影响，此后，他们便以两个月开设一家分店的速度飞快发展。美佳良好的经济效益使人们看到了连锁超市的巨大生命力。与此同时，上海、北京等地也出现了"超市热"。

1996年，世界顶级零售巨人在中国开始了"圈地运动"，沃尔玛、家乐福等零售巨头纷纷以超级市场业态进入中国零售市场，给中国超级市场乃至所有零售企业带来巨大的冲击和压力，迫使中国零售企业不得不重新思考出路，为生存而斗争。此时，一些违反商业规律运作的超市企业纷纷倒闭，如广州阳光超市和北京红苹果超市等的倒闭，从一个侧面反映了中国超级市场到了一个调整时期。在这一调整过程中，一些连锁超市迅速成长起来，1999年，上海联华超市销售额终于超过上海第一百货公司名列中国零售企业榜首，从此，持续了多年的百货商店统治地位终告结束。近几年，各地连锁超市向外地扩张的趋势明显加强，企业之间的联合、兼并与重组已成为连锁超市扩张的重要方式之一。

2.2.2 专业店与专卖店

1. 专业店

专业店（Specialty Store）指以经营某一大类商品为主的，并且具有丰富专业知识的销售人员和适当的售后服务，满足消费者对某大类商品的选择需求的零售业态。例如：服装店、体育用品商店、家具店、花店、书店。在国外，专业店又可以根据其产品线的宽窄程度进一步分类，如时装店就是单一产品线商店；男式时装店则是有限产品线商店；而男式定制衬衫店是超级专业店。专业店的特点是：

一是专业店的选址多样化，多数设在繁华商业中心、商店街或百货商店、购物中心内。

二是专业店的营业面积根据主营商品特点而定。

三是专业店的商品结构体现专业性、深度性、品种丰富，选择余地大，主营商品占经营商品的90%。

四是专业店经营的商品、品牌具有自己的特色。

五是专业店采取定价销售和开架销售。

六是专业店从业人员需具备丰富的专业知识。

专业店一直是我国零售领域的一种重要业态。20世纪90年代以来，我国专业店借助连锁经营方式，取得了突破性的进展。从行业上，遍及服装、医药、护肤品、家电、通讯器材等诸多行业；从繁衍方式上，有直营店，也有特许加盟店。在专业店的发展中，值得我们注意的是，有两个行业的专业店在今天的零售市场上增长十分迅速，一是医药专业店，一是家电专业店。在药品专业店中，随着医疗体制的改革，医药连锁店异军突起，尤以深圳地区发展最为显著，著名的专业店如海王星辰夸健康药房、一致药店、万泽药店、中联大药房等，目前均已发展到100多家，而且已经向国内其他地方扩张，势头十分迅猛。

2. 专卖店

专卖店（Exclusive Shop）指专门经营或授权经营某一品牌商品，适应消费者对品牌选择需求和中间商品牌的零售业态。其特点是：

一是专卖店的选址在繁华商业区、商业街或百货商店、购物中心内；

二是专卖店的营业面积根据经营商品的特点而定；

三是专卖店的商品结构以著名品牌、大众品牌为主；

四是专卖店销售体现在量小、质优、毛利高；

五是专卖店商店的陈列、照明、包装、广告讲究；

六是专卖店采取定价销售和开架销售；

七是专卖店注重品牌名声、从业人员必须具备丰富的专业知识，并提供专业知识性服务。

专卖店在中国获得迅速发展的原因有三：一是国内工业生产的高速发展，已经出现了一批知名度和美誉度较高的名牌商品，加上国际著名品牌的进入，各自形成了一定的忠实消费群；二是随着收入的增长，消费者品牌意识逐渐提高，对假冒伪劣商品的担忧使之更相信专卖店商品；三是制造商利用开设专卖店来开辟新渠道，控制营销主动权，实施整体营销策略，树立品牌形象。

2.2.3 便利店

便利店（Convenience Store）是一种以自选销售为主，销售小容量应急性的食品、日常生活用品和提供商品性服务，满足顾客便利性需求为主要目的的零售业态。根据国外衡量标准和国内规范，便利店有以下特征：①选址在居民区，交通要道，娱乐场所，机关，团体，企事业办公区等消费者集中的地方；②商店面积在100平方米左右；③步行购物5～7分钟可到达；④商店结构以速成食品、饮料、小百货为主；⑤营业时间长，一般在16小时以上，甚至24小时，终年无休日；⑥以开架自选为主，结算在收银机统一进行。

便利店起源于美国的南陆公司，当时它延长的营业时间是从早上7点到晚上11点，故称7-eleven商店，目前这家方便商店的营业时间已演变成24小时全天营业，而且每周7天营业。但仍沿用7-eleven这一早已脍炙人口的名称。

目前在世界发达的国家和地区中，尤其是在亚洲的日本和中国的台湾地区，便利店已经成为最具有竞争力的零售业态。在我国，便利店的发展还处于引入期，离成熟期还有一大段距离，市场竞争相对较弱，但发展潜力十分巨大，便利店将是继超级市场之后的又一个新生的主力业态。原因为：一是居民生活方式的变化，生活节奏越来越快，空闲时间越来越少，便利店以全天24小时便利的营业时间、紧邻住宅区的便利购物地点、配合各种便民服务措施较好地适应了现代人的生活方式；二是国内大量小型商店经营规模小、商品质量无保证、经营费用比较高、管理水平差，由连锁形式的便利店来整合或取代已是大势所趋；三是便利店适合采取特许经营方式发展连锁网络，在这方面比其他业态占有优势，因而容易后来居上，形成迅猛发展之势；四是在信息时代，网络购物将成为人们购物的一种未来发展趋势，但网络购物现在面临的最大难题是物流问题，而便利店正好可以解决电子商务的物流瓶颈，通过强大的配送能力将网上所购商品由散布在各个居民区的销售网络送到消费者手中，这一新的利润增长点使得未来的便利店具有广阔的发展前景，并成为各商家炙手可热的争夺焦点。

2.2.4 仓储式商店

仓储式商店（Warehouse Store），是一种仓库与商场合二为一，主要设在城乡接合部，装修简朴、价格低廉、服务有限，并实行会员制的一种零售经营形式。仓储式商店的特点：

一是经营范围广泛，包括食品、日用品、耐用品等；

二是规模较大，设备简陋，人员较少，费用和价格较低；

三是批量定价，多是成件或大包装出售；

四是开架售货，附设大型停车场；

五是仓储式商店多实行会员制。如万客隆和麦德龙等。

仓储式商店起源于20世纪60年代，是由折扣商店发展而来的一种不同形式、价格较廉而服务有限的售货方式。1968年，首家现代化的仓储式商店在荷兰正式创建，命名为"万客隆"。"万客隆"大多建在城乡接合部，营业面积一般在20 000平方米左右，附设大型停车场。商场内装修简单，采用能够开架式货架陈列商品，商品主要以日用消费品为主，所售商品直接来自厂家或国外进口，质优价廉。商场既是货仓，又兼营批发零售业务。顾客只要缴纳一定的会费，便可成为其会员，持卡消费，享受价格、送货、保险等方面的优惠待遇。

在我国的外资仓储式商店，如麦德龙、万客隆等，他们之所以成功，正是从各个方面降低经营费用。这些商店虽然设施简陋，服务项目稀少，没设立导购人员，但管理十分精细，前者使建筑装修成本达到最低，后者使店铺运营成本降至最少，真正实现了商品的低价格，从而使其在零售市场中占有一席之地。反观国内本土的仓储式商店，却没有从降低经营费用入手，从而也就没有实现真正的低价格。例如，北京的一些"客隆"商店比家乐福的装修还豪华，地价也很昂贵，使得商店一开始运营即陷入高费用的旋涡之中。许多中国仓储式商店的管理也远远没有到达精细的程度，诸如经营的商品并没有进行严格筛选，与超级市场的商品结构相同；销售方式没有实现整箱批量销售；加价率很高；会员制没有形成特权等。还有些仓储式商店提出了"送货上门"的构想，虽然适应了中国国情，但如果免费或低收费，必然加大商店的营运成本，一味迁就某些消费者的特殊需求，就可能使仓储式商店变成实际的百货商店，最终失去了自己的竞争优势。

2.2.5 购物中心

购物中心（Shopping Center/Shopping Mall）是指在一个大型建筑体（群）内，由企业有计划地开发、拥有、管理运营的各类零售业态、服务设施的集合体。购物中心的出现给人类社会的生活带来了巨大变化，是现代生活的重要组成部分，它适应了现代社会高效率、快节奏的需要，满足了人们购物与休闲活动相结合以及对购物环境舒适性与安全性的要求，成为名副其实的现代乐园。购物中心一般具有如下几个特点：

一是由发起者有计划地开设，实行商业型公司管理，中心内设商店管理委员会，共同开展广告宣传活动，实行统一管理。

二是内部结构由百货商店或超级市场作为核心店，以及各类专业店、专卖店等零售业态和餐饮、娱乐设施构成。

三是服务功能齐全，集零售、餐饮、娱乐于一体。根据销售面积，设相应规模的停车场。

四是地址一般设在商业中心区或城乡接合部的交通枢纽交汇点。

五是商圈根据不同经营规模、经营商品而定。

六是设施豪华、店堂典雅、宽敞明亮，实行卖场租赁制。

七是目标顾客以流动顾客为主。

根据国际购物中心学会（International Council of Shopping）的定义，购物中心有两大类别：一是条块状型（String Centers）。这类购物中心在前面有一个大的停车场，然后以各种开放式的小路连接各个专卖店，这种类型的购物中心不具备封闭的道路和大型屋顶式零售商场。二是 Malls。在这类购物中心的顾客能把车停在地下车库或其他地方，然后步行进入购物中心，购物中心是一个屋檐下的巨大室内购物场所，各类专卖店由封闭的道路连接，而且 Malls 的转角上一般都是比较大的零售业态（如大百货店、大超市、大专业卖场），专业术语叫"锚定"（Anchor）。

欧美国家的购物中心最早出现于 20 世纪 50 年代，在 80 年代获得了极大的发展，因为城市中心人口的大量外迁，市中心的"空城"化使得城乡接合部的各种购物中心如雨后春笋般出现，为新一轮的商业业态的发展起到了极大的促进作用。中国的购物中心目前仍处于起步阶段。在 20 世纪 80 年代末 90 年代初，中国一些城市已经出现了购物中心招牌，但此时的购物中心大多名不符实，与百货商店没有什么区别，给人们造成了认识上的混乱。20 世纪 90 年代中期，一些大城市相继出现了一批较为规范的购物中心，如北京的新东安、广州的天河城、武汉的武汉广场、沈阳的东亚广场等，这些购物中心一般位于城市中心区，具有购物与游乐等综合功能。尽管这些购物中心与欧美购物中心有一定差距，但是基本具有购物中心的特征。进入 21 世纪，中国购物中心开始热起来，各大城市的政府商业发展规划纷纷将购物中心的兴建列为重点。2001 年 5 月有媒体报道，《北京"十五"商业发展规划》提出，北京将鼓励投资商或大型商业集团在京城的西北、东南、东北和西南，兴建 4 家面积在 20 万平方米的大型购物中心。上海市购物中心呈现多元化发展趋势，除了大型购物中心外，一种规模适中的社区型购物中心正成为人们关注的热点。广东各城市也纷纷将购物中心作为城市商业的一个重点投资项目积极鼓励开发。可以预见，购物中心将在中国掀起一个新的浪潮，正拉开中国零售格局的一个新局面。

2.2.6 自动售货机

自动售货机是使用一种投币式售货机售货，只要顾客投入商品标价的硬币，就可以将商品取出。自动售货机一般都置于人多的公共场所，如车站、码头、机场、剧院、运动场、学校、医院、办公大楼等人流量比较大的地方。自动售货机出售的商品主要是香烟、饮料、糖果、小食品、报纸、袜子、化妆品、唱片、胶卷等。一般而言，用于自动售货机的商品同时具有以下特点：

一是体积、容积一致，便于码放并计件销售的小型商品；
二是销价没有尾数，便于顾客购买商品；
三是容易激发顾客即兴购买的商品；
四是只需少数几个硬币就能购买的商品；
五是销售在短时间不会变质的商品。

【相关链接】

中国连锁零售企业经营状况分析报告（2008—2009）

一、行业发展总体情况

一年半以来，连锁零售业的发展经历了巨大的变化。2008 年初，连锁经营受 CPI 高涨、消费旺盛等因素影响，销售和利润均有大幅增长。但进入第四季度，增速明显放缓，直至持平甚至负增长。金融危机对连锁行业带来前所未有的挑战，也带来了难得的快速发展十几年后的调整契机。

（一）基本数据

1．2008年全年的情况

《中国连锁零售企业经营状况分析报告（2008—2009）》根据典型企业和典型店铺的数据撰写。考虑到店铺的可比性较强，对店铺的统计分析占有较大的篇幅。参与统计的各店都是各企业中经营较好的，代表了行业的领先水平。

如表1所示，各业态单店销售增幅均有所增长，这一增长是企业的有机增长部分，另外通过新开店铺等外延式增长，各个业态平均还有10%左右的增幅。因此，2008年，连锁行业的销售和店铺均保持了20%以上的增幅。

表1　2008年主要业态典型店铺规模情况

业态	销售额/万元	增幅/%	营业面积/m²	增幅/%	员工数量	增幅/%	经营单品数量（SKU，个）	增幅/%
大型超市	21 290	12.4	11 275	1.8	239	0.7	25 537	4.8
超市	7 242	11.3	2 672	1.4	101	2.8	14 325	7.4
百货	88 397	11.1	32 531	1.4	887	0.0	93 422	0.8
便利店	473	12.3	139	0	9.1	5.8	2 614	-0.4
家电	50 164	2.0	7 667	1.9	289	-1.0	14 216	11.4
药店	3 706	7.1	752	0	61	0.0	6 739	4.0

2008年以来，各个季度的增幅极不平均，增幅变化的基本轨迹是：2008年1季度同比增长20%～30%，2季度维持在20%左右，3季度普遍滑落至10%，到4季度增幅一般维持在0%～5%。从表2中可以看到，家电、百货业态由于商品的价值量大，人均劳效较高，其次为超市、药店和便利店。同时，家电也是坪效最高的业态，药店和便利店次之。

表2　2008年主要业态典型店铺效率和效益情况（1）

业态	人效/（万元/人·年）	增幅/%	坪效/（万元/m·年）	增幅/%	单品销售额/（万元/SKU）	增幅/%
大型超市	89.1	1.8	1.76	6.27	0.7	8.4
超市	71.9	8.3	2.71	9.81	0.5	3.6
百货	99.7	15.3	2.72	9.3	0.35	9.2
便利店	52.1	6.6	3.40	12.3	0.18	12.7
家电	173.3	7.9	6.54	6.89	3.53	-8.5
药店	61.0	6.6	4.90	7.1	0.55	2.9

在六个业态中，有四个业态的来客数增长为负，即百货、便利店、家电、药店，平均降幅为4.6%。药店的毛利率最高，为23%，其次分别为便利店和百货。除药店毛利率下

降、便利店毛利率持平外，其他四种业态的毛利率均有所提高。如表3所示。

表3 2008年主要业态企业典型店铺效率和效益情况（2）

业态	日交易次数/次	增幅/%	客单价/元	增幅/%	毛利率/%	增幅/%
大型超市	10 059	1.0	58.1	11.6	12.9	0.3
超市	4 554	6.5	43.6	4.5	12.9	0.9
百货	10 839	−5.2	226.4	1.5	14.1	0.3
便利店	758	−2.7	16.2	11.1	16.4	0
家电	729	−7.8	1 901.0	2.3	10.8	1.0
药店	1 724	−3.8	48.2	1.3	23.0	−0.7

2．2009年一季度的情况

2009年一季度是连锁零售业发展十多年中最为困难的时期。从超市业态看，销售整体同比增长7%左右，利润增长5%左右。百货业态中，销售和利润整体同比下降5%左右，环比则上升10%左右。各个地区增长情况差异较大，北京、上海、深圳等地的增幅最小，有的企业甚至为负，内地城市的增幅较高，有的维持在2008年同期水平。从上市公司的年报和典型企业的调查情况看，2009年3、4月份，企业的环比数据有所改善。

（二）连锁行业面临的共性问题

1．CPI下降

2008年一季度，CPI累计上升8%，同期食品价格上涨21.0%，拉动价格总水平上涨6.8个百分点。而2009年一季度，CPI累计下降了0.6%，食品价格仅上涨0.5%。对零售企业，特别是对连锁超市的销售增幅影响明显，影响幅度超过10%。如下图所示。

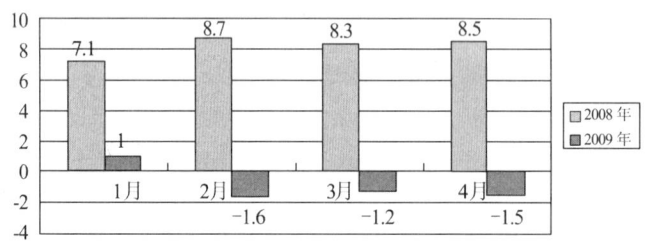

2．来客数降低

受收入预期、失业裁员等影响，消费者信心指数持续下降。自2006年第四季度开始，中国消费者信心指数开始从109.0的高点一路下滑，2008年第四季度降至77.5，为近年来最低水平，到2009年一季度回升至82.5。消费意愿降低，导致门店来客数量下降，在表3中有所统计。从不同地区看，深圳企业的来客数降低最为明显，在大型超市和超市业态也出现了来客数下降的情况。

3．成本费用提高

新劳动法的实施，对劳动密集型的连锁零售企业影响很大，2008年，企业人工成本平均有10%左右的增加，租金成本依然有提高的趋势。尽管商业物业低迷，但连锁企业签订的物业租赁协议一般都是五年以上的长期协议，协议到期后续签的租金一定会比签订时的租金高出很多。新物业的协议租金水平略有下降，但年度新开店一般占总店铺的10%左右，因此总体上所占比重不大。

4．利润有所下降

为保持销售的增长，维持企业的市场份额，各个业态的企业都开展了频繁的促销活动。特别是在2009年春节期间，促销力度空前。尽管维持了一定的销售增长，但企业的毛利率受到很大影响。如果采用"利润＝销售额×毛利率－成本费用"的计算公式，那么式中各项都向不利的方向发展，保持企业利润水平增长有较大压力。

（三）应对措施

1．强化成本控制

面对危机，绝大部分企业的第一选择是"节流"。首先是制定详细的预算；其次，建立严谨的考核机制。在几年前，零售企业的考核大多只针对销售额，销售增加，收入提高。后来在考核中增加了毛利的内容，不仅关注销售也更加重视利润。现在，很多企业增加了成本支出的考核，而且具体到柜组、个人。部分企业采取扁平化管理，简编、优化内部流程，降低沟通成本。有的通过合并进行岗位调整。在能耗方面，有的企业对门店进行节能改造，节约了20%～25%的用电成本。

2．联合扩充实力

中小连锁企业在竞争中原本就处于弱势，加上特殊的经济形势下，更难以与大型连锁企业竞争。为应对竞争，近年出现的自愿连锁、采购联盟在2008年得到了快速的发展。通过共建物流中心、联合采购、联合谈判和经营互助等方式提高企业竞争实力。

3．加强渠道管理

渠道的控制能力，是连锁企业规模优势的一个重要体现。2008年以来，企业的渠道管理明显加强，连锁百货企业越来越多的单品开始集中采购，大型超市企业和家电企业大多采用统分结合的方式进行渠道管理，渠道的控制力得到强化。分散的、小规模的代理商和经销商或者伴随连锁企业的规模扩张而成长，或者因不能满足发展需求而被淘汰。

4．调整商品结构

面对危机，不同业态的连锁企业都加强了商品管理。有的超市企业提出，要经营必需品中的必需品；一些百货店也在调整商品结构，减少奢侈品的比例；家电专业店调整了各种电器的比例。通过调整结构，加强品类管理，从表2中可以看到，除家电业态外，单品销售额均有不同程度的增长。同时企业存货量减少，存货周转天数降低，百货由34.6天下降为32.9天，大型超市由28天下降至27天。

5．开展多渠道营销

2008年以来，零售企业对网上零售、电话营销、目录营销等其他渠道开展了有益的探索。在连锁百强企业中，有30%的企业开展了网上零售业务。随着新一代消费者的成长，多渠道营销将发挥着越来越重要的作用。

二、几种主要业态的发展特点

（一）大型超市和超大型超市经营的大多是居民生活必需品，因此也是受危机影响最小的业态一年多以来，除上述共性问题外，还有以下几个明显的特点：

（1）生鲜经营渐成亮点。2008年，我们发现凡是经营较好的超市，其共同的特点都是生鲜经营突出。生鲜不仅是聚客商品，也是盈利商品。一年多以来，超市企业通过农超对接、基地直采、建设生鲜配送中心、改善冷链物流等手段，大大提高了生鲜商品的经营能力。

特别是2009年底，商务部、农业部联合下发了《关于开展农超对接试点工作的通知》，提出：到2012年，试点企业生鲜农产品产地直采比例将超过50%。这一指标将会提前实现。

（2）零供关系仍需改善。受危机影响，供应商的经营也面临很大的压力，特别是中小型供应商，出现利润下降、资金短缺等情况。他们对账期更加看重，甚至要求缩短账期。超市企业由于频繁促销，有时在商品价格、结算方式上会与供应商产生分歧。但大部分企业在采取一些积极的举措改善零供关系，如建立供应链平台，通过系统对账，有的连锁企业与金融机构合作，为供应商提供信用担保和结账服务。

（3）行业创新不断深化。受行业竞争和金融危机的双重影响，超市企业迫切需要改变同质化竞争的局面，实现差异化经营。一年多以来，行业中出现了高端超市、生鲜超市、社区超市等具有明显特点的细分业态，超市的经营管理水平得到深化。一些新的技术也得到了推广和应用。

（4）无论是从数量规模上，还是从经营效率上，外资大型超市都要明显强于内资大型超市。即使是在金融危机下，外资大型超市的开店速度也没有减缓，区域布局更加合理，优势更加明显。

（二）百货店百货业态受危机影响较大，但从长期看，中国的消费升级要经历一个较长的时期，百货业仍将是一个持续较快发展的零售业态

除上述共性问题外，还有以下几个明显的特点：

（1）业态进一步细分。近几年，百货店的商品结构和业态定位经历了多次变化，实现从传统百货业向现代百货业的转变。2008年以来，百货店的业态细分更加明显，出现了折扣店、社区百货、时尚百货、精品百货、购物中心型百货等不同定位，目标越来越清晰。

（2）分销渠道急需变革。目前，百货品牌商品大多采取分级经销代理的方式，在特定的区域内只能由特定的经销/代理商提供商品，连锁经营、集中采购的优势无法体现。百货连锁企业需要通过终端渠道的力量，逐步改变这种分销模式。一些大型连锁百货企业已经开始了这方面的努力。

（3）服务水平加强。在企业调查和实际消费中，我们体会到百货店的服务水平得到了明显的加强。有的百货店扩大了服务台的面积，提供更多的服务；有的把服务台设置在更加醒目的黄金位置；有的设立了环境舒适的VIP中心；有的开展VIP沙龙，凝聚VIP客户。

（4）全线折扣影响利润。2008年下半年以来，百货业进行了大规模的促销打折，一些企业甚至全线折扣，带来了一些负面的影响。一方面，企业的毛利水平下降，另一方面，消费者的购买行为也受到影响，即不打折不购物。

另外，新开百货店也出现了专柜招商周期延长、招商资源减少的情况。

（三）便利店受生活方式、消费习惯等因素限制，近些年便利店虽然发展速度较快，但效益状况并不乐观，在金融危机下，便利店更需要突破

有以下几个明显特点：

（1）异业竞争力加强。特别是超市的创新经营，延长了营业时间、与社区的关系更密切、提供更多的便利性服务，这些举措都在一定程度上抢占了便利店的市场份额。

（2）注重鲜食产品开发。便利店区别于其他业态的一个重要特点是鲜食产品突出，能够提供简单的餐食。鲜食商品的好坏决定了便利店经营的成败。有的企业通过参股生产厂家，控制上游渠道；有的企业开发了品种多样的自有品牌商品。

（3）提高物流配送能力。便利店营业面积小，店面几乎没有储存货物的空间，因此需要频繁补货。外资便利店基本能实现一日二配，内资便利店至多可以一日一配。一些集团企业的便利店业态原来大多与超市业态共用配送中心，目前越来越多的便利店开始自建配送中心。

（4）整合网点资源。便利店的规模特点明显，只有取得适当的有效规模才有可能实现盈利。2008年，行业出现了明显的整合，如好德与可的的合并。有的企业为了提高效率，选择关闭经营不善或难于管理的门店。

（四）家电受房地产市场低迷的影响，家电零售企业面临很大的困难

家电业态的主要特点：

（1）探索新的经营模式。我国家电连锁零售业态主要存在两种模式：一种是国美、苏宁的代销模式；一种是顺电和百思买的模式。后者采取买断经营的方式，强调客户体验，利润率较高。

（2）系统能力提升。家电企业在近年来的快速发展中，主要是采购驱动，管理比较粗放。通过信息化等手段提高自身营运能力，实现门店经营驱动的经营方式，是家电业态的重要选择。

（3）厂商渠道的竞争。家电厂家自建的专卖店是二线以下市场家电销售的重要渠道。为了加强对市场的覆盖和对渠道的掌控力度，一些家电厂商纷纷建立品牌专卖店，对连锁家电企业形成竞争。

资料来源：中国流通研究网

2.3 零售组织演变规律与西方零售业发展演变

2.3.1 零售组织分类

零售组织虽然与零售商的概念相近，但还是有一些区别的。零售商更多的是指一个独立核算的盈利机构，而零售组织则强调这一机构所进行的零售活动组织方式。例如，百货商店、超级市场、便利店可以被称作不同的零售组织形式，但一个零售商可以同时拥有百货商店、超级市场和便利店三种经营形式。由于零售组织形式繁多，划分的标准也不统一。目前，对零售组织的分类主要有三种方法：按零售组织的目标市场及经营策略不同划分；按是否设立门店划分；按零售组织所有权形式划分。通常分为独立商店、直营连锁商

店、特许经营、租赁商品部等。

2.3.2 零售组织演化规律理论

1. 零售轮转理论

零售轮转理论又被称作车轮理论，是美国哈佛商学院零售专家 M·麦克尔教授提出的。他认为，零售组织变革有着一个周期性的像一个旋转的车轮一样的发展趋势。新的零售组织最初都采取低成本、低毛利、低价格的经营政策。当它取得成功时，必然会引起他人效仿，结果激烈的竞争促使其不得不采取价格以外的竞争策略，诸如增加服务、改善店内环境，这势必增加费用支出，使之转化为高费用、高价格、高毛利的零售组织。与此同时，又会有新的革新者以低成本、低毛利、低价格为特色的零售组织开始问世，于是轮子又重新转动。超级市场、折扣商店、仓储式商店都是沿着这一规律发展起来的。

2. 手风琴理论

手风琴理论早在 1943 年就有人提出了，1960 年又有人对其完善。它是用拉手风琴时风囊的宽窄变化来形容零售组织变化的产品线特征。手风琴在演奏时不断地张开和合起，零售组织的经营范围与此相似地发生变化，即从综合到专业，再从专业到综合，如此循环往复，一直继续下去。拉尔夫·豪尔说："在整个零售业发展历史中（事实上，所有行业都如此），似乎具有主导地位的经营方法存在着交替现象。一方面是向单个商号经营商品的专业化发展，另一方面是从这一专业化向单个商号经营商品的多元化发展。"根据这一理论，美国等西方国家零售业大致经历了五个时期：一是杂货店时期；二是专业店时期；三是百货店时期；四是超市、便利店时期；五是购物中心时期。

3. 自然淘汰理论

这一理论的具体内容是：零售组织的发展变化必须要与社会经济环境相适应，诸如生产结构、技术革新、消费增长及竞争态势等。越是能适应这些环境变化，越是能生存至永远。否则将会自然地被淘汰或走向衰落。适者生存的思想，是公认的真理。对于某种零售组织来说，总是产生在一个与其环境相适应的时代，但环境不是僵化不变的。当环境变化时，就极有可能与零售组织产生不协调。因此，任何一种零售组织都难以永远辉煌。要生存和发展，就必须不断地进行自我调整，以适应变化的环境。当然，调整也不是无限的，当调整冲破了原有零售组织的局限，就表明这一类型组织将消亡。

4. 辨证过程理论

零售业的辨证过程理论是基于黑格尔的辨证法。就零售业来说，辨证模型是指各零售组织面对对手的竞争相互学习并趋于相同。因此，一个企业遇到具有差别优势的竞争者的挑战时，将会采取某些战略和战术以获取这一优势，从而消除了创新者的部分吸引力，而同时，这革新者也不是保持不变。更确切地说，这革新者总是倾向于按其否定的企业的情况改进或修正产品和设施。这种相互学习的结果，是两个零售企业逐渐在产品、设施、辅助服务和价格方面趋向一致。它们因此变得没有差别，至少是非常相似，变成一种新的零售企业，即合题。这种新的企业会受到新的竞争者的"否定"，辨证过程又重新开始。辨证过程理论带有普遍性，它揭示了零售组织发展变化的一般规律，即从肯定到否定，再到否定之否定的变化过程。但是，这一规律描述得过于抽象，并把程度不同的变化等同起来。实际上，不少正、反、合的变化并没有引起组织形式的更替，只是各种零售组织自身进行了反向调整。

5. 生命周期理论

美国零售专家戴维森等人认为，零售组织像生物一样，有它自己的生命周期。随着时代的发展，每一种零售组织都将经历创新期、发展期、成熟期、衰退期四个阶段。这一理论分析了各种零售组织从产生到成熟的各个阶段，并对各个阶段零售组织的特点作了描述，提出了处于不同阶段的各零售组织可采取的相应策略，包括投资增长和风险决策方面、中心业务管理方面、管理控制技术的运用方面和最佳的管理作用方面等。

6. 商品攀升理论

与手风琴理论有些类似，商品攀升理论也是从零售组织的产品线角度解释其发展变化的。不过，商品攀升理论说明的是零售组织不断增加其商品组合宽度的规律，当零售组织增加相互不关联的或与公司原业务范围无关的商品和服务时，即发生了商品攀升。例如，一家鞋店原先经营的品种主要有皮鞋、运动鞋、拖鞋、短袜、鞋油等商品，经过一段时间的发展，其经营的商品种类越来越多，又增加了诸如手袋、皮带、伞、帽子、毛衣、手套等商品，这就是攀升了的商品组合。

2.3.3　西方零售业的重大变革

零售业中的某些变化若要提升到重大变革的高度，必须满足三方面的条件，一是革新性，即这一变化应产生一种全新的零售经营方式、组织形式和管理方法，并取得支配地位；二是冲击性，即新的零售组织和经营方式将对旧组织和旧方式带来强烈的冲击，同时也影响着顾客购物方式的变化和厂商关系的调整；三是广延性，即这场变革不是转瞬即逝的，而是扩展到一定的空间、延续到一定的时间。从这几个方面考察，西方零售业历史上曾出现过四次重大变革。

1. 第一次零售变革：百货商店的诞生

零售业的第一次重大变革是以具有现代意义的百货商店的诞生为标志的。学术界称之为"现代商业的第一次革命"，足见其划时代的意义。尽管当时百货商店被称为具有革新性的经营手法现在看来十分平常，诸如明码标价和商品退换制度；店内装饰豪华，顾客进出自由；店员服务优良，对顾客一视同仁；商场面积巨大，陈列商品繁多，分设若干商品部，实施一体化管理等。但这些改革对当时的传统零售商来说，已是一个质的飞跃。

一是百货商店在销售方式上的根本性变革。百货商店是世界商业史上第一个实行新销售方法的现代大量销售组织。其新型销售方法，概括起来就是：顾客可以毫无顾忌地、自由自在地进出商店；商品销售实行"明码标价"，商品都有价格标签，对任何顾客都以相同的价格出售；陈列出大量商品，以便于顾客任意挑选；顾客购买的商品，如果不满意时，可以退换。这些销售方式，在现在看来虽然是一件很普通的事情，但它是由百货商店的诞生及其对零售销售的变革而来的。

二是百货商店在经营上的根本性变革。当时出现的百货商店最大一个特点是，设有若干不同的商品部，这些商品就像是一个屋顶下的"商店群"，即把许多商品按商品类别分成部门，并由部门来负责组织进货和销售。而且，百货商店主要是以生活用品为中心，实行综合经营的销售组织。按不同商品和不同销售部门来经营，虽然每个部门的经营规模不大，但由于它是汇聚在一个经营体之中的，因而这种综合经营的规模比起之前的杂货店和专门店来说就十分庞大。因此，百货商店实行综合经营也是其适应大量生产和大量消费的根本性变革内容之一。

三是百货商店在组织管理上的根本性变革。传统的城市零售店和乡村杂货店，店主不仅亲自营业，而且自行负责人、钱、物的管理。与此根本性不同，百货商店由于同时经营若干系列的商品，企业规模庞大，因而其经营活动分化成相对独立的专业性部门，实行分工和合作；而管理工作则是分层进行的，企业订有统一的计划和组织管理原则，然后由若干职能管理部门分头执行。因此，百货商店是在一个资本的计划和统制下，按商品系列实行分部门、分层次组织和管理的。

2. 第二次零售变革：超级市场的诞生

超级市场标志着一场零售革命的爆发，其对零售业的革新和发展以及整个社会的变化带来的影响有：一是开架售货方式流行。开架售货尽管不是超级市场首创，但它却是因超级市场而发扬光大的，超级市场采用的自选购物方式，作为一个重要的竞争手段不仅冲击了原有的零售形态，而且影响了新型的零售业态，后来出现的折扣商店、货仓式商店、便利店等都采取了开架自选或完全的自我服务方式。二是人们购物时间大大节省。随着女性工作时间增多，闲暇时间减少，人们已不把购物当作休闲方式，要求购物更方便、更快捷，超级市场恰好满足了人们的这种新要求，将原本分散经营的各类商品集中到一起，大大节省了人们的购物时间，使人们能将有限的闲暇时间用于旅游、娱乐、健身等活动，创造了一种全新的现代生活方式。超级市场实施的统一结算和关联商品陈列，也大大节省了人们选购商品和结算的时间。三是舒适的购物环境普及。超级市场所营造的整齐、干净的舒适购物环境，取代了原先脏乱嘈杂的生鲜食品市场，使人们相信购买任何商品都能享受购物乐趣。四是促进了商品包装的变革。开架自选迫使厂商进行全新的商品包装设计，展开包装、标识等方面的竞争，出现了大中小包装齐全、装潢美观、标识突出的众多品牌，这也使商场显得更整齐、更美观，造就了良好的购物环境。

超级市场的出现和发展从现在来看有其历史的必然，其产生背景是：

（1）经济危机是超级市场产生的导火线。20世纪30年代席卷全球的经济危机使得居民购买力严重不足，零售商纷纷倒闭，生产大量萎缩，店铺租金大大降低，超级市场利用这些租金低廉的闲置建筑物，采取节省人工成本的自助购物方式和薄利多销的经营方针，实现了低廉的售价，因而受到了当时被经济危机困扰的广大消费者的欢迎。

（2）生活方式的变化促成了超级市场。二战后，越来越多的妇女参加了工作，人们生活、工作节奏加快，加上城市交通拥挤，原有零售商店停车设施落后，许多消费者希望能到一家商场，停车一次，就购齐一周所需的食品和日用品，超级市场正是为适应消费者的这种要求而产生的。

（3）技术进步为超级市场创造了条件。制冷设备的发展为超级市场储备各种生鲜食品提供了必要条件，包装技术的完善为超级市场的顾客自选提供了极大的方便；而后来的电子技术在商业领域的推广运用，更是促进了超级市场利用电子设备，提高售货机械化程度。此外，冰箱和汽车在西方家庭中的普及使消费者的大量采购和远距离采购成为可能。

3. 第三次零售变革：连锁商店的兴起

连锁商店是现代大工业发展的产物，是与大工业规模化的生产要求相适应的。其实质就是通过社会化大生产的基本原理应用于流通领域，达到提高协调运作能力和规模化经营效益的目的。连锁商店的基本特征表现在四个方面：

一是标准化管理。在连锁商店中，各分店统一店名，使用统一的标识，进行统一的装修，在员工服饰、营业时间、广告宣传、商品价格方面均保持一致性，从而使连锁商店的整体形象标准化。

二是专业化分工。连锁商店总部的职能是连锁，而店铺的职能是销售。从表面上看，这与单体店没有太大的区别，实际上却有质的不同。总部的作用就是研究企业的经营技巧，并直接指导分店的经营，这就使分店摆脱了过去靠经验管理的影响，大大提高了企业的管理水平。

三是集中化进货。连锁总部集中进货，商品批量大，从厂家可以得到较低的进货价格，从而降低进货成本，取得价格竞争优势。由于各店铺是有组织的，因此，在进货上克服了盲目性，不需要过大的商品库存，就能保证销售需要，库存成本又得到降低。各店铺专门负责销售，就有更多的时间和手段组织推销，从而加速了商品周转。

四是简单化作业。连锁商店的作业流程、工作岗位上的商业活动尽可能简单，以减少经验因素对经营的影响，由于连锁体系庞大，在各个环节的控制上都有一套特定的运作规程，要求精简不必要的过程，以达到事半功倍的效果。

4. 第四次零售业变革：信息技术孵化

信息时代，网络技术的发展对零售业的影响是巨大的，它的影响绝不亚于前三次生产方面的技术革新对零售业影响的深度和广度。网络技术引发了零售业的第四次变革，它甚至改变了整个零售业。这种影响具体表现在以下几方面：

一是网络技术打破了零售市场时空界限，店面选择不再重要。店面选择在传统零售商经营中，曾占据了极其重要的地位，有人甚至将传统零售企业经营成功的首要因素归结为："Place Place Place"（选址，选址，还是选址），因为没有客流就没有商流，客流量的多少，成了零售经营至关重要的因素。连锁商店之所以迅速崛起，正是打破了单体商店的空间限制，赢得了更大的商圈范围。而在信息时代，网络技术突破了这一地理限制，任何零售商只要通过一定的努力，都可以将目标市场扩展到全国乃至全世界，市场真正国际化了，零售竞争更趋激烈。对传统商店来说，地理位置的重要性将大大下降，要立足市场必须更多地依靠经营管理的创新。

二是销售方式发生变化，新型业态崛起。信息时代，人们的购物方式将发生巨大变化，消费者将从过去的"进店购物"演变为"坐家购物"，足不出户，便能轻松在网上完成过去要花费大量时间和精力的购物过程。购物方式的变化必然导致商店销售方式的变化，一种崭新的零售组织形式——网络商店应运而生，其具有的无可比拟的优越性将成为全球商业的主流模式并与传统有店铺商业展开全方位的竞争，而传统零售商为适应新的形势，也将引入新型经营模式和新型组织形式来改造传统经营模式，尝试在网上开展电子商务，结合网络商店的商流长处和传统商业的物流长处综合发挥最大的功效。零售业的变革不再是一种小打小闹的局部创新，而是一场真正意义上的革命。

三是零售商内部组织面临重组。信息时代，零售业不仅会出现一种新型零售组织——网络商店，同时，传统零售组织也将面临重组。无论是企业内的还是企业与外界的，网络技术都将代替零售商原有的一部分渠道和信息源，并对零售商的企业组织造成重大影响。这些影响包括：业务人员与销售人员的减少、企业组织的层次减少、企业管理的幅度增大、零售门店的数量减少，虚拟门市和虚拟部门等企业内外部虚拟组织盛行。这些影响与变化，促使零售商意识到组织再造工程的迫切需要。尤其是网络的兴起，改变了企业内部作业方式，以及员工学习成长的方式，个体工作者的独立性与专业性进一步提升。这些都迫使零售商进行组织的重整。

四是经营费用大大下降，零售利润进一步降低。信息时代，零售商的网络化经营，实际上是新的交易工具和新的交易方式形成的过程。零售商在网络化经营中，内外交易费用都会下降，就一家零售商而言，如果完全实现了网络化经营，可以节省的费用包括：企业内部的联系与沟通费用；企业人力成本费用；避免大量进货的资金占用成本以及保管费用、场地费用；通过虚拟商店或虚拟商店街销售的店面租金费用；通过Internet进行宣传的营销费用和获取消费者信息的调查费用等。另外，由于网络技术大大克服了信息沟通的障碍，人们可以在网络上漫游、搜寻，因而将使市场竞争更趋激烈，导致零售利润将进一步降低。

2.4 我国零售业发展的基本认识

2.4.1 我国零售业的变革历程

我国零售业的发展变革主要经历了以下几个阶段：第一阶段，改革开放初至1989年底，传统百货商店占零售市场绝对主导地位；第二阶段，1990～1992年底，超级市场开始涌现，动摇了百货商店的市场基础；第三阶段，1993～1995年底，各种新型零售组织崭露头角，出现百花齐放局面；第四阶段，1996～1999年，跨国零售商进入，加速了零售业现代化进程；第五阶段：1999年以后，零售竞争日益加剧，连锁经营趋势增强。

2.4.2 我国零售业变革的动因

对于中国这场正在进行的深入而广泛的零售变革，目前有三种说法解释其背后引发的原因和源动力。

第一种说法是零售业的变革源于技术进步力量的推动。近代以来，西方零售业的发展经历了三次重大变革，并正在信息技术的催化下酝酿第四次重大变革，如今西方国家发达的现代零售业就是这几次零售革命的必然结果。近代零售业的多次变革，每一次都能找到技术力量推动的影子，它是伴随着同期技术革命所引发的产业革命而诞生的孪生兄弟。尤其是信息时代，网络技术在社会、经济各个领域的广泛运用，电子商务的兴起，迫使传统零售企业从管理观念、管理模式、组织结构和作业流程都将发生相应变革。而在中国，引发前三次零售革命的技术条件均已成熟，网络技术也已逐渐渗透到社会经济生活的各个角落，因而中国零售业变革是大势所趋。与西方发达国家不同的是，中国零售业是多项变革同时进行，而不是呈阶段性发展，这就导致这场变革的复杂性和急剧性。

第二种说法是零售业外部市场环境变化导致零售业内部做出相应调整。根据"零售组织进化论"的"适者生存"观点：零售企业必须同社会经济环境的变化相适应，才能继续存在和发展，否则就将不可避免地被淘汰。经过多年的经济体制改革，中国市场环境已经发生了根本性的变化，在从卖方市场向买方市场转化过程中，消费者逐渐成为控制市场的主导力量，信息技术的发展使得消费者的个性化和多样化需求得到充分满足，如果零售商不相应调整经营方式，则制造商极有可能越过中间商直接向消费者提供商品和服务；同时，跨国零售集团的进入，以更先进的管理方式提供更优质的顾客服务，使中国零售竞争在更高平台上展开，这些都迫使中国零售商为赢得生存空间而进行全方位的变革与创新。

第三种说法是经济发展进程中零售业自身发展规律所引发的内部结构调整。从近代西方发达国家零售业发展路径来看，零售业有着自身的发展规律，如西方学者总结的"零售轮转学说"、"零售综合化和专业化循环学说"、"零售辨证学说"和"零售组织生命周期学说"等，都从不同角度阐释了零售业的发展演变规律，说明商品流通系统通过自身的发展变革，能够在大量生产与多样化消费之间，通过创造新的组织形式，充分发挥协调生产与消费的功能。在中国经济高速发展时期，零售组织的自我更新引起零售业的嬗变，西方新型组织形式和经营方式的引入促进了零售业内部进行着质的变化。

复习思考题：

1. 什么是业态？业态和业种有何区别？
2. 简述不同业态的基本特征。
3. 能采用连锁经营的业态应该具备哪些特征？
4. 简述零售业演变的主要理论，对我国企业有何借鉴意义？

【驱动任务与实训项目】

1. 任务与实训内容

在学校附近考察采用连锁经营模式的不同业态的门店，根据自己考察的实际情况，分析不同业态的特征与区别，形成分析总结报告。

2. 实训目的

（1）认知不同业态类型及它们的区别。

（2）学会对零售业态进行实地考察与分析。

3. 实训要求

（1）在上课之前安排学生进行门店寻找和考察。

（2）学生完成文档报告并在课堂上进行交流与互评。

【课后案例】

连锁经营能否搭上网络经济的快车

当今知识经济、信息经济（也称网络经济）的发展举世瞩目。而网络经济引起的最快、最直接的变革是流通领域的革命。美国的亚马逊电子书店是一家仅有十名工作人员的网上书店，从1995年开业以来，发展极为迅速，现在经营的图书多达500万种，向全球150个国家供应图书，号称"全球最大的书店"。在股市上，亚马逊每股价格涨到119美元,其资产虽仅有约 6.5 亿美元,市场价值却已飙升至 189 亿美元。

亚马逊作为"网上书店"、"虚拟书店",确实搞得很有起色,每月访问人数达到六七百万人次。亚马逊在网上提供详细的图书目录,顾客可以从目录中挑选自己所需要的书籍进货,但如何将顾客在网上订购的书籍送到顾客手里,亚马逊准备不够,只好委托图书批发商,为此成本就增加。据说每处理一件订货就得付 7 美元,当然亚马逊也正努力建设自己的物流网络和仓库,这需要大量的投资,因此,亚马逊尽管在股市上很受宠,但实际上是入不敷出,赤字经营。总体而言,美国电子商务发展很快,但物流跟不上、基础设施跟不上的问题存在很普遍。实际上,物流是很麻烦、很费钱的业务。然而,日本的 7-eleven 公司就不同了,它有现存的基础设施和物流系统,毋宁说物流是它的一个强项。

现在,7-eleven 公司又进一步向全面的电子商务领域进军。不仅销售图书,也销售其他各类商品和服务。7-eleven 公司搞电子商务有三大优势:其一是拥有的约 8 000 家店铺全都靠近居民区;其二是 24 小时连续营业,全年不休息;其三是 7-eleven 公司本来就十分重视信息化,在利用信息技术方面有很好的基础。现在,该公司又投入 600 亿日元,开展"第五次信息化计划",实际上是要利用因特网来"放大"它那小小的店铺,使它的 8 000 家店铺的每一家都成为"店铺虽小,内涵很大"的便民店。现在,陈列在每个 7-eleven 便民连锁店店铺的商品品种大约有 3 000 种,这对于营业面积只有 100 平方米的店铺规模来说,已经相当不少了,而一旦以信息化、网络化武装起来,7-eleven 连锁店就可以进一步提供更加丰富的商品,所以服务信息化是促进连锁化进一步发展的有力手段;而连锁化则是帮助信息化进一步产生经济效益的重要舞台。电子与连锁化相结合正是电子商务发展的一个重要方向。当然,如果商品本身就是信息(比如音乐),就可以在网上直接"配送",不存在物流的问题。但终究大部分商品还是实物,就离不开物流。

电子商务既牵涉到信息流,又牵涉到实物流,同时也存在一个顾客如何付款的问题。在 7-eleven 公司的系统中,顾客在网上购物,到方便连锁店取货同时付款,因为 7-eleven 公司店铺大都靠近居民区,所以这对居民来说还是比较方便,反而网上付款存在问题,因为对顾客在网上有没有付款需要进行确认。如果技术上没保证,付款方和收款方都不放心,还有一个网络安全问题。而直接到方便店付款就很确实、很安全。现在,日本的"家庭商场"等便民连锁店公司已在一部分连锁店铺内设置了 ATM(自动柜员机),估计 2009 年将增加到 5 000 台。7-eleven 公司也积极准备同其他金融机构合作,共同设置和运营店铺内 ATM。有了这种设在便民店内的"便民银行",顾客就可在便民店取款,购物付款也就更方便了。另一方面对于银行来说,在街头设置一台 ATM 需要五六千万日元,而设在 7-eleven 方便连锁店铺内,就可以搞得小型化一些,价格只有设在临街的自动柜员机的十分之一。为此,有些银行(如三菱银行、樱花银行)对发展"便民银行"十分支持,但也有的银行(如住友银行)因担心竞争加剧而表示反对。发展"便民银行"是便民连锁店公司进入电子商务的又一重要步骤,其方向是正确的,也是无法阻止的。

中国现在的网络经济发展得如火如荼,网上电子商务的迅速发展,对中国现有的流通业产生了巨大的影响,很多人认为以网络为基础,电子商务将取代现有的商业交易模式,从日本 7-eleven 公司的发展我们可以看出,电子化与连锁化相结合,信息流和物质流相结合,虚拟店铺与现实店铺相结合是未来发展的趋势,网络经济并非凭空而生,而是在传统经济的基础上发展起来的,它也不能凭空发展,必须依托传统经济,吸收传统经济的精华创造财富和技术才能发展。所以网络经济将为连锁经营注入新的活力，中国的许多网站都开辟了电子商务，开展了"网上购物"服务。但在一项调查中显示，许多网站由于配送体系不完善，很多商品甚至过了两天，还不见送上门，令消费者感到无奈。2009年，7-eleven公司又同"通贩"、"雅虎–日本"等公司共同设立名为E-shopping books的新公司，开始经营销售图书的业务。

由于7-eleven便民连锁店每家店铺的面积只有大约100平方米，不可能陈列很多图书，但是，顾客可以在因特网上，在7-eleven公司同其他公司合办的网上购书，网上书店则利用通贩公司和7-eleven公司现有的、已经十分发达的物流系统，将图书送到顾客住处附近的7-eleven便民连锁店，顾客即可到该店铺交款，取到自己订购的书，或者也可由便民店铺送到顾客住宅。由于7-eleven公司在日本全国拥有约8 000家便民连锁店店铺，覆盖了日本26个都道府县，因此，有相当多的居民可利用这种网上购书之便。而网站与连锁企业的战略联合，是连锁业发展的方向，而中国的连锁企业正可利用其后发优势，积极发展与网站的联盟，抢占市场份额和取得竞争优势，实现发展模式上的后发制人。

一个巨大的商业机会展现在中国连锁企业面前，特别是大型国有连锁企业将积极利用其雄厚的实力、成熟的经营管理，向电子商务拓展。幸运的是，很多连锁企业都看到了这一点。

IT163.com是北京奋扬数字技术公司下属的电子商务网络，该网联合北京王府井百货、上海益民百货、广州南方大厦、深圳国际商场等大商场组建成"全国网上连锁商城"。IT163.com的目标是建成中国最大的新型商业集团、世界知名的电子商务先锋站点。

案例思考：

1. 开展电子商务的主要障碍是什么？这种做法对中国零售企业有何启示？
2. 根据下列论点给予说明："零售业的每次革命，既对商业企业提出了巨大挑战，也为企业带来了巨大商机"。

项目 3　连锁企业的组织结构设计与岗位配备

【知识目标】

1. 掌握连锁企业组织设计的基本内容及应考虑的因素；
2. 掌握大型连锁组织、中小型连锁组织机构的类型；
3. 掌握连锁企业总部与分店的基本职能以及分店的岗位设计内容。

【能力目标】

1. 能设计连锁企业的组织结构和部门配备；
2. 能发现连锁企业组织结构中存在的问题；
3. 能进行连锁企业中的岗位分析与配备工作。

【教学任务】

1. 连锁经营组织结构设计与岗位配备；
2. 岗位分析与职位说明书的编写。

【引导案例】

门店分权"十年之痒"考量家乐福管理模式

"一系列的动作无不显示，家乐福正逐步回收门店权力，加强区域市场统一管理"。日前，家乐福中国区总裁施荣乐正式离职，继任者罗国伟在上任之时，也引来零售业界关于家乐福集权运动带来零售业门店管理模式的探究。事实上，早在2009年家乐福食品安全问题频繁曝光之时，已完成急速扩张的家乐福就开始了门店管理体系的调整。显然，在店长分权制"十年之痒"的坎上，家乐福遭遇的难题成了考量新总裁成败的关键。

成功缘于灵活的"店长负责制"：

"家乐福成功的秘诀就是灵活性和适应性"。谈起家乐福的快速发展，不管是业内人还是家乐福自己，强调最多的是家乐福单店的作战能力，门店店长被赋予的诸多权力。从1995年进入中国开始，家乐福全国经营策略就并无统一定式，也无一致的价格策略，一切策略的制定都是基于城市性和区域性的，一切策略的变化都基于竞争对手和顾客的变化而变化。为了能在市场上生存下来，家乐福把门店作为利润中心，采取了将大量权力（商品采销管理权和人事任免权）下放至地方各个门店店长手中的分权管理体制：家乐福门店的店长可以根据实际情况，具有独立的行事权，包括商品组合结构的建议权和决定权、商品的价格变动权、人事管理权、商品的促销权等。同时针对中国市场广阔、交通不便的特殊性，建立了地方采购和供货商配送的物流管理体制。

"相对于沃尔玛的集权,家乐福的门店经理的职能更宽泛,就像是一个商人。他们不仅负责销售指标,而且要完成公司交给的利润指标"。商业研究人士王孟龙告诉记者,家乐福的盈利模式是商品毛利与后台毛利相结合,作为实现利润的流程支持,家乐福的门店采取的是营销与采购合一的经营方式。诸如新品引进、DM谈判等工作由采购部门负责,而剩余的如定价、陈列、促销、订货等都由各门店独立操作,这种采购权与经营权分离,分权制衡的组织模式无疑给门店在管理上有很大的灵活性。

分权制衡的隐患:

然而,随着家乐福盘子做大,给家乐福带来超强灵活性的"店长负责制"模式的弊端日显。分权过度造成的管理混乱、店长权力过大造成的贪污腐败已影响到家乐福利润的实现。据家乐福内部员工透露,家乐福的门店分权的确养肥了一批门店的管理人员,一般课长1年都可以拿20万~40万元,而目前在家乐福各项利润来源中占份额非常大的各项杂费,仍然有一大部分流落到了门店的各个级别人的手中。

门店营销与采购合一的最大特点是灵活多变,能够随时根据地区差别而进行调整。王孟龙认为,门店营销与采购合一的利弊都很明显,由于权力的过度集中和放开,会增加问题产生的概率,也可能滋生助长权力人员的投机贪污心理。

在某外资零售企业从事12年采购管理的黄静告诉记者,很多内外资连锁卖场追逐目标的最大化和考核的极端化,三个月不达标就被替掉,在巨大的压力下,员工没有长远发展的安全感,短期的投机心理容易产生。利用现有权力捞些私利,这种思想在家乐福也不鲜见。据家乐福内部员工反映,家乐福内部更换生鲜商品标签日期的事情是常有的,因为完不成毛利就要走人,为了使自己部门的毛利正常,就会通过更换生鲜商品标签日期的办法来减少损耗。此外,家乐福80%的商品损耗管理也让内部人员常常将过高的损耗风险转嫁到供应商身上。不过,专家分析认为,在依靠分权实现企业规模经济后,家乐福门店布局基本完成,需要统一协调,集权也有助于企业文化战略的实施。

权力收放关键在于把握好度:

专家分析,门店的放权造就了家乐福的快速发展,事实上是家乐福在地区差异很大的中国市场寻求一种本土化的经营模式。施荣乐在中国主政初期,刚起步的家乐福还处于战略混沌期,个人的引导和管理思路要重于公司的战略。如今,中国市场已是家乐福全球战略布局的重中之重,中国区直接隶属于法国总部,与亚太区平行。施荣乐的继任者罗国伟受命于法国总部,在家乐福全球布局和中国战略越来越清晰的情况下,罗国伟采取了与施荣乐相反的收权策略。调整的背后是家乐福在中国快速发展多年,门店数量虽然极大增加,积累的问题也日渐突出。比如门店权力过大造成的腐败问题、零供矛盾的激化等。这些问题正在成为公司发展的桎梏。

而在双方最近的交接期,家乐福建设中的CCU(城市采购中心)地位愈发重要。家乐福过去与供货商的促销谈判大权,已从每个店长手中统一到家乐福中国15个地区采购中心手中。而追溯到2009年1月份,家乐福计划在中国建立华东、东北、西南、华南、华中五个区域性物流配送中心,就是为加强门店统一物流管理。

"其实,摆在罗国伟面前的考验相当艰巨"。与家乐福关系深厚的一位人士透露,

2005年初，为应对中国零售业开放，家乐福刚刚调整了管理架构，中国市场从5个大区拓展到7个小区，同时配合调整的还有大规模的人事变动。管理架构的变动在一定程度上影响到了门店的管理，这也是2006年家乐福频繁曝光食品安全问题的原因之一。

目前，在店长分权制"十年之痒"的坎上，家乐福中国新总裁的难题在于，如何把握放权和收权的度。毕竟施荣乐的放权使得单店的灵活性更大。罗国伟需要权衡的是，如何在改革中既不削弱单店的灵活优势，又能推动整套管理流程，以保持家乐福稳健的扩张。

门店运营决定企业成功：

中国现代零售业态的快速发展和店面面积的迅速扩大，企业环境变化的迅速，给支持零售运营的系统和流程带来了极大的压力。迅速增长的门店面积和数目已超过了零售商总部可以很好控制的范围，于是沉重的压力便落到了店长们身上，而他们可以利用的系统资源却极其有限（有时候根本没有）。从长期来说，门店的运营决定了该零售企业能否成功。

记者采访的店长认为，门店由于贴近市场，对消费者的变化尤为敏感。如果零售门店缺乏商品管理权和人事任免权，也就失去了在第一时间做出决策的机会，小区域市场就不能在最短的时间内做出灵活性的政策调整。据记者了解，目前，家乐福不同区域的收权进度并不一样，早的在一两年前就运作了，但不少地区正在过渡中。

"但现在门店越来越难做了"。某家乐福内部员工反映，收权后门店的一些权力受到制约。以前门店主要有商品定价、促销谈判、订货、商品陈列等四大关键的商品管理权，但如今部分地区的促销谈判权已上收，而门店的订货权现在由订货组运作，以后可能会过渡到小区订货小组。

对此，专家分析，家乐福取消了单门店采购和供应商配送制度，取而代之以区域市场统一采购和五大区域配送中心统一配送。区域市场特殊性、物流系统信息化水平、交通系统发达水平、供货速度等都将面临战术层面的考验。同时，权力的下收上放，导致权力完全集中在小区域市场管理层手中，因此对家乐福中层管理人员的素质来讲是一个极大的挑战。此外，家乐福在门店商品管理、人员管理、供应商管理等其他方面也都将因为集权而受到各种各样的考验。但专家表示，集权改革最终将更加有利于门店的灵活运作，区域采购以商品为纽带与门店形成了更紧密的结合。此外，之前存在的一些相对效益差的门店资源利用不足，以及由于门店权力过大滋生的一些腐败现象也可以在一定程度上避免。

同时，专家也提出，在国内零售业，有这样的趋势，家乐福这种门店加强型在初期的时候被中国广大的超市拷贝，但是慢慢的现在又在向沃尔玛转型。因为零售连锁到了一定的时候，如果没有相应的总部集权，很难发展下去。但专家建议，当前零售企业面临的市场环境变化迅速，即使在计算机的帮助下，企业管理人员也不能掌握一切信息，同时管理人员的能力也有限，因此企业应适当分权。零售企业可以把财务、采购、配送等集中起来，把促销计划、部分人事权下放给分店和相应人员，同时让分店有一定的采购建议权。

资料来源：中国商报

阅读讨论：

1. 家乐福是如何管理门店的？对连锁经营企业有何借鉴的意义？
2. 家乐福如何处理集权与分权之间的平衡的？

3.1 连锁经营的组织结构设计

3.1.1 连锁经营企业组织结构设计的考虑因素

连锁经营企业由于其特殊的经营特点,使得其组织结构和具体职能与传统商业的组织形式有着明显的不同。连锁企业组织结构和职能的确立是连锁企业发展的重要保障,在进行组织结构设计的过程中要考虑以下三个方面的因素:

一是影响组织结构及其变革的一般因素,如组织战略、行业特点、社会发展、技术创新、组织成长、组织文化等。

二是一个连锁经营企业组织本身有与传统企业组织不同的特点,比如特许经营的门店的管理是通过契约来维持的,但是其必须有统一的管理,所以连锁经营企业同时面临提高内部效率和增强外部适应性的要求,在组织设计时满足目标市场的需要、公司管理部门的需要、员工的需要这个三个方面也有更高的要求,因此顾客、信息化技术就成为促使对连锁经营组织变革的主要影响因素。

三是连锁经营企业的发展阶段。由于连锁经营企业在不同的发展阶段分店规模和网点分布差别较大,使得连锁经营企业在考虑总部、门店与配送中心之间的关系时立足点不一样。

四是是否设置配送中心。不设置配送中心的连锁经营组织结构是:"总部—分店"。设置配送中心的连锁经营组织结构是:"总部—配送中心—分店"。

【相关链接】

组织结构及关键要素

组织结构(Organization Structure)是为了完成组织目标而设计的,是指组织内各构成要素以及它们之间的相互关系。它是对组织复杂性、正规化和集权化程度的一种量度。组织结构的本质是组织好员工的分工协作关系,其内涵是人们在职、责、权方面的结构体系。从组织结构的定义可以看出,它包含以下几个关键要素。

第一,管理层次和管理幅度。管理层次(Level of Control)是指职权层级的数目,即一个组织内部,从最高管理者到最低层职工的职级、管理权力层次数量。管理幅度(Span of Control)是指主管人员有效地监督、管理其直接下属的人数。组织中管理层次的多少,根据组织的任务量、组织规模的大小而定。管理层次与管理幅度这两个因素密切相关,管理层次与管理幅度成反比。也就是说,在组织规模给定的情况下,管理幅度增大,组织层次减少;管理幅度减小,则组织层次增多。这样管理层次就构成了组织的纵向结构。

第二,部门的组合。部门是指组织中主管人员为完成规定的任务将人员编成其有权管辖的一个特定的领域。各不同部门的组合构成了整个组织的方式。部门划分的目的是要按照某种方式划分业务,以起到最好地实现组织目标的作用。部门划分常用的方法有:按人数划分、按时间划分、按职能划分、按地区划分、按服务对象划分等。各部门的组合构成了组织的横向结构。

第三，组织的运行机制。对于组织来讲，只有基本结构是远远不够的，必须通过运行机制来强化基本结构，来保证基本结构意图的体现。所谓运行机制，指的是控制程序、信息系统、奖惩制度以及各种规范化的规章制度等。运行机制的建立和强化有助于更清楚地向职工表明企业对他们的要求和期望是什么。好的运行机制激励职工同心协力，为实现企业的目标而努力。也就是说，运行机制赋予企业基本结构以内容和活力。它确保了组织纵向、横向各有机要素按照统一的要求和标准进行配合和行动。目的在于确定组织中各项任务的分配与责任的归属，以求分工合理、职责分明，有效地达到组织目标。

资料来源：

［1］赵慧英，林泽炎. 组织设计与人力资源战略管理［M］. 广州：广东经济出版社，2003.

［2］孙耀君. 西方管理学名著提要［M］. 南昌：江西人民出版社，1995.

3.1.2　连锁经营企业组织结构设计的内容

1. 职能设计

连锁企业组织设计大体可按明确连锁经营企业的任务、工作分类，确定任务分工，组织定型程序进行。职能设计（Function Design）是进行组织结构设计的首要步骤，是根据组织的目标来确定组织应该具备哪些基本的职能及其结构，包括企业的经营职能和管理职能的设计，如企业的市场研究、经营决策、产品开发、质量管理、营销管理、人事管理等职能的设计。职能设计是在职能分析的基础上进行的，包括基本职能设计和关键职能设计。

基本职能设计：它是根据组织设计的权变因素如环境、战略、规模、员工素质等，确定特定企业应具备的基本职能。而企业的行业特点、技术特点及外部环境特点制约并调整着基本职能的设计，如企业的财务、研发、生产、销售及售后服务等职能设计。

关键职能设计：在企业运作中，各项基本职能虽然都是实现企业目标所不可缺少的，关键职能是由企业的经营战略决定的，战略不同，关键职能则不同。在实际工作中，关键职能设计可以分为以下五种类型：质量管理、门店管理、市场营销、成本管理、资源管理。一个企业的关键职能设计的类型是相对稳定的，但却不是一成不变的。

连锁总部是连锁企业经营管理的核心，它除了自身具有决策职能、监督职能外，主要还承担整体经营的设计功能。其基本职能是：基本政策制订、连锁门店开发、商品采购管理、商品配送管理、商品促销管理以及门店营运督导等。门店是连锁经营的基础，主要职责是按照总部的指示和服务规范要求，承担日常销售业务。配送中心位于物流节点上，是连锁企业的物流机构，专门从事货物配送活动的经营组织或经营实体。配送中心经济方面的功能主要有四个：集中、整理分类、加工和储存。配送中心的组织结构主要按照其机构的职能来划分，分为检验组、库管组、储运组和信息组，由配送中心经理直接管理。

2. 部门设计

连锁企业的组织一般是一种按职能和地区组织的平等型结构，设置企划部、发展部、店面经营部、财务部、行政部、地区事业部、信息服务部等，各个部门职责明确。

一是按地区划分部门，主要是按照连锁经营企业活动分布的地区为依据来划分部门。这种划分能够调动地方、区域的积极性，能够因地制宜以谋取地方化经营的最佳经济效果。但是由于地域的分散性，增加了主管部门控制的困难，容易出现各自为政的局面，不利于企业总体目标的实现。这种划分方法多用于大的连锁经营集团公司和跨国公司。

二是按职能划分部门，这种方式遵循专业化的原则，以组织的经营职能为基础划分部门。按职能划分部门是连锁企业组织广泛采用的方式，这种划分方法有利于专业化分工，有利于各专业领域的最新思想和工具的引入，能够促进专业领域的深入发展。但易导致所谓的"隧道视野"现象：形成经理导向，关注部门目标。这种部门主义或本位主义，给部门之间的相互协调带来很大的困难。

3.1.3 连锁经营企业组织结构设计的原则

企业组织是一个有机系统。要把许多人组合起来，形成一个有机的分工协作体系，这并不是一件十分容易的事情，需要遵循一系列基本的原则。从确保组织正常运转这一基本要求来看，组织工作至少应遵循如下一些原则：

一是目标一致性原则。组织不是一个松散的自由组合成的群体，是人们为了实现共同的目标建立的。共同的目标是组织产生和发展的基础和原因，它规定并制约着组织的其他要素。正是因为存在着组织的共同目标，组织成员才会有效地进行分工协作，并最终实现共同的目标。共同的目标是维系组织成员的纽带，是组织管理工作的依据。

二是分工协作原则。尽管作为一个可运行的组织来说，物料、设备等物质实体是组织的重要要素，但对任何组织来说，人员是更重要的要素。没有人员的存在便没有组织。为了使组织成员能够有效配合，产生合力，组织设计时必须注重职务明确、控制幅度合理、专业分工明确、责任与权力相符、协作有序等一系列组织设计原则。

三是责权关系原则。责权关系是组织构成要素的核心内容。可以这样说，组织即是各种责权关系的体现。在组织管理过程中，明确各部门、各职位与整体组织之间的责权关系，使每个组织成员都明确自己应该干什么，有哪些方面的权力，归属谁直接领导，这是保持组织的稳定性和增进组织运行效果的前提条件。

四是信息畅通原则。组织各部门和组织成员的工作是靠信息的交流维系的。在一个组织中，信息交流包括自上而下、自下而上及同级之间的信息交流，这是组织成员进行有效协调、控制的基础。信息是组织的血液，有效的组织工作必须保持组织内外部的信息交流畅通无阻。

组织工作的目标不能仅仅为了维持组织的正常运转，更要培养出能够支撑企业生存与发展的能力。为此，还应遵循一些更深层的原则。这里转引著名管理学家彼得·德鲁克的基本观点，相信对读者会有一定的启发。

【相关链接】

彼得·德鲁克关于组织工作的七项原则

（1）要明晰，不是简单。哥特式大教堂在设计上并不简单，但在里面，你的位置是显而易见的；你知道站在何处，应该走向何方。一座现代化的办公大楼在设计上非常简单，但在里面很容易迷路；它不是分明的。

（2）努力用经济来维持管理，并把摩擦减至最小限度。用于控制、监督、引导人们取得成绩的力量应该保持在最低限度。组织结构应该使人们能够自我控制，并鼓励人们自我激励。

（3）眼光直接投向产品，而不是投向生产过程；投向效果，而不是投向所做的努力。组织可以比作一种传输带，这种传输带越"直接"，各个活动取得成绩时的速度越快和方向的改变越小，组织就越有效率。必须使意愿和能力为成果而工作，而不是为工作而工作；为未来而工作，而不是躺在过去的成绩上；为了增强实力，而不是为了虚胖。

（4）每一个人都要理解他自己的任务，以及组织总体的任务。组织的每一个成员，为了把他的努力同共同的利益联系起来，需要了解如何使他的任务适应整体的任务，以及整体的任务要求他自己的任务与贡献是什么。组织结构需要促进而不是阻碍信息交流。

（5）决策把注意力集中在正确问题上时要面向行动，而且尽可能使最低层的管理人员做出决策。

（6）要稳定，反对僵化，以求在动乱中生存下来；要有适应性，以便从动乱中学到东西。它必须在其周围的世界处于动乱时代仍能进行工作。稳定性并不是僵硬性，一个极其僵化的组织是不稳定的，而是脆弱的。只有一个组织结构能使自己适应新的情况、新的需求、新的条件，以及新的面孔和新的个性时，它才能继续存在。

（7）要能永存和自我更新。一个组织必须能够从内部产生未来的领导者。为此一个基本条件是组织不应该有太多的层次；组织结构应该帮助每一个人在他担任的每一个职位上学习和发展，应该设计得使人能够继续学习；必须接受新思想并愿意和能够做新事情。

3.1.4 连锁经营企业组织结构设计的基本程序

连锁企业组织设计是以企业的组织结构安排为核心的组织系统的整体设计工作，是连锁企业总体设计的重要组成部分，是有效实施管理职能的前提条件。组织设计应以完成组织任务为前提，应遵循一定的程序与原则。组织设计程序的简单模式见图 3-1。

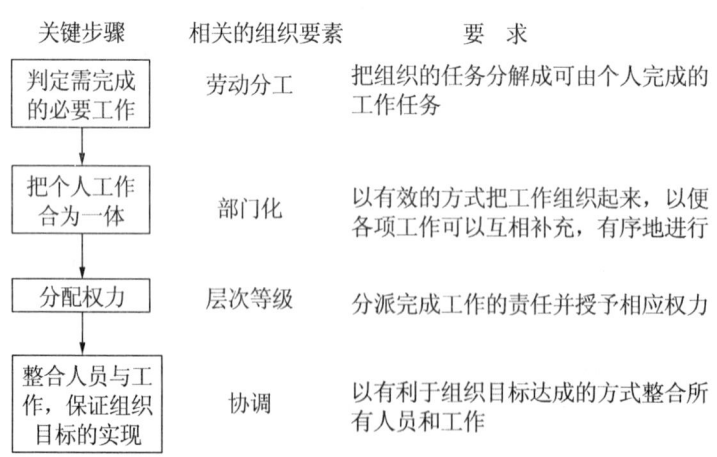

图 3-1 组织设计程序的简单模式

3.2 连锁经营企业组织结构类型选择

3.2.1 中小型连锁经营企业的组织结构

1. 直线制结构

直线制结构（Line Structure）是最为简单，也是最早出现的集权式组织结构形式（如图 3-2 所示），其基本特点是组织中的各种职位按垂直系统直线排列，不设专门的职能机构。这种组织适用于门店数目不多、门店面积不大、经营商品较少、经营区域集中的连锁企业。一般而言，中小连锁经营企业都处于创业阶段，门店采用直营连锁的方式，总经理一人负责总部所有的业务，各分店经理直接对总经理负责。

直线型组织分工较差，但由于承担责任的总经理往往就是连锁企业的所有者，而且精通业务，承担着中央管理业务，而且决策快，控制及时，人员少，效率高。但当门店不断增加、业务增多时就需要增加专业职能。于是就应该增加相应专业人员，如采购员、会计人员、拓展人员等。

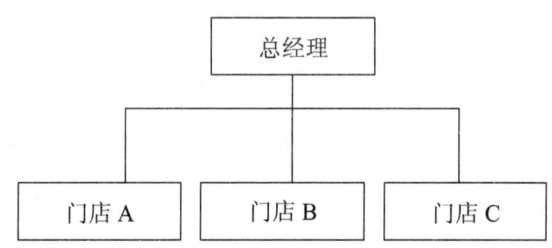

图 3-2 中小连锁企业直线制组织结构

2. 直线职能制结构

直线职能制结构（Line-Functional Structure）又称直线参谋制或生产区域制结构，如图 3-3 所示。该模式综合上述两种模式的优点，一方面保持了直线制领导、统一指挥的优点，另一方面又吸收了职能管理专业化的长处，实现统一指挥与职能部门参谋、指导相结合的组织结构形式。

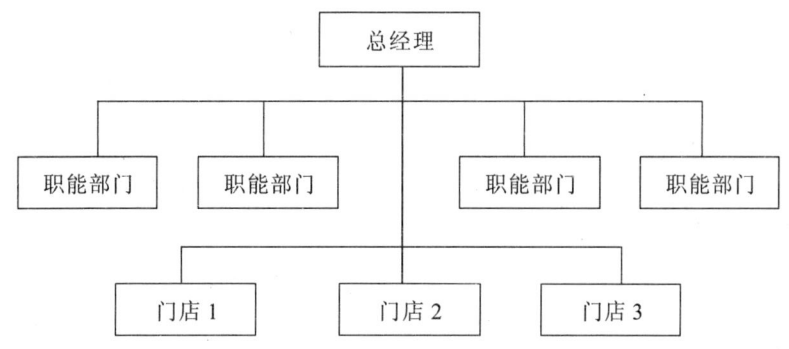

图 3-3 直线职能制连锁企业组织结构

但这种组织形式也存在明显的不足之处：权力集中在最高管理层，职能部门缺乏必要的自主权；各职能部门之间的横向协调性差；企业信息传递路线过长，容易造成信息丢失或失真，适应环境能力差。

3.2.2 大型连锁经营企业的组织结构

大型连锁企业的特点是门店数量多，地域分布广，甚至是跨国经营，业务类型多元化，一般采用多层次或事业部组织结构。事业部制结构（Divisional Structure）亦称 M 型结构，是按照"集中决策、分散经营"的原则，将企业划分为若干事业群，每一个事业群建立自己的经营管理机构与队伍，独立核算，自负盈亏。

1. 跨区域的大型连锁经营企业组织结构

跨区域的大型连锁经营企业组织结构一般采用三级组织模式（如图3-4所示）。即"总部—区域管理—门店"的组织模式。连锁总部的部分职能转移到区域管理部的相应部门中去。总部主要承担对企业政策和发展规划的制定、监督执行、协调各区域管理部同一职能活动。区域管理部在总部的指导下，负责本区域经营发展规划，处理本区域门店日常的经营管理。区域管理部是总部的派出机构，不具备法人资格，仅有管理与执行能力，在许多重大问题上的决策仍由总部做出。如果连锁店发展为跨国经营，其组织结构也要相应变化。

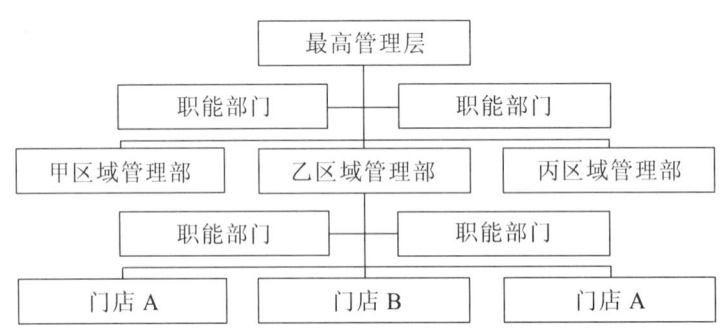

图3-4 跨区域大型连锁经营企业组织结构

2. 多元化大型连锁经营企业组织结构

多元化企业是指企业拥有多项业务单元并独立发展，多元化经营连锁企业采用事业部组织形式。事业部是总部为促成某专项事业的发展而设置的，它拥有一定的经营管理权，并独立核算，具有法人地位。多元化经营连锁企业的各项事业发展到一定规模时，每个事业部下面还要设区域管理部来管理门店的运营工作。即形成四级到五级制。在连锁经营企业的组织结构设计中，对事业部的设置可以根据产品来设置（如图3-5所示），也可以根据连锁经营的类型来设置（如图3-6所示）。

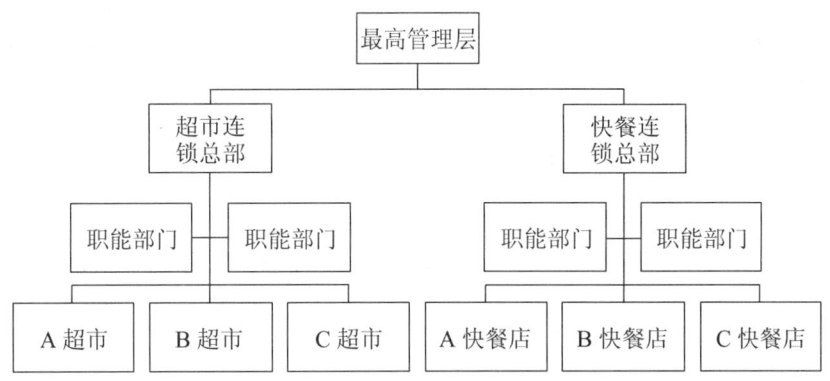

图 3-5 产品多元化大型连锁经营企业组织结构

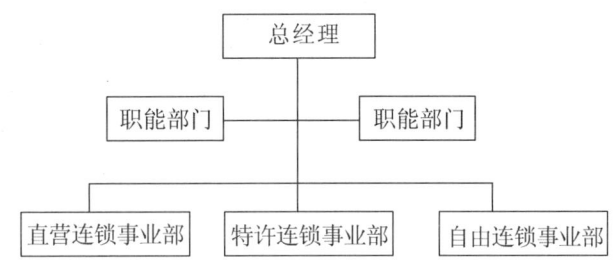

图 3-6 按连锁类型设置事业部的大型连锁经营企业组织结构

3.3 连锁企业总部功能

连锁企业由于其特殊的经营特点,使得其组织结构和具体职能与传统商业的组织形式有着明显的不同。连锁企业组织结构和职能的确立是连锁企业发展的重要环节。一个连锁企业的组织往往同时面临提高内部效率和增强外部适应性的要求,即组织设计必须满足三方面的需要:目标市场的需要、公司管理部门的需要和员工的需要。连锁总部是连锁企业经营管理的核心,它除了自身具有决策职能、监督职能外,主要承担整体经营的设计功能。连锁店总部应具备的以下功能。

1. 展店功能

连锁企业销售的其实就是连锁运作体制。如何将这套连锁运作体制推销出去,同时又能使门店及总部双方皆有获利,是总部的首要任务,如此才能奠定此连锁体系日后的发展基石,因此总部必须设计出真正属于自己的开店策略,包括全面展店计划、市场潜力分析与计算、商圈调查与评估、开店流程制订与执行、开店投资与效益评估、卖场配置规划等,总而言之,要设法达到高而精准的开店成功率。

2. 研发功能

连锁企业总部的研发功能对连锁而言,是非常关键性的功能之一。连锁企业经历了草创阶段后,要想继续守成的话,只有不断研发出适合顾客的商品及服务,研发功能是否能发挥,必须考虑针对差异性商品(或服务)的研究,在顾客可以接受的合理价格之内,考虑除了对商品及服务的研发外，如何使连锁运作更加效率化，以及使连锁不断升级，必须朝不致引起门店太多运作上的不便的方向努力。

3. 营销功能

连锁企业的营销是较广义的说法，涵盖了商品采购及引进门店的促销与活动、整体形象的塑造与建立、广告媒体的运用等，故营销的任务在于如何通过各种工具、手法及种种可行且具体的事项，来提高门店的营业额。

4. 教育训练功能

连锁企业运作的成败关键，在于如何将连锁运作的精华转接传承给加盟店或门店，也就是如何将连锁运作成功的经验，有系统地让门店接受并可以很快地运用。这期间，教育训练扮演了内（总部人员）、外（加盟店）部传承中介的角色，唯有如此，才能让毫无经验的门外汉，得以在最短的时间内进入该运作领域；也可使运作熟练的执行者，提高其经营管理的能力；或者让管理者预见其描绘未来连锁发展的蓝图。

5. 指导功能

连锁企业的门店一旦执行运作，许多意想不到的运作问题将接踵而至，如果仅靠教育训练单位的训练课程，势将缓不济急且可能会应接不暇，因此总部以指导人员辅导门店的机能将是必要的，一则可以作为总部与门店之间的桥梁，避免其有所断层；二则指导人员可以快速地提供最好的经营技术给门店，协助门店运作更有绩效。

6. 财务功能

财务功能是发展连锁的关键，财务健全方不致努力到最后却不得善终，所谓财务的功能包含了正确的账务及会计系统、税务处理、防弊与稽核、善用和调度资金等，通常财务扮演着较为被动而守势的角色，但若能充分发挥其功能，则也可能因此而避免发生营运危机，甚至也会因其灵活调度而增加了非营业方面的收入。

7. 信息搜集功能

在连锁企业中，此一功能常被遗忘或轻忽，因为繁杂的运作问题及行政作业，就已使得从业人员焦头烂额了，如果又缺乏较宏观长远的视野，则往往会将此一机能视为无意义且浪费成本的工作。信息搜集主要集中在经营环境的变化，经营相关资讯的整合、国际发展脉络与趋势、新观念新技术及内部营运资讯的整合等，方可建立更科学、更宏观、更长远的经营观。

3.4 连锁企业总部职能部门的管理职责

连锁总部是为门店提供服务的单位，其基本职能是：制定经营决策，如店铺开发政策与店铺开发、商品策略与商品管理，及商品促销管理等；制定人事政策；制定各种管理制度，如商品采购管理制度、人力资源与培训制度、财务管理制度、供货商管理制度、授权加盟管理制度、各类管理信息制度、店铺督导制度等。根据以上的职能制定标准化作业流程、门店作业流程等。总部与门店的关系是：有一个健全而坚强的总部，才会有门店的良好业绩；门店有良好的经营业绩又能进一步完善总部的组织功能和服务功能。连锁公司总部组织架构应包括：行政部、营运部、企划发展部、财务部、信息部、物流部等。当然，具体部门设置结合企业的实际需要而定。

1. 企划发展部门职责

企划发展部是公司的参谋部。主要职责是把握公司经营现状和宏观环境动态,就公司的组织发展与经营事业制定和协调战略目标与规划,供总经理及其他部门参考。

- 新开店址调查。包括人口数、家庭结构、收入水平、消费偏好、行业竞争状况等。
- 预算。估算投资回收期和投资收益率,交财务部审核以申请店面开发资金。
- 制定店面建设、装修、设计统一标准,依此建设新店,进行内外部装修,或者包给外单位承建,但要对工程进度和质量进行严格监督和控制。
- 店面营业设备的采购和安装。
- 制定店面营业设备的使用和保养制度,并监督和不定期检查执行情况。
- 店面及店面营业设备的维修和保养。

2. 营运部门职责

- 店面经营业绩的考核制度的制订和执行。
- 店长工作绩效的考核与人事变动的建议。
- 店面岗位责任、作业规范、服务规范的制定与执行情况的监督与考核。
- 将物流部制定的商品销售计划,根据区域各分店的具体情况(主要是市场环境、经营规模、经营状况与潜力等)分解后下达任务,指导店长执行与实现。
- 店面经营指导,包括商品陈列、POP 广告设置、店员培训。
- 推广先进店面的经营经验,督促和帮助落后店面改进经营状况。
- 分店、分区域促销计划的制定和执行。

3. 物流部门职责

- 商品采购制度的制定和执行。
- 制定全公司分品种商品销售计划并制定和执行相应商品采购计划。
- 制定商品开发政策,开发新产品,调整经营商品结构。
- 定价策略的制定、各种商品价格的制定和执行情况监督。
- 公司统一促销策略的制定,统一促销活动的策划,执行、推动及效果评价。
- 商品配送制度、仓储管理制度的制定与执行。
- 物流活动的开展与管理,包括到货商品的验收、保管与维护,适当的流通加工(如分装、分等、配组),库存控制,对各分店的商品配送服务等。

4. 财务部门职责

- 资金筹措、分配与使用等管理制度的制定。
- 审核各部门开发项目的投资预算或经费预算,负责筹措资金,保证供给或提出预算修改方案。
- 经营费用管理制度的制定与执行情况监督,营业成本控制工作的监督。
- 总店与分店财务核算制度的制定与执行。
- 公司的财务收支,包括供应商货款结算、税金缴纳等。
- 提供会计财务报表。
- 开展内部审计。

5. 行政部门职责

- 公司劳资、福利、岗位考核、人事变动等制度的制定与执行。

- 劳动人事合同和档案管理。
- 人力资源的开发。
- 公司人际关系与员工士气调查、分析。
- 公司后勤服务。
- 保持和促进良好公共关系。
- 接受消费者投诉，并做出回复；监督有关部门处理，或上报总经理责成有关人员或部门处理。
- 公司安全制度的制定与执行。

6. 信息部门职责
- 公司办公用品采购与管理制度的制定与执行。
- 公司管理信息系统的开发和维护。
- 系统地进行人员培训。
- 商品经营的进、销、存各环节的数据统计整理和分析，满足有关经营部门对经营商品信息的需要，从而提高商品管理水平。
- 定期或不定期地自主或应有关部门要求开展专题市场调研活动。
- 保持与外部环境的密切联系，随时随地收集消费者需求变动趋势、行业竞争状况、经济景气等有关信息进行加工处理，做出分析报告，供有关决策参考。

3.5 连锁经营门店结构设计

3.5.1 门店的组织结构与职能

连锁门店组织结构相对较为简单，其管理层次根据门店规模而定，在普通的门店管理中，大部分门店有店长直接负责管理门店工作人员，具体组织结构图如图3-7所示。如果门店规模大和门店工作人员较多，可以将门店划分不同的部门进行管理。

在职能方面，门店主要是按照总部的指示和服务规范要求，承担日常销售业务。所以说，门店是连锁总部各项政策的执行者。具体职能如下：

- 门店环境管理，主要包括员工管理、顾客管理以及供应商管理。

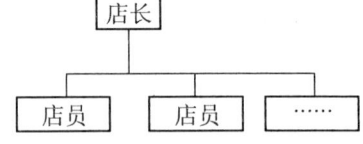

图3-7 门店组织结构图

- 商品管理，主要包括商品质量、商品缺货、商品陈列、商品盘点、商品损耗以及商品销售活动的实施等方面的管理。
- 现金管理，包括收银管理和进货票据管理。
- 信息管理，主要包括门店经营信息管理、客户投诉与建议管理、竞争者信息管理等。

3.5.2 门店主要岗位的管理职责

1. 门店店长工作职责
- 维持店内良好的销售业绩。

- 严格控制店内的损耗。
- 维持店内整齐生动的陈列。
- 合理控制人事成本，保持员工工作的高效率。
- 维持商场良好的顾客服务。
- 加强防火、防盗、防工伤、安全保卫的工作。
- 审核店内预算和店内支出。

2. 专营店店员的主要工作职责

- 严格执行卖场服务规范，做到仪容端庄，仪表整洁，礼貌待客，诚实服务，严格遵守各项服务纪律。
- 熟识产品包装上应有的标志，以及自己责任区内商品的基本知识，包括商品的名称、规格、用途、产地，保持期限、消费使用方法和日常销量等。
- 了解有关商业法规，熟识和执行卖场内的作业规范。
- 掌握商品标价知识，能正确打贴价格标签。
- 注意查看商品有效期，防止过期商品上架销售。
- 了解卖场的整体布局和商品陈列的基本方法，熟识的商品配置图表，严格按照商品配置图表进行商品的定位陈列，并随时对陈列商品进行整理。
- 随时了解商品销售的动态，及时提出补货建议，或按规范操作要求完成领纲和补货上架作业。要有强烈的责任心，注意商品安全，努力防止商品损坏和失窃，同时要了解治安防范要求。
- 了解卖场内主要设施的性能、使用要求与维护知识，能排除小的、因使用不当而引起的故障。搞好商品、货架与通道的卫生保证清洁。
- 对顾客的合理化建议要及时记录，并向门店店长汇报。
- 服从店长关于轮班、工作调动及其他工作的安排（如在营业高峰时协助收银台做好服务）。

3. 专营店收银员的主要工作职责

- 正确迅速结账：熟练收银机的操作与价格的定打。
- 熟悉促销商品的价格以及促销的内容。
- 熟练收银员的应对用语、应对态度、应对方法等待客之道。
- 为顾客提供咨询和礼仪服务。
- 熟练迅速而正确的装袋服务。
- 站立工作，坚持唱收、唱付、唱找，准确、迅速地点收货款。
- 妥善保管好营业款，在上级规定时间内解款，确保款货安全。
- 做好记账、报账、对账工作，及时治理悬账，做到账证、账账、账表、账物相符。
- 做到经常检查保养好收银设备。
- 配合卖场安全管理工作。
- 工作中发现问题，应及时向店长或上级主管部门汇报。

【相关链接】

某企业专卖店店长职务说明书

岗位名称	店　长	岗位编号	
所在部门		岗位定员	
直接上级	营运部经理	职系	管理职系
直接下级	收银员、店员		
所辖人员		岗位分析日期	2010年1月10日
本职：接受公司的授权，全面负责门店的日常运营；管理直接所属门店的工作			
职责与工作任务：			

职责	工作任务	
	职责表述：专卖店经营活动的统筹管理	
		开店的准备，清洁的实施，陈列方式的更新，POP广告的制作张贴，陈列台摆放的整理，店面、店内的巡视，待客应对，商品的销售、保管，存货的盘点工作，特别订货的检查确认，贩卖活动的推行和促销
		传达公司政策，员工管理，考勤表的制作、实施，依岗位不同分配人员，人事考核的实施
		业绩的掌握和目标管理，将店内的各项目标传达给部属，要掌握每周、每月、累计等目标达成情况，并依据实际情况制定对策
		情报收集和商品质量、款式价格、销售动向等情况的收集，并加以分析，作为改善并提高之依据
		教育、培训活动的推进，利用早、晚，营运作业的待客时间按公司规范教育，并相互讨论；在工作时间有良好的人际关系，优良的客户服务
		涉外、协调活动，代表公司对外使用职权范围，与外部机构和顾客之间的协调，顾客投诉的处理
		报告及现金的管理，专卖店的费用分为固定费用和可变费用：固定费用——租金 政府的规费、税金、各项费用分摊、薪金；可变费用——水电费、电话费、运费、日用品、办公品、维修费、奖金、广告费、其他。对可变费用，店长依据实际情况，每月做出预算表，交给公司主管审核，批准执行
		店铺、设备的保全管理，专卖店内外环境的维护，资产、设备的维护

权力：
受公司委托工作范围内的决策权；
协调处理门店日常运营工作的权力；
若有店员不服或违反规定外重大事故，对公司造成重大损失，可向公司提出惩罚方案，经经理批准后执行；

续上表

在公司给予的权力范围内决定日常用品的开支,但要向公司报备;	
对直接下级人员调配、奖惩的建议权和任免的提名权;	
对所属下级的工作的监督、检查权;	
对所属下级的管理水平、业务水平和业绩有考核评价权。	
工作协作关系:	
内部协调关系	公司其他部门管理人员
外部协调关系	客户、合作伙伴
任职资格:	
教育水平	大学专科以上
专业	管理类等相关专业
培训经历	接受过管理、财务、人事、产品、销售知识培训
经验	2年以上工作经验,1年以上本行业或相近行业管理经验
知识	通晓门店运营管理和连锁经营管理知识;具备能观察出消费者变化、零售业的变化及今后演变、零售经营技术及管理技术的知识;公司的历史、制度组织、理念的知识;店铺的计划策定方法的知识等
技能技巧	掌握WORD、EXCEL等办公软件的使用方法,具备基本的网络知识,具有较强管理能力、沟通能力、计划与执行能力、客户服务能力
其他:	
使用工具设备	计算机、一般办公设备(电话、传真机、打印机、Internet/Intranet网络)、交通及通讯设备
工作环境	门店
工作时间特征	无明显的节假日
所需记录文档	门店管理表格等
备注:	

复习思考题:

1. 连锁企业组织结构设计的基本流程是什么?
2. 连锁企业组织结构有哪几种基本类型。

3. 连锁企业总部的基本功能有哪些?
4. 门店的基本职能有哪些?

【驱动任务与实训项目】

1. 任务与实训内容

利用网络和实地考察4个连锁企业的组织结构,根据自己考察实际情况,分析不同企业组织结构的特征与区别,形成分析总结报告。针对实地考察的门店,设计一个组织结构并书写店长的职务说明书。

2. 实训目的

(1) 认知不同连锁企业的组织结构类型及它们的区别。

(2) 结合实际锻炼学生对门店管理的初步认识。

3. 实训要求

(1) 在上课之前安排学生进行门店寻找和考察。

(2) 学生完成文档报告并在课堂上进行交流与互评。

【课后案例】

某连锁专卖店的店长周工作安排表

时间	序号	工作事项	工作内容
星期一	1	周会	(1) 上周营业情况的分析,工作表现的检讨 (2) 总部政策及当周营业活动的公布与传达 (3) 员工店面训练,交流成功售卖技巧 (4) 激发工作热情,鼓舞员工士气
	2	店面清洁	每周至少需要进行一次比较全面的卫生清洁工作
	3	商品陈列调整	每周需要进行一次商品陈列布置转货,以迎接新一周的销售高峰
	4	商品宣传资料检查和更新	
星期二	5	产品库存清点	(1) 专卖店店面库存以及中转库存状况清点,确认商品品种、数量及管理状况,并进行相关记录 (2) 对缺货或少货商品进行申请订货 (3) 商品销售情况分析
星期三	6	问题分析整改	(1) 对专卖店进行全方面检查 (2) 对存在的问题进行科学分析 (3) 提出问题解决方案 (4) 对存在问题进行整改

续上表

时间	序号	工作事项	工作内容
星期四	7	市场调查与分析	店长反馈信息，进行市场进行调查
			（销售动向，竞争店的情报，旺销商品信息）
星期五	8	促销方案	（1）策划促销方案
			（2）促销方案前期准备工作
星期六	9	安排人员轮班休假	做出下周的人员休息计划

案例思考：

认真阅读案例中专卖店店长的周工作安排表，结合自己考察的连锁店的实际情况，讨论专卖店该如何进行结构设计和人员配备与安排。

项目4 连锁门店店址选择与开设

【知识目标】

1. 理解商圈的基本知识;
2. 掌握门店选址的基本评价方法;
3. 掌握门店的开设过程与步骤。

【能力目标】

1. 能对不同业态专卖店进行初步选址;
2. 能分析当前不同商业街区的特征与不同专卖店选址成功原因;
3. 能根据实际情况安排门店开设过程。

【教学任务】

1. 商圈理论与连锁门店选址;
2. 门店开设过程设计与安排。

【引导案例】

连锁企业如何成功选址?

一、连锁企业选址困惑:缺少规范选址成为扩张难题

众所周知,选址是连锁门店获得成功的关键因素,业内有句名言:"门店最重要的是什么,第一是选址,第二是选址,第三还是选址",可见选址对于连锁企业的重要性。成功的选址系统是连锁企业核心竞争力之一,但受专业及经验限制,国内连锁企业在选址的成功率上一直不高。通过咨询及接触,多数连锁企业选址主要存在以下三个层面的困惑:

(1) 选址凭感觉,没有科学依据,风险非常大。
(2) 成熟商圈店址很难获得,缺少投资收益预测,导致决策失败。
(3) 缺少系统和规范,选址成为扩张的最大难题。

第一种凭感觉选址的情况常出现在中小连锁企业,企业老板凭多年经验和直觉来判断店址,往往说不清楚道不明白,成败多归咎风水问题。说起自身选址经验,多半是仅靠有缘或感觉。曾经有一位美体连锁的女老板介绍自己选店经验时自豪地说:"站在那里闻一下空气,就知道能不能开店。"结果在深圳发展时连开三家都失败了。仅凭自己的主观经验、感觉来投资,没有科学根据,风险非常大。

第二种情况的连锁企业已有一定的选址标准和经验,也注重有策略选址,占据有利位置。但往往旺铺是一铺吃三代,很少转手,成熟商圈的店址更是千金难求,选择店址时如不能准确预测投资收益，租金成本高于本行业利润率，将导致门店经营失败。另有一种类型，某些连锁企业为了降低成本或避开强势竞争，实现"农村包围城市"策略，选择次商圈进行布点，也常因不能科学准确地预测商圈成熟时机而沦为填坑或为人作嫁的下场。

连锁业必须进行快速扩张，以此来降低运营成本，连锁企业在进入规模扩张时常出现第三种情况，由于没有建立和完善选址标准及规范，缺少组织和系统，一旦批量开店选址，人员分身乏术，找不到想要的店址，扩张计划不得不一再延迟，选址最终成为扩张战略的最大阻碍。

二、成功案例分析：科学的选址流程和严密的审批制度

企业选址困惑主要源于缺少科学、完备的选址标准和系统，如何构建成功的选址系统就成了连锁企业成功的秘诀。跨国连锁巨头如沃尔玛、家乐福、麦当劳、肯德基等经过了几十年的发展，在选址时都形成了一套十分科学、严谨的选址系统，对城市、建筑设施、周边环境、道路交通、人口密度、人口结构、购买力等都做出定量分析，并在此基础上进行商圈分析及开店测算，因此选址成功率非常高，其经验值得我们借鉴。以肯德基为例，肯德基目前在世界上拥有连锁店数为14 000多家，在中国短短时间就开出近2 100多家门面，其选址投资成功率几乎是百分之百，其成功经验归纳起来有两个方面：

(1) 建立了科学的选址流程与标准。通常肯德基进入城市后，选址先从商圈的划分与商圈的选择开始，然后进行聚客点的测算与选择，包括店门前人流量的测定，最后将这些信息输入专用的计算机软件，就可以完成开店盈亏测算，明确地知道在此地投资额不能超过多少，超过多少这家店就不能开。

(2) 选址决策两级审批制。肯德基有其明确选址原则及规划，为保证选址成功率，选址流程要通过两个委员会的同意：一个是地方公司，另一个是总部。总部掌握选址系统软件并积累大量的数据及选址经验，能做出准确高效的决策，有效地保护了肯德基品牌和加盟商信心。相对国内大起大落的快餐连锁来说，成功的选址系统是麦当劳、肯德基等洋快餐的制胜法宝之一。

肯德基、麦当劳等跨国连锁企业的选址系统开发非常成熟，选址系统已实现IT化软件化，目前已发展到应用地理信息系统GIS软件进行新店拓展的选址及门店网点的布局优化阶段。如何有效学习、模仿直至超越他们，成功地构建连锁选址体系是国内连锁企业必须研究的课题。一旦在选址系统上进行有效突破，将会极大加速连锁事业成功，下面以国美选址系统发展为例做说明。

国美在1996年初还是仅有5亿元营业额的民营企业，为了加速发展，国美选择王府井商城开出近3 000平方米的店，当时开业前的广告费就达100万元，但开业后却发现：房租过高，经营成本居高不下；交通不便，紧邻夜市因而导致交通堵塞，货运车无法进入。在王府井购物的多是外地人，其购物的方向不是家电产品等。选址失误迫使国美提前终止合同，撤出王府井。王府井商城的选址失误，使国美意识到连锁经营的标准以及流程的重要性。于是国美高管们制定了《国美经营手册》，其中规范了连锁店的选址标准，具体内容如下：

(1) 面积：根据公司的经营品种及经营规模，展示规模应保持适当的经营面积，原则上营业面积应大于2 000平方米，其中附属周转库房面积应大于300平方米。

(2) 楼层：原则上只选择首层，可考虑首层带二层。
(3) 交通：具备不少于20个停车位，公共交通便利的商业区域为最佳。
(4) 期限：租赁期限应在5年以上、10年以下。

随着《国美经营管理手册》的规范和异地复制使用，国美的连锁经验很快被复制到了天津、上海、成都、重庆等地。有了规范化基础，国美全国扩张的速度也有了保障，而且各个地区的管理水平得到了有效的保证。后来，国美进行运营体系专业升级，形成完备的经营标准化体系，选址也由原来简单评估要求形成科学的标准化评估与经营预测工具。凭借科学的选址系统，国美以平均每年100家以上的开店速度迅速扩张，新的选址系统有效地降低了成本，保障战略成功，选址成为总部完全掌控的核心业务，在总部成立了专门的选址部，同时对选址形成三级审核及管理的系统。国美对选址审核的规定如下：公司总裁负责新门店选址最终审批；连锁发展部负责新门店选址的督导、审核；分部连锁发展部负责新门店选址工作；大区负责分部新门店选址的审核。

资料来源：http：//www.syc114.com/magazine/200907/09071717581222221.shtml.

阅读讨论：
1. 连锁经营企业为何选址不成功？
2. 案例分析中的结果对连锁企业成功选址有何借鉴？

4.1 商圈理论的基本认识

4.1.1 商圈理论的基本内涵

商圈理论，最早是由德国地理学家克里斯泰勒在20世纪30年代提出的，即商品和服务中心地理论。该理论的要点是，以中心地为圆心，以最大的商品销售和餐饮服务辐射能力为半径，形成商品销售和餐饮服务的中心地。

现代商圈，也称购物圈、商势圈，是指在一定经济区域内，以商场或商业区为中心向周围扩展形成辐射，对顾客形成吸引力的一定范围或区域。商圈必需的要素，包括消费人群、有效经营者、有效的商业管理、合理的发展前景和政府支持，此外还有商圈的形象、功能、建筑形态以及建筑成本等。商圈的形成和发展，能够积聚人流、物流、信息流和资金流，繁荣一方商业经济，有效提升城市的商业竞争力、影响力以及良好的城市形象和城市品位。

在城市当中，可以说，一个成功的商圈，可以认为是一个城市的名片。比如北京的王府井、上海的南京路、武汉的汉正街、纽约曼哈顿的第五大道、香港的中环、巴黎的香榭丽舍大道……都已经成为各自城市的代名词。

4.1.2 商圈的具体内容

1. 商圈的三个层次

商圈包含三个层次：核心商圈、次级商圈、边际商圈。核心商圈是最接近消费者的区域，指商场所能覆盖的经常来到本商场购物的主要消费者群体所在的商圈范围，吸纳周围整个消费者数量的70%左右；次级商圈是位于临近核心商圈的区域，吸纳周边15%～25%的顾客；边际商圈是位于次级商圈之外最外围的区域，吸纳5%左右的顾客。

2．商圈的形态

商圈形态的了解是进行商圈分析的基础，一般而言，商圈形态可分为以下几种：

商业区：商业行业的集中区，其特色为商圈大，流动人口多、热闹，各种商店林立。其消费习性为快速、流行、娱乐、冲动购买及消费金额比较高等。

住宅区：该区户数多，至少须有1000户以上。住宅区的消费习性为消费群稳定、便利性、亲切感、家庭用品购买率高等。

文教区：该区附近有大、中、小学校等。文教区的消费习性为消费群以学生居多、消费金额普遍不高，休闲食品、文教用品购买率高等。

办公区：该区为办公大楼林立。办公区的消费习性为便利性、外来人口多、消费水准较高等。

混合区：住商混合、住教混合。混合区具备单一商圈形态的消费特色，属多元化的消费习性。

3．商圈的确定

对现有商店商圈的大小、形状和特征可以较为精确地确定。在国外，一般用信用证和支票购物，可由此查知顾客的地址、购物频率、购物数量等情况，国内可以通过售后服务登记、顾客意向征询、赠券等形式搜集有关顾客居住地点的资料，进而划定商圈。但是对于一家尚未设立的连锁店铺而言，由于缺乏商圈统计的基本资料，当然更谈不上顾客的支持程度了。因此在从事商圈设定的考虑时，可以针对设店地区居民的生活形态及具有关联性的因素为出发点，并配合每天人口的流动情形，深入探讨该地区人口集中的原因，以及其流动的范围，以此作为基本资料来从事商圈的设定。

尤其是大规模的连锁经营企业，其商圈的设定并不像一般小型商店是徒步商圈，可能顾客会利用各种交通工具前来，因此其商圈属于特性商圈，所以对于设店地区内工作、学习的人的流动性、购物者的流动性、城市规划、人口分布、公路建设、公共交通等均要加以观察，并配合各有关的调查资料运用趋势分析来进行商圈设定。

4.2 商圈分析的内容与步骤

4.2.1 商圈分析的基本内容

连锁企业在进行门店选址的时候，一般要进行商圈分析。而在进行具体商圈分析的时候，主要是从以下方面对其进行具体分析。

1．人口规模及特征

人口规模及特征主要涵盖以下内容：人口总量和密度；年龄分布；平均教育水平；拥有住房的居民百分比；总的可支配收入；人均可支配收入；职业分布；人口变化趋势，以及到城市购买商品的邻近农村地区顾客数量和收入水平。

关于商圈内的人口规模、家庭数目、收入分配、教育水平和年龄分布等情况，可从政府的人口普查、购买力调查、年度统计等资料中获知，也可从商业或消费统计公告中查到特定商品的零售额、有效购买收入、总的零售额等资料。

2. 劳动力保障

劳动力保障主要是指：管理层的学历、工资水平；管理培训人员的学历、工资水平；普通员工的学历与工资水平。

3. 供货来源

供货来源方面，从商品的运输成本、商品的运输与供货时间、制造商和批发商数目和商品的可获得性与可靠性几个方面入手。

4. 促销

分析连锁企业促销媒体的可获得性与传达频率，以及连锁企业促销的成本与经费情况。

5. 经济情况

分析经济情况要分析商圈中的主导产业和项目增长情况，人均收入水平和国民的收入状况及消费状况，以及商圈内产业多角化等。

如果商圈内经济很好，居民收入稳定增长，则零售市场也会增长；如果商圈内产业多角化，则零售市场一般不会因对某产品市场需求的波动而发生相应波动；如果商圈内居民多从事同一行业，则该行业波动会对居民购买力产生相应影响，商店营业额也会相应受影响，因此要选择行业多样化的商圈开业。

6. 竞争情况

在商圈内的竞争情况分析主要是从现有竞争者的商业形式、位置、数量、规模、营业额、营业方针、经营风格、经营商品、服务对象等方面入手，同时还要分析所有竞争者的优势与弱点、竞争的短期与长期变动和商圈内的饱和程度。

在做商圈内竞争分析时必须考虑下列因素：现有商店的数量，现有商店的规模、分布，新店开张率，所有商店的优势与弱点，短期和长期变动以及饱和情况等。任何一个商圈都可能会处于商店过少、过多和饱和的情况。商店过少的商圈内只有很少的商店提供满足商圈内消费者需求的特定产品与服务；商店过多的商圈，有太多的商店销售特定的产品与服务，以致每家商店都得不到相应的投资回报；一个饱和的商圈商店数目恰好满足商圈内人口对特定产品与服务的需要。

7. 商店区位的可获得性

商店的区位可获得性主要分析内容涵盖以下方面：区位的类型与数目；交通运输便利情况、车站的性质、交通联结状况、搬运状况、上下车旅客的数量和质量；自建与租借店铺的机会大小；城市规划；规定开店的主要区域以及哪些区域应避免开店；成本。

8. 法规

法规包括税收政策、营业执照的申请与办理制度、营业限制政策、最低工资法的规定、商圈内的规划限制。

9. 其他

主要是指对租金、投资的最高金额、必要的停车条件等进行了解和分析。

4.2.2 商圈饱和度分析方法

饱和指数表明一个商圈所能支持的商店不可能超过一个固定数量,这是辅助的商圈分析方法。主要功能是确定商圈内投资新店的风险程度的大小,这种方法的运用需要建立在调查清楚商圈内的相关信息和数据的基础之上。具体方法是:在拟定的商圈范围内和单位时间内(一般是以年或月为单位),客观存在的消费总额,与该商圈内同类零售业态的商店的总数量进行饱和度计算,饱和数值越大,潜在的市场需求就越大,投资风险就越小;反之,投资风险就越大。其计算公式饱和指数可由公式如下:

$$I_{RS} = C \times R_E / R_F$$

式中　I_{RS}——商圈的零售饱和指数;

　　　C——商圈内的潜在顾客数目;

　　　R_E——商圈内消费者人均零售支出;

　　　R_F——商圈内商店的营业面积。

【例题】假设在商圈内有 10 万个家庭,每个家庭每周在食品中支出 25 元人民币,共有 15 个店铺在商圈内,共有 144 000 平方米销售面积。则该商圈的饱和指数为多少?

$I_{RS} = 100\ 000 \times 25 / 144\ 000 = ￥17.36$

这一数字越大,则意味着该商圈内的饱和度越低;该数字越小,则意味着该商圈内的饱和度越高。在不同的商圈中,应选择零售饱和指数较高的商圈开店。

4.2.3 商圈分析的步骤

一是确定资料来源,包括销售记录分析、信用证交易分析、邮政编码分析、调查等。

二是确定调查的内容,包括购物频率、平均购买数量、顾客集中程度。

三是对商圈的三个组成部分进行确定。

四是确定商圈内居民人口特征的资料来源。

五是根据上述分析,确定是否在商圈内营业。

最后要确定商店的区域、地点和业态等。

4.3 连锁企业门店店址选择

对连锁企业来说,门店的地理位置是形成企业市场竞争力的一个重要因素,门店地理位置的优劣直接决定顾客流量的高低、商品销售额的多少。广告、价格、顾客服务、产品及服务种类都能随着环境的变化较迅速地做出调整,相比之下,店铺选址时可以说是市场策略组合中灵活性最差的因素,因为零售店铺的选址不但本身资金投入巨大,同时又与企业今后经营战略的制定以及适应消费趋向变动所作的经营决策的调整息息相关,很容易受到长期的约束,所以门店选址对企业经营成败显得尤为重要。

4.3.1 店址选择的重要性

新店筹建时,选定合适的开店地址是非常重要的。在西方发达国家,门店选址被视为开业前所需要的三大主要资源之一，因为特定的店址决定了门店可以吸引有限顾客或地区内的潜在顾客的多少，也决定了可以获得销售收入的高低，从而反映出开设地点作为一种资源的价值的大小。门店选址的重要性主要表现在以下几个方面：

一是企业门店选址是一项重大的长期性投资，关系着企业的发展前途。门店的店址不管是租借的还是购买的，一经确定，就需要投入大量的资金来营建店铺，当外部环境发生变化时，它不能像其他的经营要素那样可以相应地做出调整，而是一个长期的、固定的投入。

二是店址是企业确定经营目标和制定经营战略的重要依据。不同的地区有不同的社会环境、消费习惯、人口状况、交通条件、市政规划等特点，它们分别制约着门店的顾客来源和经营策略的选择。

三是企业的门店选址是否得当是影响企业经济效应的一个重要因素。在其他条件都相同的情况下，一个好的店址就意味着企业占有地利的优势，在和同行的竞争中必然占得先机，享有较好的经济效益。

4.3.2 连锁企业门店选址的考虑因素

连锁企业门店在进行选址时必须考虑到以下因素：

一是企业的整体发展战略。连锁企业的商圈规划和网点布局与自身的发展战略和发展规划有密切的关系。连锁企业的网点布局是企业整体战略的一部分，必须要与该整体开发规划和总体布局相吻合，才能正确选址，取得经营效果。现代企业讲求最佳配送原则，所以门店和配送中心的距离不能太远，如果距离过远，会提高企业的物流费用，降低企业的竞争能力。而且门店和配送中心的距离太远，会增加配送过程中的不确定因素，不利于企业对配送过程的控制。因而企业门店选址一定要与自己的整体发展战略和整体布局相适宜。

二是动态选址。动态选址需要具有前瞻性。店铺选址是一项长期的投资，关系着零售企业的经营发展前途。当外部环境发生变化时，其他经营要素都可以随之进行相应的调整，以适应外部环境的变化，而店址一经确定就难以变动。因此，企业在选址时，必须有发展的眼光，不仅要研究现状，还要科学地预测未来。因为门店所在地区的状况时刻都在变化：交通条件在改善、竞争越来越激烈、周围的环境更是在不断的发展和变化。一般而言，我们在选址时，要求备选地区至少要有十年以上的持续经营能力。沃尔玛的很多门店都很好地做到了这一点。特别是它在昆明的国贸店，简直将这一点发挥得淋漓尽致。国贸店开业以来，经过了两年的亏损，在第三年一下子成为全国的销售三甲。这就是因为沃尔玛在选址时充分考虑到了昆明国际会展中心的巨大发展潜力。

三是广告空间。有的店没有独立门面，门前自然就失去了独立的广告空间，也就失去了在店前"发挥"营销智慧的空间。要知道，一个好的店址不单是一个好的空间，往往也是店铺最好的宣传广告，而且，这么好的广告并不需要经营者支出额外的广告费。特别是知名度不是很高的连锁企业，在选择店址时这一点尤为重要。

四是方位情况。方位是指店铺坐落的方向位置，以正门的朝向为标志。东西走向街道最好坐北朝南；南北走向街道最好坐西朝东，尽可能位于十字路口的西北拐角。另外，三岔路口是好地方；在坡路上开店不可取；路面与店铺地面高低不能太悬殊。根据经验，一条南北对开的商业街,面南的要好过面北的;东西对开的,面对东的也要好过面西的,而且商业街最佳的地点不是两头,也不是中间,而是接近一半的一半的地方,差不多是符合黄金分割的定律(1:0.618)。

五是交叉路口。交叉路口一般是指十字路口和三岔路口,一般来说在这种交接地,店铺建筑的能见度大。如果是三岔路口,最好将卖场设在三岔路口的正面。这样店面最显眼;但如果是丁字路口,则将店铺设在路口的"转角"处,最好是在右转的地方,效果更佳。

六是竞争对手。跟随竞争对手选址,挤入对手寻找好的商圈,可以节省自己的选择费用,并可利用"店多隆市"效应带来的商机和客流。在商圈概念上有一个很著名的海滩原理,即在一条海滩上做冷饮生意的两家商贩,开始其各自的商圈范围是均衡的,由于竞争因素致使他们走到一起,共同吸引顾客。

七是周围环境。环境的好坏有两种含义:一种含义是指店铺周围的环境状况。比如有的饮食店开在公共厕所旁或附近,不远处便是垃圾堆、臭水沟或店门外灰尘飞舞,或邻居是怪味四溢的化工厂等,这便是恶劣的开店环境;另一种含义指店铺所处位置的繁华程度。

八是租金性价比。不同地理环境、交通条件、建筑结构的店面,租金会有很大出入,有时甚至相差十几倍。因此,在选店址的时候不能仅看表面的价格,而应考虑租金的性价比。如果店面的租金过高,即使这一地段的盈利能力很强我们也要慎重考虑、综合分析。

九是社会治安状况。在同一个城市,不同的地段社会治安的好坏是不同的,有的甚至会有很大差距。虽然现在零售企业的资产保护措施和手段越来越先进,但是门店损耗和资产流失还是很严重,其中,外盗是很重要的一个原因。社会治安越差的地方,盗窃事故越多,而且社会治安对顾客和企业的经营环境也有很大的影响。所以,零售企业在选择店址时,要力求将店址选在比较规范、社会治安较好的地段,不要将店址选在相对比较混乱、治安较差的地段,像城中村。

4.3.3 连锁企业门店选址步骤

1. 商圈的评估

商圈评估应考虑的因素:人口数量及特点,包括居住人口数量、工作人口数量、过往人口数量、居民户数和企事业单位数,以及相应的人口年龄、性别、职业和收入水平构成等。建设状况,包括公共交通、供电状况、通讯设备、金融机构等对于门店营销的方便程度。社会因素,分析地区建设规划、公共设施(公园、公共体育场所、影剧院、展览馆),以及本地区的人文环境等,是否有利于零售的发展。在确定和分析商圈的过程中,我们可以用零售引力法则和饱和理论对商圈的范围和市场的饱和程度作进一步的分析和确定。零售引力法则告诉我们,商圈的确定要考虑人口和距离两个变量,商圈规模由于人口的多少和距离店铺的远近而不同,门店的吸引力是由最邻近商圈的人口和里程距离共同决定的;饱和理论是通过计算零售市场的饱和系数,测定特定商圈内某种商品或某类市场的饱和程度,帮助我们在选址时了解这一地区内同行业竞争是过多或不足。可以让我们看到该地的商业发展潜力。商业发展潜力,包括购买潜力和现有商场的经营状况。这两个因素是对零售企业影响的最直接因素。一般来说,选址在饱和程度低的地区,其成功率必然要高于高饱和的地区。我们在分析商圈时，也可以用试验法，即通过观察调查，搜集资料，科学分析，然后做出决策。当然，我们在选址的时候，既要对备选地做定量分析，也要做定性分析。影响商圈大小的，还包括以下几种因素：门店的经营特征、经营规模、商品的种类、竞争对手的位置和顾客的流动性等。

2. 顾客流量的分析

客流量的大小是影响连锁企业成功的关键因素。对于零售店铺而言，把握了"客流"就是掌握了"钱流"。在车水马龙人流熙攘的热闹地段开店，成功的几率往往要比普通地段高出许多，因为川流不息的人潮就是潜在的客源，只要门店销售的商品或提供的服务能满足消费者的需求，就一定会有良好的业绩。在对顾客流量做进一步的分析时，主要应考虑以下几个方面：

一是行人流量。客流量大小是影响零售店成功的一个关键因素，在其他条件相似的情况下，将商店设在来往行人最密集的位置是最佳的。一般来说，在评估地理条件时，应认真测定经过该地点行人的流量，这也就是未来商店的客流量。人流量的大小同该地段上下车人数有较大关系。

二是人口密度。其他条件相同的情况下，一个地区人口密度越大，对于店铺越有利，门店的规模也可相应扩大一些。人口密度可以为企业分析目标顾客群的大小。规模性的目标顾客群的存在是任何一家店铺存在的前提，是保证经营达到一定规模的重要条件。门店主要是依靠对一定的目标消费群的服务，来获得相对比较稳定的销售收入的。人口密度高的地区，到商业设施之间的距离近，可增加购物频率。而人口密度低的地区吸引力低，且顾客光临的次数也少。一个地区的人口密度，可以用每平方公里的人数或户数来确定。考虑到因为外出而带来的人口的流动性，为了便于分析，通常用白天人口数这一概念。即户籍中除去幼儿的人数加上到该地区上班、上学的人数，再减去该地区到外面上班、上学的人数。

三是周边状况。附近的单位和住户情况，包括有多少住宅楼群、机关单位、企业、学校甚至其他店铺，这些人群极有可能成为自己的常客。

四是客流性质。客流性质指的是客流的淡旺季状况。比如学校附近的店面要考虑寒暑假，机关和公司集中地段的店面就必须掌握他们的上下班时间，车站附近的店面应摸清旅客淡旺季的规律，这些都是选址时要考虑的重要依据。在做调查时，有关人口数和家庭人口的组成，可参考当地街道办事处和派出所存档的户籍人口数和人口普查资料。

五是客流类型。客流包括现有客流和潜在客流。商店选择开设地点总是力图处在客流最多、最集中的地点，以使多数人就近购买商品。一般来说，商品客流可以分为以下三种类型：自身客流、分享客流、顺路客流。

3. 交通环境的考察

交通条件是影响企业门店选址的一个主要因素，它决定了企业经营是否能顺利开展和顾客购买行为是否能顺利实现。交通的便利性主要从以下几个方面表现出来：

一是公交车辆。选址的时候要观察有多少公交汽车可以到达，公交车站的停靠点是否离商店很近。经过的公交车越多，店址离车站越近，越有利于顾客来店购买商品。

二是停车环境。随着现代社会的发展，私家车越来越多，停车环境已成为影响门店竞争力的因素之一。为了吸引到更多的消费者前往购物，特别是消费能力较高的有车一族，购物中心设计的停车场面积与售货场所一般比例为4∶1。因为良好的免费停车环境对于这一类型的消费者就是最大的吸引力。可见，在选址的时候要注意卖场附近是否有足够的停车空间。

三是运输动脉。优良店址的一个必备条件就是进出通道的畅通。道路的畅通不仅影响商品的安全性，而且影响商品的运达时间和运输费用。一般来说，要求与店铺有关的街道交通方便、道路宽阔、车辆进出方便。

四是交通状况。所选的店址交通状况越优越，越有利于吸引客流。相反，如果交通不便，遇有湖泊、河流或者高速公路的阻碍，会大大影响前来的客流量。优越的交通状况往往可以吸引远距离的顾客，扩大自己的商圈范围，特别是对大型综合超市或仓储式商场尤为重要。

五是两侧选择。前面我们说到的，好多是针对一条街道进行的分析。其实在一条相同的街道上，不同的方向也是不同的。在中国，典型街道有两种：一种只有车道和人行道，车辆在道旁行驶，视线很自然能扫到街两边铺面，行人在街边行走，很自然进入店铺。但街道宽度若超过30米，则有时反而不聚人气。根据调查，街道为25米宽，最易形成人气和顾客潮。另一种典型街道是车道、自行车和人行道分别被隔开，其实这是一路封闭的交通，选择这种位置开店不太好。在同一条街道，两侧的客流规模在很多情况下，由于交通条件、光照条件、公共场所设施的影响，存在很大差异，这就需要考虑两个方面：第一是要选择很少横街或障碍物的一边。许多时候，行人为了要过马路，因而集中精力去躲避车辆或其他来往行人，而忽略了一旁的店铺。第二是中国人骑车、步行或驾驶汽车均靠右行，往往习惯光顾行驶方向一侧的店铺。鉴于这两点，门店在选址的时候也要充分考虑。

4. 目标消费群的选择

门店选址，应该尽可能将门店开在富人较多的地方，挣富人的钱。要挣有钱人的钱，是指潜在消费者既要有主观的购买需求又要有足够的购买能力。这就要求门店在选址的时候应充分考察潜在顾客家庭人口及收入水平。

一是家庭状况。家庭状况包括人口、家庭成员年龄、收入状况等因素，它不仅会影响到消费需求总量，还会影响到需求的结构。连锁企业在选择店址时要根据自身的定位对以上因素做具体分析。

二是消费能力。商圈内家庭和人口商品消费能力是家庭和人口的总收入扣除储蓄和各项服务性支出后的金额，它与收入水平成正比例关系，收入水平越高，则消费能力越强。

5. 根据数据和资料形成选址报告

在完成上述基本分析之后，采用连锁企业选择的分析和评价方法形成选址报告，对选址进行评价。

【相关链接】

GIS技术与零售企业的门店选址

GIS是Geographic Information System的缩写，翻译过来就是地理信息系统。GIS是将计算机硬件、软件、地理数据以及系统管理人员组织而成的，对任一形式的地理信息进行高效获取、存储、更新、操作、分析及显示的集成。GIS是计算机科学、地理学、测量学和地图学等多门学科的交叉；是以地理空间数据库为基础，采用地理模型分析方法适时提供多种空间的和动态的地理信息，为地理研究和地理决策服务的计算机技术系统。GIS的优势在于它能将不同来源、类型的大量数据通过地理空间结构有效地整合在一起，提供其他传统分析方式不具备的空间分析能力、数据可视能力和空间决策支持能力，获得常规方法难以获得的重要信息。

门店选址在企业经营活动中属于投资性决策的范畴，其重要性远远高于一般的经营性决策。投资性决策中最大的风险就是对未来投资效果预期的不确定性。企业选址过程中影响预期不确定性的主要因素有两个：首先，数据收集不完整。数据收集不完整主要是由于选址人员难于获得足够的调查数据和选址人员缺乏处理大量调查数据的能力造成的。其次，分析方法不正确。分析方法不正确主要体现在：大多数企业的选址人员在选址理论、分析方法上还停留在比较初级的应用阶段。国外零售选址中已经广泛运用的SDSS（空间决策支持）、SI（空间交互模型）等先进的选址理论和分析方法。国内门店在选址过程中更多地仍然采用线性回归预测、样本店类比、指标打分等相对落后的选址理论与分析方法。

应用GIS技术可以很好地解决上述问题。利用GIS技术可以建立数据共享平台，降低调查成本；利用GIS的地理空间结构可以有效整合大量调查数据；利用GIS的空间分析能力可以实现SDSS（融合GIS的空间分析技术和DSS的多模型组合建模技术形成的空间决策支持系统）、SI（空间交互模型）等需要复杂空间计算的选址理论和分析方法；利用GIS的数据可视能力和空间决策支持能力，可以获得常规方法难以获得的重要信息。目前国内企业在门店选址中采用GIS技术的零售企业只有家乐福、沃尔玛等极少数国际零售巨头。其他国内外零售企业由于观念、数据、需求和技术等原因，尚未见有在选址工作中应用GIS技术，但有不少企业已经开始这方面的尝试，例如上海联华、北京物美等。

4.3.4　门店选址的禁忌地段

一般来说，连锁企业在选择门店店址的时候，以下地段应该避免。

1. 高速车道边

随着城市建设的发展，高速公路越来越多，我们只要略一观察就能发现，高速公路为达到高速的目的，一般建有隔离设施，使得两边无法穿越，道旁也较少有停车设施。

2. 高层楼房上

在商厦或者被选的建筑物中高楼层开店，不便顾客购买；同时高楼层开店的广告效果较差，而且给商品的补给造成了诸多不便。现有的一些生活超市和专卖店生意不是很好，其中一个原因就是在高层楼房上。

3. 成熟性社区

国内的一些零售企业在选址时，往往把店开在成熟性社区，其实这样是不完全可取的。店铺所选取的社区周围的居民少而增长缓慢，而它的商业网点也基本配齐，这是成熟性社区的基本特点。同时，成熟性社区还有一个特点就是缺乏流动人口，而这一特点告诉我们有限的固定消费者总是不会因为新开张了一家店而有所增加的。

4. 近期会拆迁和即将装修的地段

如果店铺刚开业，就要面临被拆迁的命运，那么企业将面临巨大的损失：可能流失一部分忠诚的顾客和员工，搬迁距离越远，损失越大。新地点与老地点市场状况不同，可能需要对经营策略进行调整；店铺的固定资产及装修是不可能随着搬走的，处理时如果估价不当，就会造成资产的流失。

4.3.5 门店选址决策

经过上述基础性数据和资料调查与计算后，接下来就是要对调研的情况进行深入地分析和决策，其方法是盈亏平衡分析方法，具体的步骤如下：

1. 计算出单位时间的固定费用总额

在计算单位时间内的固定费用总额时，主要包括房租、水电费、人员工资等固定费用进行加总，求出单位时间内可能产生的固定费用总额。

2. 预测单位时间内的营业额与变动费用

根据前面的分析与调查结果，对商圈内单位时间可能发生的消费者购买总额进行预测与分析，并且推算出单位时间新开店的营业水平。同时对单位时间内的采购费用、营业税等进行测算。

3. 盈亏平衡分析计算

假设 X 为单位时间内的商品销售总额，$A\%$ 为营业税率，F_C 为固定成本，V_C 为商品的采购与运输费用等。

如 $XA\% + F_C + V_C > X$ 则该店必然亏损

如 $XA\% + F_C + V_C = X$ 则该店盈亏平衡

如 $XA\% + F_C + V_C < X$ 则该店盈利

【相关链接】

快速构建你自己的选址系统——选址 6M 模型

跨国连锁巨头们用数十年形成了一套十分科学、严谨的选址系统，对企业发展起到重要作用。本土连锁企业经研究，总结出了一套科学的方法，分六步构建选址系统，由模式（Model）、模型（Matrix）、要素（Momentum）、调整（Modulate）、手册（Manual）、完善等（Maturity）组成，简称选址 6M 模型。

1. 商业模式类型及经验总结

通过市场调查，了解消费者及业态发展趋势，确定本企业商业模式类型，对消费者行为方式的分析，有助于确定选址定位，同时可采取问卷调查、数据收集等方式总结企业（加盟商、经销商）以往选址成功经验，为选址提供准确的经验和数据支持。

2. 建立选址理论模型

根据商业模式及现有选址理论推导，总结与概括出选址模型，明确选址信息收集约束条件，如简便性、成本、科学性等。确定模型的使用范围，找出可以量化评价及成本较低的采用指标体系及采集办法，简化选址所需的数据。

3. 确定要素指标及权重

此步骤重点是通过商业模式应用层次分析法确定关键要素及二级要素，建立选址模型，并应用专家评分法，将定性分析转化为定量分析，确定各个要素权重。分解重要因素为可操作化的评分标准，就可开发相应的评估表，如商圈及竞争条件表、社区情况表、租赁评估表、综合评估表等，以此建立数学模型及软件模型。

4. 指标调整

此步骤重点是试用模型，建立选址检验计划及数据库，通过实际测试，与历史数据建立回归方程，再通过软件模型校正指标效度，采用模拟计算的方法解决不同要素权重设计方案对选址总评的影响，形成使用的权重及参数调整表。有了准确的店址评估标准、权重和一些成功案例，我们可以完善店址的评估工具表格，成为我们进行连锁经营店址评估的标准化工具。

5. 形成选址手册及审核制度

此步骤重点是将选址评估的标准化流程、规范及表单结合，形成或升级选址手册，成为选址标准化管理的基础，强化总部控制，同时要求不断收录选址案例，提供不同区域选址人员经验。

6. 流程执行及选址数据库完善

持续执行流程与检查，根据战略目标提前收集及更新选址所需数据，完善选址数据库。在此基础上可进行选址软件设计开发，不断提高选址效率及准确性，形成总部独有的知识专利。

与国外连锁企业不同，6M强调选址成本与效益，强调量化是渐进过程，跨国连锁企业选址流程和规范是完全基于科学定量分析，对调查及数据采集与分析要求非常高，有时这样的选址分析甚至长达一年以上，对国内企业来说普遍难以承受，让国内的连锁企业感到可望而不可即，而我们应用6M设计的选址系统、标准及参数都经过精心设计、反复验证，有效缩短时间及成本，是实用、实效的好方法。

连锁企业竞争如下围棋，讲究谋局布局，"一子落错，满局皆输"，要在选址布局上为未来竞争打好基础。现代成功连锁企业选址思维已从传统的"选址"过渡到"抢址"。所谓"抢址"是指在城市优质的店址处于相对稀缺的条件下，企业要想获得好的店铺位置，必须主动提前对城市进行全面布点分析，把优质的店址纳入自己的监控范围之内，随时观察，找准时机进入，先发制人。

如何谋局布局，用什么策略拿到想要的店面，这就要求企业的掌舵人着眼于大市场、大格局、大系统，及早建立科学的选址系统，掌握连锁企业选址成功密码。应用6M构建科学的选址系统是布局制胜的"王者之道"，可应用于战略位置选择，应用于选址与抢址，应用于门店并购与直营化改造时价值等评估。

资料来源：http://www.flyhorses.com/Article/show_122_15165.html.

4.4 连锁门店店铺租赁

4.4.1 连锁门店店铺租赁注意事项

1. 调查商铺的档案

在承租门店店铺之前,应当赴该商铺所在房地产交易中心或者委托相关中介机构进行产权调查,确认以下几个重要信息和资料是否真实。

一是房屋的用途和土地用途,必须确保房屋的类型为商业用房性质、土地用途是非住宅性质方可承租作为商铺使用,否则,将面临无法办理营业执照以及非法使用房屋的风险。

二是房屋权利人,以确保与房屋权利人或者其他权利人签署租赁合同。

三是房屋是否已经存有租赁登记信息,若已经存有租赁登记信息的,导致新租赁合同无法办理登记手续,从而导致新承租人的租赁关系无法对抗第三人,也会影响新承租人顺利办理营业执照。

2. 门店的免租装修期

在商铺租赁中,免租装修期经常会出现在合同之中,主要是由于承租人在交房后需要对房屋进行装修,期间不能办公、营业,在此种情形下,出租人同意不收取承租人装修期间的租金。但"免租装修期"非法律明确规定的概念,因此,在签订租赁合同时一定要明确约定免租装修期起止时间,免除支付的具体费用。一般情形下,只免除租金,实际使用房屋产生的水费、电费等还需按合同约定承担。

3. 连锁门店租赁保证金

通常也称为"押金",主要用于抵充承租人应当承担但未缴付的费用。因为商铺的电费、电话费、物业管理费等费用比较高,出租人一般将押金相应提得比较高,以免不够抵充上述费用。出租人为避免承租人因拖欠费用等带来自身利益的损失,在合同中有押金等条款的约定,租赁商铺时要注意此项条款。

4. 税费承担

按照法律、法规、规章及其他规范性文件规定,出租或转租商铺的,出租人或转租人应当承担以下税费:

一是出租缴纳的税费:营业税及附加租金 5.55%;房产税租金 12%;个人所得税所得部分 20%(所得部分为租金扣除维修费用,维修费用每次不超过 800 元);印花税租金(总额)0.1%(在第一次缴税时一次性缴纳,按租期内所有总租金计算);土地使用税按房屋地段每平方米征收,具体以代征机关实际征收为准。

二是转租缴纳的税费:营业税及附加为转租收入的 5.55%;印花税为转租租金(总额)的 0.1%。

在具体的操作中,商铺租赁税费的缴纳项目较多,上述标准只是法定征收标准,不同区域或许存在不同的征收方法,具体可在签订商铺合同前咨询实际代征网点工作人员。

虽然上述税费的缴纳主体为出租人或转租人,但租赁合同中可以约定具体税金数额的承担人,此时,无论出租人或承租人都应当清楚商铺租赁的税费金额比较高,在租赁合同签订之前就要约定具体承担人。

5. 营业执照办理

承租商铺的目的在于开展商业经营活动，而商业经营活动首要条件就是必须合法取得营业执照，因此，在签订商铺租赁合同时，许多条款都要围绕着营业执照的办理来设置，主要涉及以下几个方面：

一是原有租赁登记信息有没有注销，如果没有注销的话会导致新租赁合同无法办理租赁登记，导致无法及时办理营业执照；

二是商铺上原本已经注册了营业执照，而该营业登记信息没有注销或者迁移，也会导致在同一个商铺上无法再次注册新的营业执照；

三是房屋类型不是商业用房，从而无法进行商业经营活动，导致无法注册营业执照；

四是涉及特种经营行业（娱乐、餐饮等）的，还需要经过公安、消防、卫生、环保等部门检查合格，取得治安许可证、卫生许可证等证件后，方可取得营业执照；

五是因出租人材料缺失而导致无法注册营业执照。

对于上述第1、2、3、5条情形，可在合同中设定为出租人义务，并给予出租人合理宽限期，超过一定期限还无法解除妨碍的，应当承担相应的违约责任；上述第4条情形，可设定为无责任解约情形，以保障承租人万一无法办理营业执照时可以无责任解除合同。

6. 连锁门店装修的处置

商铺租赁中，往往需要花费大额资金用于铺面装修，为了确保装修能够顺利进行，以及保障装修利益，在合同中应当注意几个问题：

一是明确约定出租人是否同意承租人对商铺进行装修，以及装修图纸或方案是否需要取得出租人同意等；若有特别的改建、搭建的，应当明确约定清楚，对于广告、店招位置也可约定清楚。

二是解除合同的违约责任，不仅仅考虑违约金部分，因为违约金常常会约定等同于押金，数额不高，往往不及承租人的装修损失，因此，应当约定在此情形下，出租人除承担违约金外，还需要承担承租人所遭受的装修损失费用。

三是要明确租赁期满时，装修、添附的处置方式。

7. 门店内水、电、电话线等事项

因商铺经营的特殊性，对于水、电、电话线均可能有特殊需要，这些公共资源的供应又会受到各种因素影响，建议承租商铺前，应当先行考察是否满足使用需求，若不满足的，确定如何办理扩容或增量，以及办理扩容或增量所需费用，并在合同明确约定相关内容，以及无法满足正常需求的情形下，承租人免责解除合同的权利。

8. 商铺租赁登记

租赁合同登记备案，属于合同备案登记性质，此登记的效力主要包括以下内容：

一是登记与否不影响合同本身的生效，即使没有办理备案登记，合同依然在生效条件满足时就生效；

二是经登记的案件，具有对抗第三人的法律效力。比如，若出租人将房屋出租给两个承租人的，其中一个合同办理了租赁登记，另一个没有办理租赁登记，则房屋应当租赁给办理租赁登记的承租人，出租人并向没有租赁登记的承租人承担违约责任。

因此，建议及时赴该商铺所在地房地产交易中心或街道管事处办理租赁备案登记。备案登记也是大多数工商部门在办理营业执照时所必须要出示的文件。

9. 商铺的转租问题

商铺市场中经常会遇见许多"二房东""三房东"情形,这其中就存在转租的问题。俗称的"转租"其实涵盖了法律规定的两种变更方式:"转租"和"承租权转让"。依法律规定,"转租"是指上手租赁关系不解除,本手在此建立租赁关系,而"承租权转让"是指上手租赁关系,新承租人直接替代原承租人与出租人(业主)建立租赁关系。在这两种形式下,需要注意以下问题:

一是转租必须取得出租人书面同意,同样在承租权转让中,解除原租赁合同和重签新租赁合同,也需要征得出租人同意。

二是原承租人往往向新承租人主张一笔补偿费,主要补偿装修损失等,此笔费用不属于法定承租人应承担的费用,但法律亦没有明确禁止,因此,只要双方当时协商同意的,亦会受到法律保护。建议承租人在支付此笔费用时,应当考虑分批次与转租或承租权转让等环节结合起来支付,以此降低资金风险,并可考虑将营业执照办理成功作为该笔费用退还或解除情形。

10. 买卖与租赁

许多承租人经常担心承租商铺之后,业主可能将商铺出售。其实,承租人完全无需担心此种风险,因为法律对于承租人赋予了两重特殊保护:

一是出租人在出售时,承租人享有同等条件之下的优先购买权,即若承租人在等同于其他购买人的条件下主张购买该商铺的,则业主必须将该商铺出售给承租人,以此保障承租人的使用利益。

二是即使承租人不想购买承租商铺的,业主出售后,新的业主也应当履行租赁合同,否则,新业主应当承担租赁合同中的违约责任。

11. 其他注意事项

在承租商铺之前,还需要了解该商铺的商业规划和有关政策等,如果承租人将要经营的业态不符合相关的商业规划和有关政策,比如承租一个不可经营餐饮行业的房屋准备开设餐馆,必将导致人力、财力的损失。在无法确定的情形下,承租人可以在租赁合同中特别约定相关事宜作为解约条件,以此避免遭受不必要的违约责任。

4.4.2 连锁门店店铺租赁合同的签订

在签订合同时,商铺租赁合同的具体内容由当事人双方约定,一般包括以下条款:

一是当事人的名称或者姓名和住所;

二是商铺的具体地址(标的);

三是商铺的面积数量:商铺的出租建筑面积;

四是商铺的质量:商铺的可使用状况、装修事项(包括进场装修时间期限)等;

五是具体的价款:包括价款方式和时间、计价单位(单价是否包括物业管理费、水电暖等费用如何缴纳)、是否需要押金等;

六是合同履行的期限、地点和方式:主要包括租赁期限;

七是双方要承担的违约责任;

八是解决争议的方法。

【相关链接】

商铺租赁合同样本

出租方（以下称甲方）：

承租方（以下称乙方）：

甲方愿意将产权属于自己的房屋出租给乙方。双方根据国家相关法律、法规，经协商一致，订立本合同，详细内容如下：

第一条　房屋坐落地址

甲方出租的商铺坐落地址：_____号，建筑面积_____平方米。

第二条　租赁期限

租期_____年，自_____年____月____日起至____年____月____日止。

承租人有下列情形之一的，出租人可以中止合同，收回房屋：

1. 承租人擅自将房屋转租、转让或转借的；

2. 承租人利用承租房进行非法活动的，损害公共利益的；

3. 承租人拖欠租金累计达30天的，并赔偿违约金_____元。

合同期满后，如出租方仍继续出租房屋，承租方享有优先权。但租金按当时的物价及周围门市租金涨幅作适当调整。

第三条　租金和租金交纳期限：

1. 每年租金为人民币_____元整（￥元）。

2. 从第二年起，租金每年比上一年度增加_____元（即第二年为_____元，第三年为_____元，第四年为_____元……）。

3. 为减轻乙方负担，经双方协商，甲方同意乙方租金分_____期付款，付款期限及金额约定如下：

第一期：租金为_____，付款时间为_____年____月____日。

第二期：租金为_____，付款时间为_____年____月____日。

第三期：租金为_____，付款时间为_____年____月____日。

第四期：租金为_____，付款时间为_____年____月____日。

第五期：租金为_____，付款时间为_____年____月____日。

第六期：租金为_____，付款时间为_____年____月____日。

……

（或 3. 乙方每（_____月、年）缴纳一次租金，乙方以现金形式支付租金。）

4. 乙方必须按照约定向甲方缴纳租金。如无故拖欠租金，甲方给予乙方7天的宽限期，从第8天开始甲方有权向乙方每天按实欠租金1%加收滞纳金。

第四条　租赁期间房屋修缮

出租方将房屋交给承租方后，承租方的装修及修缮，出租方概不负责。如承租方不再使用出租方的门市后，承租方不得破坏已装修部分及房屋架构。

第五条　各项费用的缴纳

1. 物业管理费：乙方自行向物业管理公司交纳；

2. 水电费：由乙方自行缴纳；（水表底数为_____度，电表底数为_____度，此度数以后的费用由乙方承担，直至合同期满）。

4. 维修费：租赁期间，由于乙方导致租赁房屋的质量或房屋的内部设施损毁，包括门窗、水电等，维修费由乙方负责。

5. 使用该房屋进行商业活动产生的其他各项费用均由乙方缴纳，（其中包括乙方自己申请安装电话、宽带网、有线电视等设备的费用）。

第六条　出租方与承租方的变更：

1. 如果出租方将房产所有权转移给第三方时，合同对新的房产所有者继续有效。承租人出卖房屋，须在3个月前通知承租人，在同等条件下，承租人有优先购买权。

2. 租赁期间，乙方如欲将租赁房屋转租给第三方使用，必须事先书面向甲方申请，由第三方书面确认，征得甲方的书面同意。取得使用权的第三方即成为本合同的当然乙方，享有原乙方的权利，承担原乙方的义务。

第七条　违约金和违约责任

1. 若甲方在乙方没有违反本合同的情况下提前解除合同或租给他人，视为甲方违约，负责赔偿违约金_____元。

2. 若乙方在甲方没有违反本合同的情况下提前解除合同，视为乙方违约，乙方负责赔偿违约金_____元。

3. 承租方违反合同，擅自将承租房屋转给他人使用的，应支付违约金_____元。如因此造成承租房屋损坏的，还应负责赔偿。

第八条　免责条件

若租赁房屋因不可抗拒的自然灾害导致损毁或造成承租人损失的，双方互不承担责任。租赁期间，若乙方因不可抗拒的自然灾害导致不能使用租赁房屋，乙方需立即书面通知甲方。

第九条　争议的解决方式

本合同在履行中如发生争议，双方应友好协商解决；协商不成时，任何一方均可以向人民法院起诉。

第十条

本合同如有未尽事宜，一律按《中华人民共和国经济合同法》的有关规定，经甲、乙双方共同协商，做出补充规定，补充规定与本合同具有同等效力。

第十一条

本合同双方签字盖章后生效，如一方违约，另一方有权向违约方要求赔偿违约金_____元。

本合同共_____页，一式2份，甲、乙双方各执1份，均有同等法律效力。

出租方（盖章）：_____　　承租方（盖章）：_____
法定代表人（签字）：_____　　法定代表人（签字）：_____
联系电话：_____　　联系电话：_____
联系地址：_____　　联系地址：_____
身份证号码：_____　　身份证号码：_____
_____年_____月_____日

4.5 连锁门店开店资金筹措与运用

在决定经营便利店时,除了对硬件设备、商品毛利、经营费用、损益平衡要充分了解外,对开店的资金筹措及运用也要有详细的规划。在资金筹备方面,如果有足够的资金,就可以独资经营;若资金不足,可以运用很多方法解决,例如找合作伙伴合资、向银行贷款或向亲友借款等。

在筹备足够的资金后,首先要有详细的资金运用计划书,而资金运用计划书可能随着用地计划与建设计划的变更而发生变动。但资金运用的数值是开店计划实施上的目标数值,因此在实际筹建时,应力求朝既定的目标进行,以免造成太大的出入,而影响资金的使用效率;对于筹建中各项难以预测的突发事件,在开始计划时,也要考虑临时应变措施的准备。

资金运用计划大致可分成收支计划、利益分配计划和资金计划三部分。其中值得注意的是,开店前可能需要大量的资金,而在开店后收支的情况对资金的运用也有很大的关系,所以对于经营环境、行业动向、资金计划和公司的经营能力等,在从事收支、资金计划书时均要多方面地、慎重地拟订计划书。此外,开店后5年甚至10年的中、长期计划,也有必要列入整体方案的考虑。

1. 收支计划

营业额估算:对于开店之后第一个年度的营业额,可以依照市场调查、商店位置条件、经营能力与同业之比较而加以估算。第二年以后则可根据宏观经济情况和居民的消费支出情况,结合商店的年度增长情况予以估算。若中途有改扩建计划时,在对营业额的估算时要将其考虑在内。

经营支出计算:依据经营的需要,费用支出可分为变动费用和固定费用。变动费用是依照营业额的高低比例来确定的,比如营业税等;固定费用则包括人事费用、水电费和各项管理费等,固定费用内也有部分与营业额高低相关联的费用。对于固定资产折旧的提取和开办费用的摊销,也应计入经营费用。

2. 利益分配计划

公司的利益分配,除了交纳各项税收外,可以依照有关财务规定提取公积金,或是作为红利分配给股东。

3. 资金计划

资金计划可以分为资金使用计划和资金调配计划。

资金使用计划包括开店前的计划及开店后的计划,开店前资金使用计划包括土地租赁费用、装潢费用、设备投资、商品费用及加盟资金等。开店后的资金使用计划则包括经营运转费用、商品周转费、维修费用等。在资金的使用计划上,必须针对各项费用使用的必需时期、金额、内容等做明确的划分。

资金调配计划也包括开店前计划和开店后计划。开店前调配计划是配合开店前资金的使用需要而准备的。若能调配得当,对于投资成本的降低很有帮助。开店后的调配计划是配合营业活动的实际情况,使企业在扣除经营费用、折旧等费用后的剩余资金得到灵活的运用。

如何筹备与运用资金，每位经营者都应该深入了解。只要能把握以上所提到的要点，慎重地执行，就一定能顺利完成开店的目标。

4.6 连锁门店的开业手续办理与开业

4.6.1 连锁门店开业的手续办理

连锁门店租赁好以后，开业之前还需要办理合法开业手续，这一方面是开展业务合法经营的前提条件，另一方面也是维护双方合法权益的保证。对连锁门店开业手续办理一般可以有以下两种方式：

一是个体工商登记手续。有固定的场所，单独开业，以个人名义经营的要办理个体工商户登记和税务登记手续，如有必要还可领取发票。

二是公司企业工商登记手续。如果连锁门店要以公司的名义进行经营，就可以申请办理公司企业登记，如果是这样的话，则须按公司法办理规范的工商登记手续、税务登记手续。

连锁门店应该办理的相关证件包括以下内容：

一是营业执照（正、副）本；
二是组织机构代码证（正、副）本；
三是印章；
四是国税登记证（正、副）本；
五是地税登记证（正、副）本；
六是设立基本户。

4.6.2 门店开业筹备与开业

1. 制定开业计划

连锁门店一般会在连锁企业总部的指导下制定开业总体时间进度表，总体时间进度表应该考虑到连锁门店开业前的筹备工作、开业当天的工作以及开业后续一个星期内推广与促销等计划内容，具体可参考表4－1。

表4－1 专卖店开业总体计划（开业时间定为K日，简称K）

专卖店筹备各阶段	时间	主要内容
专卖店开业前期筹备	（K—15）—（K＋3）	开业宣传
	（K—8）—K	开业前准备
	（K—9）—K	物料设计与宣传
专卖店开业当天	K	专卖店开业活动方案的执行
专卖店开业后一个星期	K—（K＋7）	特价、优惠套餐活动

2. 连锁门店开业庆典计划

开业庆典是商业性组织为庆祝开业而举办的一种商业活动，它选择特殊的日期举办，邀请特定的人员参加，旨在向社会和公众宣传本组织，提高本组织的知名度及美誉度，展现优良形象及良好风范，广泛吸引潜在客户。随着社会主义市场经济体制的建立，这一商业性活动被广泛应用，连锁企业等经营性企业经常借助这一活动的开展向社会展示经济实体的成立。开业活动的计划与安排主要是从以下方面进行考虑：

一是开业庆典准备工作。一般要成立庆典临时工作小组，如果没有必要成立临时工作小组，也要选择专人负责统筹此项活动。

二是确立活动主题。活动主题是指活动开展所围绕的中心思想，一般表现为几个并列的词语或句子，如"宾至如归，热情服务"，既要求短小有力，又要求形象鲜明，以便于给人留下深刻的印象。具体表现为通过舆论宣传，扩大连锁门店的知名度。

三是选择和布置场地。首先要考虑场地是否够用，场内空间与场外空间的比例是否合适；其次是场地环境要精心布置，用彩带、气球、标语、祝贺单位条幅、花篮、牌匾等烘托喜庆热烈气氛。

四是选择时间。在时间的选择上首先要关注天气预报，提前向气象部门咨询近期天气情况。选择阳光明媚的良辰吉日。天气晴朗，更多的人才会走出家门，走上街头，参加典礼活动。其次是要选择主要嘉宾、主要领导能够参加的时间，选择大多数目标公众能够参加的时间。再次是要考虑民众消费心理和习惯，善于利用节假日传播组织信息。比如各种传统的节日。

五是邀请宾客准备。首先是在邀请对象方面：邀请上级领导以提升档次和可信度；邀请工商、税务等直接管辖部门，以便今后取得支持；邀请潜在的、预期的未来客户是企业经营的基础；邀请同行业人员，以便相互沟通合作。其次是邀请方式的选择：电话邀请，还可以制作通知、发传真，更能够表明诚意与尊重的方法是发邀请函或派专人当面邀请。邀请工作应该提前一周完成，以便于被邀者及早安排和准备。

六是开业典礼的舆论宣传工作。开业庆典的宣传工作方面，企业可以利用报纸、杂志等视觉媒介物传播、自制广告散页传播，向公众介绍商品、报道服务内容或宣传本企业本单位的服务宗旨等；企业可以运用电台、电视台等大众媒体，在连锁门店建筑物周围设置醒目的条幅、广告、宣传画等。

七是物质准备。物质准备包括礼品准备、设备准备、交通工具准备、就餐准备、庆典活动所需用品的准备。

八是庆典活动结束后的总结工作。庆典活动结束后还要做好以下工作：进行实际费用结算、庆典活动影响力调查、整理并保存资料和写出效果评估报告。

3. 连锁门店开业庆典执行流程制定

连锁门店开业当天对连锁门店而言十分重要，开业当天给消费者带来的是第一印象，所以连锁门店必须要制定出具体而详细的开业当天的执行流程，流程的制定按照当天的时间和活动内容进行具体安排。具体可参考表4-2。

表4-2 专卖店开业流程

时间	活动内容	备注
8:00	派活动资料	
8:30	企业准备的开业活动	
9:15	开幕词	
9:30	放炮仗开业,剪彩,揭幕	
9:35	宣布开业,告知活动内容,放宣传片	
9:45	有礼活动——在店前派发活动资料	根据当地的风俗习惯而定
9:55	销售开始,企业准备的活动合格	
	相关活动	穿插企业介绍、产品介绍、游戏、有奖问答、促销活动介绍
	对有前期单张的顾客赠送礼品一份	

【相关链接】

某连锁企业的开店流程

1. 目的:为了规范新店开张工作管理。
2. 适用范围:×××公司新店开张。
3. 职责

销售部负责制度的制定、执行。

4. 内容

4.1 新开店准备计划,时间安排,资料准备,租房准备。

4.2 新店店长挑选、任命及培训。

4.3 当地市场调查。

4.4 与新开店所在的酒店或商场协商开业人员招聘、宣传方案、上班作息时间、上班流程、员工制度、员工入职手续、商场或酒店的培训安排等。

4.5 营业员招聘(人员途径:商场或酒店提供、人才市场、登报招聘、其他品牌挖角等)统一面试,择优录取。

4.6 营业员培训分为书面培训和实际操作培训两种(品牌介绍,公司介绍,营业员薪资情况,营业员制度,货品介绍,货品洗涤、保养,销售方法、技巧培训,陈列培训,仓库摆放,衣物的包扎技巧等)。

4.7 店铺装修验收,建议,及时改良,确定完工撤离时间。

4.8 新店开张宣传活动方案。

4.9 广告(酒店或商场外墙广告,杂志或报刊广告,灯箱广告)。

4.10 开业布置(鲜花、花篮、拱门、气球、酒会等)。

4.11 安排货品到货时间。

4.12 安排货品存放位置（保证货品安全）。

4.13 货品验收、点数入库。

4.14 店面卫生。

4.15 店铺上货、陈列。

4.16 正式开业准备。

4.17 开业后店铺安排。

4.18 营业后一周时间跟进，完善工作。

5. 引用文件（无）

6. 记录（无）

7. 其他

7.1 本规定由销售部制订并归口管理。

7.2 本规定自签发之日起实施。

复习思考题：

1. 商圈的层次如何理解？
2. 如何评估商圈？
3. 连锁门店选址的基本步骤与方法？
4. 门店租赁应该注意哪些问题？
5. 门店开业应该办理哪些手续？

【驱动任务与实训项目】

1. 任务与实训内容

（1）考察学校所在城市的商业区，撰写一份商业街区的分析报告。

（2）选择一家开业的便利店，进行选址分析。

（3）查询当地的工商管理部门网站，了解门店开设手续办理程序。

2. 实训目的

（1）让学生掌握门店选址的具体过程与分析方法。

（2）使学生了解门店租赁与开设的实际事项。

3. 实训要求

（1）在上课之前安排学生进行门店寻找和考察。

（2）学生完成文档报告并在课堂上进行交流与互评。

【课后案例】

连锁零售九大业态选址实战

一、经济型酒店选址要求

（1）区位要求：邻近主要公路（或高速公路）的交叉道口，交通便利，有通往商业区及机场、火（汽）车站的公交线路；市郊接合部。

（2）建筑要求：独栋，周边有停车场。

（3）面积租期：建筑面积3 000～6 000平方米，基本年限10年以上。

（4）合作方式主要有三种：特许经营、租赁、共同投资。

二、咖啡店选址要求

（1）商圈要求：商住楼、高档住宅区、饮食街、大酒店附近，人流充足。

（2）建筑要求：层高4米以上，要有适合装修的招牌位及广告悬挂点，排污、排烟管道铺设方便。有充足的停车位，至少10个以上。

（3）面积和租期要求：一般在300～500平方米之间。房租控制在4.5～5.5元/m^2·天，租房年限5年以上，一般7到9年。

三、超市选址要求

（1）商圈要求：地址较好，位于市中心，新老城区接合部或大型住宅小区内的门面房；对于大型超市消费者步行到达店址所需时间在10分钟以内的范围为核心商圈，所需10～30分钟的范围为边际商圈，商圈内具有固定住所的常住人口为主体的现有及潜在人口总数，要求在15万～20万人，且周边人口具有一定的增长趋势；社区型综合超市商圈要求：消费者步行到达店址所需时间在20分钟以内的商圈范围，商圈内具有固定住所的常住人口及潜在增长人口总数要求在5万～8万人，且周边人口具有一定的增长趋势。

（2）物业要求：建筑形态：最好框架结构，期房、现房都可。楼层不超过三层，层高净高不低于3.2米，柱距以8米×8米为宜，物业纵深以30～50米为佳。

（3）面积和租期：便利店面积80～120平方米、标准超市面积800～2 000平方米、社区店面积2 000～5 000平方米、大型卖场面积5 000～20 000平方米；购买用房面积一般为10 000～20 000平方米。

（4）合作方式：租赁、联建、购买。

四、火锅店选址要求

（1）商圈选择：选址于人口不少于5万人的居住区域或社区型、区域型、都市型商圈。

（2）建筑要求：框架式建筑，厨房可小于餐厅营业面积的三分之一，其余同餐厅。楼上商铺亦可。

（3）面积和租期：150～500平方米，租期至少2年。

五、普通餐厅、快餐连锁等选址要求

（1）商圈选择：商务型的普通餐厅以商务酬宾为销售对象，一般选址在商务区域或繁华街市附近，或其他有知名度的街市；大众餐厅以家庭、个人消费为主，一般选址在社区型或便利型商业街市。而快餐连锁一般选址在客流繁忙之处，如繁华商业街市、车站、空港码头，以及消费水平中等以上的区域型商业街市或特别繁华的社区型街市。

（2）建筑要求：一般连锁餐饮要求框架结构，层高不低于4.5米。配套设施：电力不少于20kW/100m²，有充足的自来水供应，有油烟气排放通道，有污水排放、生化处理装置，位置在地下室或一、二、三楼均可，但忌分布数个楼面。而普通餐厅因餐厅为个性化装饰、布置，各种建筑结构形式均适合开设餐厅，但剪力墙或承重墙挡门、挡窗除外，餐厅门前须有相应的停车场。

（3）面积和租期：租期一般不得少于3年，快餐店面积200～500平方米；大众型餐厅面积80～200平方米，商务型餐厅面积150～10 000平方米。

六、面馆选址要求

（1）商圈选择：面馆是中式普通快餐的经营形态，原料加工半工厂化，制面、和面、切面等工序在工厂里完成。面馆以切面半成品加工成商品，大大缩短了生产时间，满足人们速食的要求。面馆宜选择交通支道、行人不少于每分钟通过10人次的区域。

（2）建筑要求：同普通餐厅、快餐连锁餐厅。

（3）面积租期：面积80～200平方米。租期2年以上。

七、一般服饰、礼品、运动品牌等专卖店选址要求

（1）商圈选择：商业气氛浓厚、客流量大、人气旺的高档综合商场附近；知名度及客流量佳的商业街（客流需满足目标顾客群特征）；知名度高的店铺附近（如：麦当劳、肯德基附近）；大规模住宅区附近。

（2）建筑要求：商店可见度强，格局是浅方型最佳，门面不少于3米宽，且越宽越佳，橱窗位置及宽度需面向街道，越宽越佳，近期无城建规划。

（3）面积和租期：面积15～80平方米。一般40～80平方米为最佳。租期至少一年。

八、茶坊、酒吧选址要求

（1）商圈选择：消费者进入茶坊、酒吧、咖啡馆的动机是休闲或是非正式的轻松谈话，这与进入其他餐饮业的动机不同。该业态是以文化、情调、特色，以及舒适和愉悦来吸引消费者的，其选址往往是高雅路段，具有清净、优雅的环境，消费对象具有一定的消费能力和文化修养。

（2）建筑要求茶坊、酒吧、咖啡馆的布置和装饰有个性化与艺术化要求，但对建筑结构形式无特殊要求，视投资者创意、设想而异。层高不低于2.8米，电力按每100平方米10kW配置，有自来水供应。如与居民相邻，最好设置有隔音层。

（3）面积和租期：面积50～400平方米。租期2年以上。

九、电器连锁（苏宁、五星等）选址要求

（1）商圈选择：位于城市或某区域的商业中心，人流量大，交通便利的副省级以上城市：直辖市、省会城市、副省级城市核心商圈；地级城市市区人口50万人以上，具有一定的购买能力商业中心；县级市场如江苏、浙江、广东等地的县级市，内陆省份发展较快的县级市（百强县优先），副省级以上城市的较发达的郊区县核心商圈。

（2）建筑要求：独立、清晰的产权。楼层从一楼开始，地级市场楼层不超过四楼，县级市场楼层不超过三楼；物业距街道的距离在6米以上，有开阔的停车场地和门前广

场;有正常使用的消防系统、合格并正常使用的供水供电系统、空调系统、扶梯和货梯(两层以上)。

(3) 面积和租期:位于直辖市、副省级以上城市、省会城市、副省级城市核心商圈内,面积为 5 000 平方米以上;区域商圈内,面积为 4 000 平方米以上;大型社区内面积为 3 000 平方米以上;位于地级城市市区人口 50 万人以上,具有一定的购买能力商业中心 3 000 平方米以上;县级市场如江苏、浙江、广东等地的县级市内陆省份发展较快的县级市(百强县优先),副省级以上城市的较发达的郊区县核心商圈核心位置内,面积为 3 000 平方米以上。其租期均应 10 年以上。

资料来源:http://liansuo.cyzone.cn/articles/xuanzhi-choubei/59868.htm.

案例思考:

认真阅读案例中九大业态选址战略,结合自己考察的连锁店的实际情况,讨论门店应该如何选址?

项目 5　连锁经营策略

【知识目标】
1. 掌握连锁经营的产品策略；
2. 掌握连锁经营的价格策略；
3. 掌握连锁经营的促销策略。

【能力目标】
1. 能对连锁经营的商品结构优化；
2. 能对连锁经营的商品进行定价和调整价格；
3. 能在运营管理过程中熟练运用促销策略。

【教学任务】
1. 连锁经营的产品策略；
2. 连锁经营的价格策略；
3. 连锁经营的促销策略。

【引导案例】

从药店连锁经营看连锁经营的策略选择

目前，药店连锁经营蔚然成风，但因市场缺乏规范及跑马圈地的过度竞争，使得连锁药店在尚未成熟的阶段，就陷入价格战的泥潭。在此种情况下，在大中城市进行连锁经营应进行怎样的策略抉择呢？

一、经营环境分析

（1）国家政策的调整与放开，医药分家政策的出台，使我国的医药流通市场遇到了前所未有的机遇，各种经营蓬勃发展。药品连锁店的发展最为迅速，也最有潜力。

（2）原有市场格局被打破，传统药店一部分逐步向连锁靠拢，另一部分则维持现状，没有更大的发展空间。

（3）外资的进入随时成为可能，以及跨区域经营的放开，将使医药零售行业未来的竞争更加激烈。

（4）除了个别出现了"平价药店"被砸遭报复之外，相对而言，各地医药零售市场还算平静。

目前，一个省会城市的大小药店约 1 000 家左右，其中绝大多数是一些小的个体经营药店，大的连锁药店品牌效应初现，但一般势均力敌、领导性品牌还不多见。随着市场的整合，相当数量的小药店被收购或者退出市场。日趋激烈的竞争，使得医药零售企业面临着两条路可走，横向的发展与纵向的联合，即做大或者做强。

做大是指企业的跨区域扩张、联合与并购，同时也包括与外资的联合，比如海王星辰与全球第一大医药零售特许经营公司——美国的 Medicine Shoppe 合作成立的美信国际连锁海王星辰专业药房。国内众多有实力的连锁药店已经开始扩张，比如三九大药店、中新药业集团等。并且，在未来5年内，我国将出现连锁药店过几千家、销售额过10亿元的"大型航母"，这是竞争的必然，也是发展的必然。

做强是指企业通过自身的特色、运作，在一定范围内做成领导型企业，这中间最重要的就是要有自己独特的销售主张，如好一生的"专业＋服务"、海王星辰的"健康"、"专业"等。

二、顾客需求

（1）因方便性、价格等原因，80%以上的消费者愿意并且经常到药店购买药品（不包括在医院就医外出购买的部分）。

（2）因药品的特殊性，90%以上的消费者更信赖大型的、知名的连锁药店、医院，顾客认为这是质量的保证，宁可多跑一些路。

（3）购买考虑因素：顾客购买药品，最关注的方面分别是：药品的质量、效果、服务（如用药指导）、价格等。但是顾客普遍对药品的质量不了解，所以，现场专业推荐与答疑就更加重要。

综上所述，如何选购与药品安全性是顾客最关心的，而顾客又缺乏判断的标准，所以，满足顾客的这一需求，是拉动销售的关键。

三、竞争的主要策略

经过调研分析，我们认为连锁药店主要有以下几种竞争策略。

1. 产品差异性策略

如北京医保全新大药房有雄厚的实力，拥有独家代理、一级代理的产品，拥有竞争对手所难以企及的产品优势。该策略适用于实力雄厚、议价能力强的企业，小型企业即使在某几个产品上有优势，但由于势单力薄，难以形成竞争优势。

2. 价格策略

如南昌"开心人"大药房、济南的"潄玉平民"大药房等的价格策略。价格在中国永远是最锋利的武器，但价格也是一把双刃剑，有利有弊。实施价格策略，必须拥有采购及中间环节的成本优势、庞大的仓储能力、资金优势等。并且，目前的市场上，大的连锁药店都在维持一种相对的平衡、秩序，没有出现大规模的降价行为。作为一个新进入者，如果首先打价格战，打破这种平衡，必然会引起同行的围攻与跟进，反而会陷入被动。因此，在价格上做文章应慎之又慎。

3. 品牌差异化策略

如深圳的海王星辰连锁药店等，这些药店有的打服务牌，有的打专业牌等，分别有自己独特的个性。形成自己独特的销售主张，打造差异性的品牌，从而与竞争对手区分开，这是最有效的竞争策略，也是未来医药流通企业的必走之路。但是从全国来看，还没有几家连锁药店真正能够明确地运用品牌差异化策略,这是一个机遇,领先一步就有可能步步领先。

综上所述,连锁药店在策略选择上,第一是实现品牌上的差异化,第二是实现产品差异性,第三才是价格,做隐性降价和价格战的跟进者,不首先打平价牌。

四、品牌差异化的操作方向

通过以上分析,我们认为连锁药店在品牌差异化策略的操作方向上,无论具体的操作方式是什么,其核心则是"以人为本",塑造"人性化"的品牌,靠强大的"亲和力"进行一对一的沟通,以此建立起消费者对药店品牌的忠诚度。

(1)亲和力。"以人为本的人性化的具有亲和力"的连锁药店,符合消费者需求,容易被消费者接受;具有极大的包容力,很多概念与服务都可以纳入品牌主张当中,如良好的服务、环境文化、热线服务、真正24小时售药、个性化的服务与个性化药店等;在传播上,不同阶段的传播都归纳到同一品牌主张下,能解决传播的持续性问题。

(2)关联性。我们不仅仅要做一个药店,同时还经营其他健康、人性化的东西(当然要有相关性),同时能提供个性化服务,真正做到以人为本。要让药店的利润的很大一部分来自于药品以外的其他商品。

(3)会员制。建立有差异性的连锁药店品牌,又要避免因平价、降价引起的价格战,会员制可以解决这个问题。不首先发动价格战,但要做第一时间的跟进者,以免被动,同时也可以更好地拉近与消费者的距离。会员制既可以成为建立差异性品牌的主体,又是"常客优惠"的营销手段,更是品牌与消费者沟通的最佳管道。

资料来源:国际营销网

阅读讨论:

1. 如何认识连锁经营策略?
2. 连锁经营策略的设计与实施需要考虑哪些因素?

5.1 连锁经营的商品策略

5.1.1 连锁经营的商品分类

商品种类繁多,据不完全统计,在市场上流通的商品有25万种以上,不进行商品分类,就很难规划商品的具体经营范围和品种。为了方便消费者购买,有利于商业部门组织商品流通,提高企业经营管理水平,必须对众多的商品进行科学分类。连锁企业的商品分类有利于每个月对门店中的商品进行统计,商品按品种进行统计,可以看出门店的主力商品与辅助商品的情况,以及检查采购计划的实施情况,使经营者心中有数,根据门店的经营计划进行调整和改进。门店在进行商品分类时,要针对自己所购进的商品,配合销售计划、门店店内设计及商品陈列的重点展开分类工作。商品分类要充分考虑到门店的个性及销售方式的特点,确保做到全面顾及消费者立场,充分满足消费者需求,以便于顾客选择商品、刺激购买欲。商品分类是指为了一定目的,选择适当的分类标志,将商品集合总体科学地、系统地逐级划分为门类、大类、中类、小类、品类以至品种、花色、规格的过程。

美国全国零售联合会（NRF）制定了一份标准的商品分类方案。在 NRF 的商品分类方案中，最大的商品分类等级（第一级分类）是商品组，商品组是指经营商品的大类，也就是类似国内的商品大分类，比如一个百货商店经营的服装、家电、食品、日用品、体育用品、文具用品、化妆品等。

商品分类的第二级是商品部。商品部一般是将某一大类商品按细分的消费市场进行再一次分类，比如服装类商品可分成女装、男装、童装等。

商品分类的第三级是商品类别（品类）。这是根据商品用途或细分市场顾客群而进一步划分的商品分类，在大型连锁企业当中，一般每一类商品由一位采购员负责管理。

同类商品是商品分类中商品类别的下一级，一般来说，同类商品是指顾客认为可以相互替代的一组商品，比如彩电，顾客可以把一台 19 寸的彩电换成一台 32 寸其他品牌的彩电。存货单位是存货控制的最小单位，当指出某个存货单位时，营业员和管理者不会将其与任何其他商品相混淆，它是根据商品的尺寸、颜色、规格、价格、式样等来区分的，我们也称之为单品。

5.1.2 连锁企业的基本商品分类

在经营过程中，企业通常可以按照顾客的性别、年龄、职业、生活层次、思想方式、属性、购买习惯等来区分，并且应该在开店初期即针对此类区分制定商品计划。也可以根据顾客何时使用、何处使用、如何使用等情况来进行分类，采用相应的商品陈列等手段进行销售活动。企业还可以根据顾客对商品的满意来自于对商品不同方面的要求进行分类，顾客一般会从色彩、花样、规格、型号、性能、设计风格、制作材料、趣味、款式等方面来衡量，企业尽量使顾客感到满意，起到增大销售量的作用。连锁企业在具体的经营过程中，对商品的分类会根据自己企业的实际情况进行，具体的分类方法有以下几种。

1. 按照商品销售状况区分

连锁企业根据商品的销售状况可以按权威商品、畅销商品、主力商品、改良商品、试销商品、优惠商品、滞销商品、应淘汰商品等区分，此种商品的分类配合门店的特性及门店周围的商圈，可以制定出实用的销售计划。

2. 按照商品生命周期区分

连锁企业还可以根据商品的一般生命周期进行划分，按照这种方式可以分为介绍期、全盛期、衰退期，根据商品生命周期在每个阶段的市场特点制定相应的销售策略，使用相关的促销手段，从而增加销售量。

3. 按照商品的价格区分

连锁经营企业按照商品的价格高低来区分商品，在实际的区分中可以分为高价位、中价位和中低价位几种不同类型，此种区分在运用过程中应该是配合连锁门店的经营方针来制定价格策略。

4. 按照商品销售季节区分

根据商品的不同性质，连锁企业通常把商品分为常年销售商品、季节销售商品，根据这种划分方法连锁企业在一年当中配合季节的交替，及时调整门店的销售计划。

5. 按照商品的定位和使用目的区分

连锁企业还可以根据商品的定位和使用目的的不同来划分企业所经营的产品。自己企业的产品可以分为送礼产品、自己消费使用商品、集团消费使用商品。连锁企业根据自己不同的营销渠道和顾客的特性，按比例制定商品计划。

5.1.3 连锁企业商品分类体系的建立

连锁企业在任一次商品分类中，可以将任一商品集合总体逐次划分为包括大类、中类、小类、品类在内的完整的、具有内在联系的类目系统，这样的类目系统即称为商品分类体系。企业在建立商品分类体系时，建立的基本方法有两种：其中一种是线分类法，另外一种是面分类法。

1. 线分类法又称层级分类法

线分类法是将拟分类的商品集合总体，按照选定的属性或特征逐次地分成相应的若干个层级类目，并编制成一个有层级的、逐级展开的分类体系。线分类体系的一般表现形式是按大类、中类、小类等级别不同的类目逐级展开，在整个体系中，各层级所选用的标志不同，各个类目之间构成并列或隶属关系。由一个类目直接划分出来的下一级各类目之间存在着并列关系，不重复，不交叉。

2. 面分类法又称平行分类法

面分类法是将拟分类的商品集合总体，根据其本身的属性或特征，分成相互之间没有隶属关系的面，每个面都包含一组类目。将每个面中的一种类目与另一个面中的一种类目组合在一起，即组成一个复合类目。比如服装的分类就是按面分类法组配的。把服装用的面料、款式、穿着用途分为三个互相之间没有隶属关系的"面"，每个"面"又分成若干个类目。使用时，将有关类目组配起来。如纯毛男式西装、纯棉女式连衣裙等。

5.1.4 连锁企业商品策略

连锁企业在确定企业经营商品的时候，根据企业的定位、企业所选择的目标市场和企业的消费者特点，制定企业自身的商品策略。连锁企业在制定商品策略时，一般有以下几种商品策略可供选择与参考。

1. 单一的商品策略

单一的商品策略是指连锁门店经营为数不多、变化不大的商品品种来满足顾客的普遍需要，如专卖店、快餐店、加油站、自动售货机等，均采取这一商品策略。采取这一商品策略的门店一般在竞争中不容易取得竞争优势，因而它的使用主要局限在以下几种类型的商品：一是消费者大量需求的商品，如汽油、柴油、粮食、烟酒等；二是享有较高声誉的商品，如麦当劳的汉堡包、可口可乐等；三是有较高知名度的专卖商店；四是有专利保护的垄断性商品。

2. 市场细分化商品策略

市场细分化商品策略就是把消费市场按各种分类标准进行细分，以确定连锁经营门店的目标市场。例如，按消费者的性别、年龄、收入、职业等标准进行划分。各类顾客群的购买习惯、特点以及对各类商品的购买量是不同的，门店可以根据不同细分市场的特点来确定适合某一类消费者的商品策略。例如，如果连锁门店选择的目标市场是儿童市场，则商品经营范围将以儿童服装、儿童玩具、儿童食品、儿童用品为主，以此形成自己独特的个性化的商品系列，并随时注意开发和培养有关商品，以满足所选择的细分市场的顾客需要。

3. 丰满的商品策略

这种商品策略是在满足目标市场的基础上，兼营其他相关联的商品，既保证主营商品的品种和规格档次齐全、数量充足，又保证相关商品有一定的吸引力，以便目标顾客购买主营商品时能兼买其他相关物品，或吸引非目标顾客前来购物。要使商店经营的商品让人感到丰满，就必须重视下列几类商品：

一是名牌商品。这类商品一般是连锁企业长期经营，在消费者中取得良好信誉的商品。这类商品品种全、数量足，能提高商店的声望，并给人以丰盛感，对促进销售起到重要作用。

二是诱饵商品。这类商品品种齐全、数量足，可以吸引更多消费者到商店来购物，同时也可以连带销售其他商品。

三是试销商品。包括新商品和本行业刚刚经营的老商品，这类商品能销售多少很难预测，但是，将这类商品保持一定的品种和数量，也会增强商店经营商品的丰盛感，促进商品销售额的扩大。

4. 齐全的商品策略

这种商品策略是指商店经营的商品种类齐全，几乎是无所不包，基本上满足消费者进入商店后可以购齐一切的愿望，即所谓的"一站式购物"。一般的超大型百货商店、购物中心以及大型综合超市均采用这一商品策略。一般来说，采用这一策略的连锁门店，其采购范围包括食品、日用品、纺织品、服装、鞋帽、皮革制品、电器、钟表、家具等若干项目，并且不同类型商品分成许多商品柜或商品区。有的门店每一柜台的商品部经理可以自由进货，调整商品结构，及时补充季节性商品，但连锁性质的大型超市则采取集中采购和配送方法。当然，任何一个规模庞大的商店要做到经营商品非常齐全是不可能的。因此，目前国内外一些老牌百货商店正纷纷改组，选择重点经营商品，以这个重点为核心建立自己的商品品种策略，突出自己的经营特色，来与越来越广泛的专业商店相竞争。

5.1.5 连锁企业商品结构策略

1. 连锁企业的商品构成

连锁企业商品的结构主要从商品的构成来进行分析，连锁企业的商品构成主要包括档次构成、商品的种类构成和同种类商品下的花色、规格、款式构成三个方面。

一是商品档次构成。商品的档次构成主要依据所经营主导商品的高、中、低档次划分。现实中商品档次组合主要有：高档次构成、中低档次构成、高档为主中低档为辅的构成、中低档为主高档为辅的构成。

二是商品的种类构成。商品的种类构成是指根据商品范围与定位的要求来决定所经营的所有商品的种类及其比重。确定商品种类及其比重可从主力商品、关联商品和辅助商品三者之间的关系出发。主力商品主要从销售量或销售金额考量，凡是成为门店的中心商品，就叫主力商品。门店主力商品的增加或减少决定着门店的命运。关联商品是由于每个门店都陈列同样的主力商品，门店就失去自己的特点，所以，必须经营与主力商品在使用上有联系的产品，这样就能达到增加顾客来店频率的作用。辅助商品是在补充主力商品的不足时，为了增加主力商品的销售，进行经营的商品。通过经营这些商品可以增加门店的销售和顾客来店的频率，从而达到扩大主力商品销售的作用。

在门店的正常营业过程中，销售额一般是主力商品占75%，辅助商品占15%，连带商品占10%。在门店的商品种类中，主力商品占20%，辅助商品占40%，连带商品占40%。虽然主力商品在种类中只占20%，而在总营业额中却占75%，但却仍然不能够取消其他两种商品，原因在于：若取消其他两类商品，总销售量就会滑落25%；而取消80%的商品项目，会使卖场看起来很空洞，显得商品十分匮乏，虽然陈列架上以畅销品为中心，但商品吸引人的气势就会全没了，导致顾客的购买欲低落，业绩的下跌势必很大。因此，其他两种商品仍然有配置的必要，它们有维持畅销品销售，确保店内整体业绩的功能。

三是商品的花色、规格和款式构成。商品的花色、规格和款式构成是指同种类商品下的不同商品规格、花色和款式的细分构成。例如，连锁门店中商品种类的女装（种类），在这个种类之下，还有女士职业套装、女士时装、女士休闲装等等。

2. 连锁企业具体的商品结构策略

在连锁经营企业中，商品的结构策略主要有以下四种：

一是广而深的商品结构。连锁企业广而深的商品结构策略是连锁门店选择经营的商品种类多，而且每类商品经营的品种也多的一种策略。这种策略一般为较大型的综合性商场所采用。由于大型的综合商场的目标市场是多元化的，常需要向消费者提供一揽子购物，因而必须备齐广泛的商品类别和品种。这种策略有目标市场广阔、商品种类繁多、商圈范围大、选择性强等优点，因此能吸引较远的顾客前来购买，顾客流量大，基本上满足顾客一次进店购齐一切的愿望，能培养顾客对商店的忠诚感，易于稳定老顾客。但是也存在不足：其一是企业经营的商品占用资金较多，而且很多商品周转率较低，导致资金利用率较低；其二是这种商品结构广泛而分散，试图无所不包，但也因主力商品过多而无法突出特色，容易形成企业形象一般化；其三是企业必须耗费大量的人力用于商品采购上，由于商品比较容易老化，企业也不得不花大量精力用于商品开发研究上。

二是广而浅的商品结构。这种策略是指连锁企业选择经营的商品种类多，但在每一种类商品中花色品种选择性少的策略。在这种策略中，连锁企业提供广泛的商品种类供销费者购买，但对每类商品的品牌、规格、式样等给予限制。这种策略有目标市场比较广泛、经营面较广的优点，因此也能形成较大商圈，便于顾客购齐基本所需商品。同时也便于商品管理，可控制资金占用，在某种程度上也方便顾客。其不足是由于这种结构模式花色品种相对较少，满足需要能力差，顾客的挑选性有限，很容易导致失望情绪，不易稳定长期客源，形成较差企业形象。长此以往，商店不注重创出商品特色，在这样一个多样化、个性化趋势不断加强的市场当中，即使商店加强促销活动，也很难保证企业经营的持续发展。因此这种商品结构策略通常被廉价商店、杂货店、折扣店、普通超市等连锁经营企业所采用。

三是窄而深的商品结构。这种策略是指连锁企业选择较少的商品经营种类，而在每一种类中经营的商品花色品种很丰富。这种策略体现了商店专业化经营的宗旨，主要是为专业商店、专卖店所采用。一些专业商店通过提供精心选择的一两种商品种类，在商品结构中配有大量的商品花色品种，吸引偏好选择的消费群。这种策略有以下优点：其一是专业商品种类充分，品种齐全，能满足顾客较强的选购愿望，不会因花色品种不齐全而丢失销售；其二是能稳定顾客，增加重复购买的可能性；其三是易形成商店经营特色，突出商店形象；其四是便于商店专业化管理，树立专业形象。这种模式较为今天广大的专业店和消费者所欢迎。但是这种策略也有不足之处：一是过分强调某一大类，不能一站式购物，不利于满足消费者的多种需要；二是很少经营相关商品，市场有限，风险大，需要对行业趋势做准确的判断，并通过更加努力来扩大商圈。对于这种策略由于体现了商店专业化经营的宗旨，主要为专业商店、专卖店所采用。一些专业商店通过提供精心选择的一两种商品种类，在商品结构中配有大量的商品花色品种，吸引偏好选择的消费群。

四是窄而浅的商品结构。这种策略是指连锁企业选择较少的商品种类和在每一类中选择较少的商品品种。窄而浅的结构策略有以下优点：一是投资少，成本低，见效快；二是商品占用资金不大，经营的商品大多为周转迅速的日常用品，便于顾客就近购买。但是其缺点也很明显，种类有限，花色品种少，挑选性不强，易使顾客产生失望情绪，商圈较小，吸引力不大，难以形成商店经营特色。这种策略主要被一些小型商店，尤其是便利店所采用，也被售货机出售商品和人员登门销售的连锁经营企业所采用，比如自动售货机往往只出售有限的饮料、香烟等商品。这种策略要成功使用，有两个关键因素，即地点和时间。在消费者想得到商品的地点和时间内，采取这种策略可以成功。

5.1.6 连锁企业确定商品范围与构成的考虑因素

一般来讲，决定商品构成与范围的思路是：首先考虑企业的业态，由业态的经营特征来决定商品经营的范围与商品的定位；其次是确定商品种类及其各自所占的比重。即业态决定商品范围与商品定位，在商品范围和定位的框架下确定商品种类和比重，最后确定商品的花色、规格、款式及其比重。

根据销售分析和市场分析，可以知道顾客所希望的商品种类、品质、数量等，必然要反映到商品的构成方面。在门店里同一种品种的商品要尽量增加规格、数量。而如果同一品种的数量减少，经营品种就要增加。要采用各种方法，把顾客所希望的商品、品种齐全地列入计划。也就是说，要销售给顾客真正希望买到的商品，使顾客的需要真正得到满足。总之，随着顾客需要的变化，门店的商品构成也必须逐渐地变化。

1. 连锁企业的业态特征及其规模

连锁企业在确定商品范围时，必须首先考虑商店的业态类型、经营规模及经营特点。很多时候，一个商店的业态确定下来，就已经框定了其大致的经营范围。不同业态的商店，其商品经营有着不同分工，专业性商店以经营本行业某一大类或几大类商品为界限，其专业分工越细，经营范围越狭窄；综合性商场除了经营某几类主要商品外，还兼营其他有关行业的商品。商店经营规模愈大，经营范围愈广，反之，则愈窄。此外，商店经营对象是以附近顾客为主，还是面向更广泛的市场空间；商店是百货商店，还是超级市场、便利店；商店是以高质量商品、高服务水平为经营特色，还是以价格低廉为经营特色，这些都将对商店采购商品的范围有着重大影响。

2. 连锁企业的目标市场

商店的地址和商圈范围确定以后，其顾客来源的基本特征也就随之确定下来。商店目标顾客的职业构成、收入状况、消费特点、购买习惯都影响着商店商品采购范围的选择。处在人口密度大的城市中心的商店，由于目标顾客的流动性强，供应范围广，消费阶层复杂，因而经营品种、花色式样应比较齐全；处在居民区附近的商店，消费对象比较稳定，主要经营人们日常的生活必需品，种类比较单一；处在城市郊区，或工矿区，或农业区，或学校集中区的商店，由于这些地区消费者特殊职业形成了其特殊需要，在确定商品采购范围时，也要充分考虑这些地区消费者需求的共性及个性。

3. 连锁企业经营商品的生命周期

任何商品都有其生命周期，即从进入市场到退出市场所经历的四个阶段：导入阶段、成长阶段、成熟阶段、衰退阶段。在当前的信息与科技背景下，科技日新月异，商品的生命周期不断缩短，新产品不断涌现，旧产品不断被淘汰。连锁企业必须跟上这种不断变化的时代步伐，随时注意调整自己的经营范围。一方面，连锁企业必须跟踪掌握商品在市场流通中所处的生命周期阶段，只要该商品到达衰退期，则立即加以淘汰；另一方面，随时掌握新商品动向，对于有可能成为畅销商品的新商品，在上市前即列入自己的经营范围之中。

4. 竞争对手情况

邻近同行竞争对手的状况也影响着连锁企业门店商品经营范围的确定。在同一地段内，相同业态商店之间，其经营特点不宜完全一致，应该有所差别，其差别主要体现在不同的门店主营商品的种类上。俗话说："追二兔不如追一兔"，特点多反而显不出特点来，每家商店为突出自己的特色都会选择一个最适合自己形象的主营商品大类。因此，连锁企业只有弄清楚周围竞争对手的经营对策、商品齐全程度及价格和服务等状况，才能更好地确定自己的商品经营范围。

5. 连锁企业经营商品的相关性

在市场当中，有许多商品的销售是相关的，根据商品消费连带性的要求，把不同种类在消费上有互补性、或在购买习惯上有连带性的商品一起纳入经营范围，既方便顾客挑选购买，也利于扩大销售。因此，在确定商品经营范围时，在确定了基本的主力商品类别之后，还要考虑辅助商品和连带商品的范围，这就要充分分析商品的相关性，既不能只经营某种高利润的商品，也不能"大而全"而影响了特色。良好的搭配可以相得益彰，互相促进。

5.1.7 连锁企业商品结构优化管理

1. 连锁企业商品结构优化管理的依据

连锁企业在经营管理过程中，应该根据市场的变化和企业自身的情况不断地优化企业的商品结构。企业进行商品结构优化管理的依据有以下几个方面：

一是门店商品销售数据统计。连锁企业的门店都会定期对商品销售额情况进行排名，排在前面的商品属于畅销商品，应予保留；排在后面的商品属于滞销商品，应列为淘汰考察对象。对于列为淘汰对象的商品，应该调查每一种商品滞销的原因，如果无法改变其滞销的情况，就应予以撤柜处理。在处理这种情况时应注意：对于新上柜的商品，往往因其有一定的熟悉期和成长期，不要急于撤柜；对于某些日常的生活必需品，虽然其销售额很低，但是由于此类商品的作用不是盈利，而是通过此类商品的销售来拉动商店的主力商品的销售，如针线、保险丝、蜡烛等；还有一些商品，可能仅仅由于陈列不当而导致销售不畅，在淘汰滞销品时应注意分析其中的具体原因。

二是门店商品贡献率。单从商品排行榜来挑选商品不能完全说明问题，还应看到商品的贡献率。销售额高、周转率快的商品，不一定毛利高，而周转率低的商品未必就利润低。没有毛利的商品销售额再高，这种商品贡献也很小。毕竟商店是要生存的，没有利润的商品短期内可以存在，但是不应长期占据货架，看商品贡献率的目的在于找出门店的商品贡献率高的商品，并使之销售得更好。

三是门店损耗排行榜。这一指标是不容忽视的，它将直接影响商品的贡献毛利。例如，超市经营的鲜奶等日配商品的毛利虽然较高，但是由于其风险大，损耗多，可能会是赚的还不够赔的。再如，一家卖场的刷羊肉片的销售在某一地区占有很大的比例，但是由于商品的破损特别多，一直处于亏损状态，最后唯一的办法是，提高商品价格和协商提高供货商的残缺率，不然就将一直亏损下去。对于损耗大的商品一般是少订货，同时应由供货商承担一定的合理损耗。另外，有些商品的损耗是因商品的外包装问题，这种情况，应当及时让供应商予以改进。

四是商品的周转率。商品的周转率也是优化商品结构的指标之一，商品周转速度慢会导致流动资金积压，所以周转率低的商品不能滞压太多，否则影响企业的正常运营。

2．滞销商品的淘汰

滞销品是连锁门店经营者的"毒瘤"，必须及早发现，及早去除，门店的经营才能健康地继续营运。滞销品会占据连锁门店的陈列空间，在一定程度上影响新品的导入和其他商品的陈列。连锁企业在运营过程中必须对滞销商品进行定期的淘汰，但是对于滞销品，其淘汰的标准要以数字为根据，而这种数字的统计工作，一定要使用销售记录才可能做到，故连锁门店的经营者应该利用好数字分析来进行管理。

（1）滞销商品淘汰标准。

一是以销售统计数据的最后的项数或百分比为淘汰基准。例如，以三个月销售排行榜资料参考，以最后100品项为淘汰的对象，或是以排行榜最后的3%为淘汰基准，不过以这样的基准来做为淘汰的依据时要注意考虑：这种商品的存在是否为了使品项齐全，或是因为季节性的因素才滞销，如属这些因素产生的滞销便不可贸然予以剔除。

二是以一定时期规定的最低销售数量或销售额为淘汰标准。在一段时期内销售数量未达到标准，例如：连续3个月平均销售未达2000元或未达5箱的品项为滞销品项，再考虑是否要淘汰。

三是出现品质问题的商品也列为淘汰的对象，被食品卫生单位或卫生单位宣布为有问题的商品皆应列入淘汰的对象。

（2）滞销品淘汰作业流程。

一是列出淘汰商品清单。连锁门店根据淘汰标准对照一定时期内的统计数据，确定要淘汰哪些项目，列出一张清单，报送公司认可。

二是确定淘汰日期。淘汰商品最好每个月固定集中处理，不要零零散散地做。例如，规定每月某日为淘汰日，所有的店铺或要进行淘汰的店铺，便在这一天把淘汰商品下架退货。

三是淘汰商品的数量统计。确定要淘汰的商品后,再清查各店所有淘汰品库存数量及金额,以便于处理及了解处理后所损失的毛利是多少,以管制整体利益。

四是决定滞销品的处理方式。对于淘汰下来的商品,有的可以退回给厂商,有的无法退给厂商。处理方式可以降价卖给员工,当然也可以当作促销的奖品来送给客人,可从中选定一种处理方式。

五是滞销品的处理。对于采取退货处理方式的商品,应通知厂商按时取回退货,并将扣款单送缴财务部门,做会计处理。对于采取在卖场处理方式的商品,则将处理方式明确通知各店,在卖场进行处理,直到处理完成为止。而既然是处理,就是要做到清理完为止。因此,若第一次所订的方式无法处理完成,便须再修改处理方式。例如,剩100个,第一次6折,一周后卖剩下50个,那么次周可再打折5折……直到处理完成为止。

六是淘汰商品的记录。最后将处理完成的淘汰商品,每月汇成总表,整理成档案,随时供查询,避免因年久或人事变动等因素,又重新将滞销品引进。

3. 畅销商品的培养

畅销商品是指市场上销路很好、没有积压滞销的商品。任何商品,只要受到消费者欢迎,销路好,都可称作畅销商品。很多人把畅销商品理解为新商品,其实,畅销产品与新旧没有直接的关系,它可能是新商品,也可能是旧商品,而新商品中可能是畅销商品,也可能是销路一般或滞销商品,两者有重叠部分,但不能画等号。

(1)连锁门店畅销商品的统计分析辨识与选择。

统计分析辨识是根据帕累托法则得出的"少数中的多数"而来的,即20%的商品销售额可实现全部销售额的80%左右,而剩下的80%商品的销售额则只实现总销售额的20%左右。商品品种百分比与相对的销售额百分比之间存在的20%:80%关系的规律性现象称之为20/80原则。其中占销售额最大份额的20%的商品,称之为畅销商品。畅销商品的统计辨识方法有历史资料法、竞争对等法和数据信息法等类型:

一是历史资料法。历史资料法又称经验法,是指超市参照历史同期的销售统计资料,在总的商品品种中选择出销售额排名靠前的20%的品种作为畅销商品。经验法依靠人工统计,工作量大,主要适宜于POS系统尚未建立的、规模较小的超市。按历史资料法选择畅销商品一定要注意历史统计资料时间上的一致性,严格按季节进行。

二是竞争对等法。竞争对等法是指超市通过调查并统计竞争对手的畅销商品的情况而确定自己的畅销商品。如超市刚成立不久,历史同期销售统计资料缺乏或不全,可采用竞争对等法来选择畅销商品。在供应商接待日以外的时间,超市可派遣采购人员于12:00~13:00或20:00以后以竞争店卖场去观察"磁石点"货架(如端头货架、堆头、主通道两侧货架、冷柜等,这些位置一般陈列畅销商品)上的商品空缺率,因为这一时段是营业高峰刚过,理货员来不及补货的空隙。通过畅销商品主要陈列货架商品空缺情况的调查,可以初步得出结论:如果陈列货架商品空缺多,该商品销售良好,可列为畅销商品的备选目录。这种方法简便易行,但调查容易受到竞争店店员的阻挠,且带来一定的偶然性。按竞争店调查法选择畅销商品要注意竞争店店址、卖场面积、经营品种等因素应具有相似可比性,以保证参照借鉴的实效性;同时还要注意,由于目前的调查信息与下一步商品采购有一个时滞,所以这些信息对下一年畅销商品选择的参考价值可能更大些。

三是数据信息法。数据信息法是指超市根据本企业 POS 系统汇集历史同期的销售信息来选择畅销商品的方法。这些信息资料主要是：销售额排行榜；销售比重排行榜；周转率排行榜；配送频率排行榜。这四个指标之间存在密切正相关性，核心指标是销售额排行榜。根据销售额（或销售比重、周转率、配送频率）排行榜，挑选出排行靠前的 20% 的商品作为畅销商品。如超市公司经营的商品品项总数为 7000 种，则销售额排名第一至第 1400 的商品就构成 20% 商品目录。采用数据信息法，信息完整、准确、迅速，是超市尤其是规模较大超市选择畅销商品的首要方法。

（2）畅销商品的推广。

在门店当中，对畅销品采取以下方法进行推广与促销，增加畅销品的销售额。

一是在门店中黄金位置陈列商品。连锁门店中，商品陈列的位置的不同，对激发消费者的购买欲望起着极大的作用。通常，在门店的前端和入口处是消费者流动最频繁的地区，也是价值最高的黄金地带，是门店中摆放获利高的商品的最佳地点，因而连锁企业在这些地方摆放畅销品。

二是通过价格策略推广畅销品。价格策略是连锁经营企业促销不可忽视的重要工具，对培养畅销商品来说，更应该在价格方面下一番工夫，如定价时在商品价格中渗入 6、8、9 等所谓"神奇数字"，使消费者一方面产生吉利的感觉，另一方面对价格产生一种错觉，如某种商品定价为 29 元，使顾客认为只是 20 多元而非 30 元，无形中刺激了消费者购买便宜货的欲望。

三是促销策略。连锁门店促销活动组织的核心在于调动一切门店中的导向性营销资源，突出本场本次的促销核心诉求点。商场对畅销商品的促销可以结合价格促销、POP 广告促销及其他方式一起进行。在价格方面，除了直接的低价销售外，还可以限时特卖、特惠包装、散装货品、奉送赠品或抽奖等形式推出，尽管这些都是常用招式，但效果依然很好，为消费者所接受。在广告促销上，门店完全可以采用 POP 广告大力推广畅销商品，这种广告与价格促销和陈列策略结合起来效果更佳。

4. 连锁门店畅销商品的调整

由于畅销商品具有鲜明的季节性特点，加上消费需求和供货因素的不确定性，连锁门店的畅销商品并不是一成不变的，而是处于不断变化之中，所以连锁企业在辨识了畅销商品之后还应随时进行不断调整。一般而言，连锁企业对畅销商品的调整依据有以下几个：

一是按季节变化调整。随着季节的变化，超市畅销商品目录在一年的春、夏、秋、冬至少要做四次重大调整，每次调整的畅销商品占前一个目录总数的 50% 左右，即使在某一个季节内，不同的月份由于气候、节庆假日等影响，畅销商品也会存在一定差异，每个月畅销商品调整幅度一般会超过 10%。

二是按商品生命周期调整。商品有其自身的生命周期，所以连锁经营企业也可以根据商品的生命周期进行调整。例如，当某种商品的生命周期由导入期进入成长期、成熟期时，它可能会被引入畅销商品目录，而当它由成熟期转入衰退期时，它必然会在畅销商品目录中被删除；又如，当某种新商品被成功开发引入连锁经营门店时，或当某种商品即将组织一次大规模促销活动时，它们理应进入新的畅销商品目录。

三是按顾客需求变化调整。如果企业对企业经营的某种产品做大规模宣传广告，预计会对消费者偏好和消费时尚产生巨大的影响和推动时，这种商品很可能会进入新的畅销商品目录。同时根据销售的历史数据分析，销售量大的商品也可能是顾客需求量大的商品，这种商品很可能会进入新的畅销商品目录。

在上述三种变化调整中，从变化的规律性和预测的准确性角度看，季节变化的规律性最强，调整的准确性最高；而消费需求变化的规律性最不易掌握，调整的难度最大；供应因素变化的规律性介于两者之间。

此外，畅销商品目录的调整需要剔除一些干扰因素和虚假现象，如某一次性处理商品在短期内可能销售额很高，这种虚假升值不能作为该商品进入畅销商品目录的依据；相反，某些销售情况一贯很好的商品，在某一短期内，可能由于资金、配送不到位，造成供货不足，销售额大幅度下降，这种虚假降值的商品在畅销商品调整时，要慎重决定是否从目录删除。

5.2 连锁经营的价格策略

5.2.1 影响连锁企业定价的主要因素

1. 连锁经营的本身特征

连锁企业在定价时，必须考虑到连锁经营自身以下的特征：

一是连锁企业的价格统一特征。价格统一是连锁店区别于一般的零售业商业集团的经营特色，它有利于连锁店实行统一管理，树立连锁店的整体形象，给消费者留下货真价实的良好印象，增强连锁店的整体吸引力，也给消费者带来方便。连锁经营的各分店实行大体一致的定价方法、价格水平及价格促销策略，如麦当劳、日本大荣公司、法国的家乐福集团等众多世界著名连锁店都在全球各分店采取统一的价格。统一的价格也并非完全一致，一些规模较大的店铺常有权适当调整价格，如法国安得玛谢集团在公司统一价格策略的指导下，各店铺有一定的价格变动权利，以增强商品价格的地区适应性和竞争力。统一的价格有诸多好处，比如在甲地买的商品，到乙地的分店中照样可以退换，价格、品质丝毫不差。但是，实行统一价格也有一定的不利之处，各地的市场差异较大，一致的价格未必能适应不同的市场情况。为克服这一弊端，尽显连锁店价格统一的优势，连锁店应要求最接近消费大众的各分店担当起及时、全面、准确地向总店提供价格信息的职责，总店依据汇总的价格信息制定出一个统一的价格或者价格范围，分店有权向总店提出适合自身的价格修订建议，如果这一变动幅度较小，能在当地市场取得较好的效益，不损害连锁店统一的形象，这种价格调整是被允许的。在统一价格的基础上，适当调整形成了连锁店系统一整套完善的价格机制。越来越多的连锁店采取这种价格形式，这是当今消费者需求多样化、市场环境随时空变化而差异增大的市场特点所决定的必然趋势。

二是连锁经营一般都是价格低廉的特征。价格低廉是连锁经营这一先进企业组织形式的经营特征和竞争获胜的最大优势。价格低廉成为连锁经营的特征和优势的原因主要有三点：

第一，在连锁店的发展历史中已形成了这种价格策略，连锁店是在廉价店和折扣店的基础上逐渐连锁经营形成的，实行连锁经营的最初目的就是降低成本、压低价格，方便广大普通消费者购物。后来，一些专卖店、高档的百货店也实行连锁经营，因而有人认为价格低廉不是连锁店的特征和优势，这是不全面的。大多数连锁店还是实行低价策略。比如，连锁经营的超级市场、廉价商店，采用高价策略的只是连锁经营的专卖店、高档的百货店，这些商店连锁的初衷仍是扩大经营、降低成本，如马狮百货连锁公司就是在廉价货摊基础上发展而来。中国消费者认为价格昂贵的麦当劳快餐在最初建立时，是以15美分一个汉堡包而吸引顾客的，而且在国外麦当劳的价格也并不高。

第二，连锁店经营的商品定位也决定着这种策略。连锁店的目标消费者是普通消费者，经营的商品定位于日常生活用品，而不是贵重的大宗商品。因此，这些商品种类繁多，一般价格较低，需求弹性小，而需求量较大，这就形成了连锁店靠薄利多销在竞争中取得有利地位。

第三，连锁店科学的管理为连锁店实现低价策略提供了现实基础。连锁店把现代工业大生产的原理应用于零售业，实现了商业活动的标准化、专业化、集中化、单纯化，使连锁店的经营成本显著地低于一般单个店铺，连锁店的大批量进货，能取得价格优惠，并能和厂家建立稳定的合作关系，从而保证购进商品的质优价廉。连锁店建立统一的配送中心，可加快商品周转，降低商品库存和商品损耗，大大降低了商品的库存和运输成本。连锁店统一促销、统一管理，也减少了商品费用开支，相对地增加了企业的利润。总之，由于连锁经营的规模效益降低了成本，为连锁店制定价格策略提供了广阔空间，价格策略的运用更加灵活。但是，连锁店定价的基本思路应是以低价吸引广大消费者，薄利多销，追求规模效益，即形成"低价化—大众化—大量化—低成本—高效益"的良性循环。连锁经营企业关于商品价格的决定，不是一个独立的决策过程，而是企业市场营销组合的一部分，一定要与企业目标市场和其他条件相匹配。具体地说，连锁经营企业将商品价格定在一定的价格水平上的决定，应当与连锁经营企业的经营品种、开设地点、促销活动、服务水平以及希望传播的关于商店的印象等因素互相配合。

三是连锁企业的经营目标与其他策略。连锁企业需要确定的是它从经营的商品中实现什么目标。连锁企业市场定位越明确，价格的确定就越容易。连锁门店的开设地点，对商品价格的确定有着显著的影响，与业态相近的竞争对手相距越近，在价格的确定上越多地受竞争对手的价格影响，与目标顾客距离越远，如希望能吸引较远的顾客，那它的商品价格就必须定得更低一些，除非它在商品种类和其他方面具有特色。连锁经营企业的价格策略与促销策略是紧密相关的，很多商家便利用价格手段达到促销的目的。连锁经营企业为顾客提供的服务项目也与商品价格的制定关系密切。提供的服务项目越多，服务水准越高，所产生的经营费用也越高。连锁经营企业为弥补这一经营费用，不得不提高商品价格。此外，顾客从商店中接受的最频繁的暗示之一是商店的零售价格。价格可以帮助顾客确定对这个商店的印象。

2. 消费者价格心理

连锁经营企业的价格水平既受消费者收入水平的制约，也受消费者价格心理的影响。消费者收入水平与价格心理其实是互相联系的。研究发现，同一收入层次的消费群体往往具有类似的价格心理。消费者价格心理也就是消费者对商品价格水平的心理感知。它是消费者在长期的购买活动中，对商品价格认识的体验过程，反映消费者对价格的知觉程度及情绪感受。消费者对商品零售价格心理感知的速度快慢、清晰度强弱、准确度高低以及感知价格内容的充实程度，融入了消费者个人知识、经验、需要、兴趣、爱好、情感和个性倾向等因素，直接影响着消费者对价格水平的接受程度。因而，对消费者价格心理的研究，在制定零售价格上很有帮助。

3. 连锁企业竞争对手的价格策略

连锁企业面对的市场不是封闭的、独家经营的市场，而是一个高度竞争的市场，在这个市场中有众多的连锁经营企业经营同样的商品与服务，相互之间的竞争不可避免。价格竞争可以说是连锁经营企业之间的一种本能性的竞争形式。连锁企业经营者在定价时需要考虑竞争者的定价，因为竞争者的定价影响着顾客对相同商品价格的选择。

市场需求和商品的成本分别为连锁企业经营的商品价格确定了上限和下限，而竞争对手的成本、价格和可能的反应则有助于连锁经营企业确定合适的价格。连锁经营企业需要将自己的成本和竞争对手的成本进行比较，来分析自己是处于成本优势还是成本劣势。同时，连锁经营企业也需要了解竞争对手的价格和质量。它可以派出购物人员对竞争对手的商品进行质量和价格评价，也可以询问顾客对自己和竞争对手商品价格的看法。

作为连锁企业的经营者，如果与竞争者比较，缺乏非价格方面的差别，那么就可能直接参照竞争者的定价；如果它拥有比竞争者在地点、商品组合、商店形象等方面的优势时，则可以不同于竞争者定价。所以，连锁经营企业不需要和竞争者的商品价格一样，可以制定高于或者低于竞争者的价格，但是提供的不同价格必须能说服顾客接受，使顾客有理由在这里购买商品。

4. 连锁企业经营商品的成本

连锁企业在商品定价中，首先要考虑的是商品的成本，商品的成本是营销价格的最根本因素。一般而言，商品的成本越高，商品的价格就越高，反之亦然。商品的成本因素主要包括生产成本、进货成本、销售成本、储运成本和机会成本。

生产成本是指企业生产过程中所支出的全部费用。对于连锁经营企业如果商品是自己生产的，生产成本是考虑定价的直接基础。对于门店而言，进货成本是商品定价的基础，也是定价的最低界限。商品进货成本包括商品批发价格、采购费用、仓储运输费用等。连锁门店只有使价格高于商品进货成本，才能收回总耗费并获得一定利润，从而保证商店正常运营。因此，商品的生产成本和进货成本直接影响到连锁门店定价策略的选择与实施。

销售成本是商品在流通领域中的广告、推广等活动所发生的费用。在连锁经营企业当中，销售成本是营销价格必须考虑的成本因素。机会成本是指企业从事某一项经营活动而放弃另外经营活动的机会时，另外的经营活动可以获得的最大收益。在考虑商品定价的时候，应该适当考虑机会成本的影响。此外还有储运成本。

5. 国家法规政策

连锁企业对价格的制定既受到国家有关法规的限制，也受到当地政府指定的政策影响。国家和地方政府对零售价格有相关的法律和政策，如我国的《价格法》、《消费者权益法》和《反不正当竞争法》等，以及有关的价格政策对企业定价都有一定的约束。

5.2.2 连锁企业的定价策略

1. 高/低价格策略

高/低价格策略是指连锁经营企业制定的商品价格有时高于竞争对手，有时低于竞争对手，同一种商品价格经常变动，连锁经营企业会经常使用降价来进行促销。高/低价格策略目前在国内变得越来越流行,以往连锁经营企业或者连锁门店仅仅只是在季末或过节的时候降价销售,现在,一些商店几乎每天都有特价商品。一些新近成长起来的国内连锁企业经营者已能熟练地运用该价格策略同市场上的竞争对手展开竞争。

高/低价格策略主要有以下几方面的好处:一是刺激消费,加速商品周转。一般情况下,消费者的需求往往与商品价格的高低成反比,价格提高,需求量减少,价格下降,需求量上升。采用此策略的连锁经营企业善于利用降价来促销,并提醒顾客"过时不候"。在一种大打折的氛围下,常常可以见到商店人头涌涌,消费激增,这无疑加速了商品周转,尽快回笼资金。二是同一种商品价格变化可以使其在不同市场上具有吸引力。尤其是对于时尚商品而言,当时尚商品刚刚进入市场时,连锁经营企业制定最高价格,吸引那些对价格不太敏感的时尚领导者抢先购买。而随着时间的推移和降价的实行,更多的顾客进入市场,最后是善于讨价还价的搜寻者进入购买市场。这样,同一种商品价格变化迎合了不同顾客的需要。三是以一带十,达到连带消费的目的。实行这种价格策略的连锁经营企业往往会选择一些特价商品作为招徕品,以牺牲该商品的利润吸引顾客前来购买。顾客进入商场一般不会只购买特价品,在卖场气氛的影响下往往会购买许多原先无计划的其他商品,于是,连锁经营企业的降价促销目的便达到了,通过特价商品吸引顾客,通过高价商品或正常价商品实现利润。四是对于以价格作为竞争武器的连锁企业经营者而言,稳定的低价策略很难长期保持。每日低价确实是对连锁经营企业经营管理的一个考验,它需要更低的进货成本、更严格的作业规范、更快捷的物流配送体系等作支撑。如果没有这种低成本运作为基础,每日低价只是意味着每日低利润或无利润,这种情况是不可能长期维持企业运转的。

2. 稳定价格策略

稳定价格策略是指连锁经营企业基本上保持稳定的价格,没有过多的价格促销。主要形式有:每日低价策略和每日公平价策略。实行每日低价策略的连锁企业经营者总是希望尽量保持商品低价,尽管有些商品价格也许不是市场上最低的,但给顾客的印象是所有商品价格均比较低廉。沃尔玛典型的例子是实行每日公平价策略。连锁经营企业在商品进货成本上附加一个合理的加价,它并不刻意寻求价格方面的竞争优势,而是寻求丰富的花色品种、销售服务、卖场环境及其他方面的优势,给顾客的印象是连锁经营企业赚取合理的毛利,以弥补必要的经营费用和保持稳定的经营。尽管每日公平价策略的连锁经营企业可以在商品进货成本上附加一个他们认为合理的毛利,但如果忽视了控制进货成本和管理费用,而使价格过高,同样不能被顾客所接受。稳定价格策略主要有以下几方面好处:

一是稳定价格策略可以稳定商品销售,从而有利于库存管理和防止脱销。频繁的、大打折扣的减价销售造成顾客需求上的大起大落,而稳定的价格可以使顾客的需求趋于稳定。平衡的需求可以减少需求预测上的失误,因而产品脱销的现象很少发生,顾客不满意的现象减少了。减少需求预测上的失误,也可以使安全库存量减少,这意味着库存周转加快,从而能更有效地利用商店的贮货室和仓库空间。较为准确的需求预测和货物周转稳定还可以提高配送效率,从而降低物流费用。

二是稳定价格策略还可以减少人员开支和其他费用。减价销售渐渐少后,重新为商品标价的人员也随之减少,尽管由于条码计价代替了每个产品的单独标价而节省下来的人力很有限。在减价促销期间,需要有人处理顾客需求方面的问题,也需要有人安装、拆卸临时性的货物展台。由于实行稳定价格的策略,这其中的一些人力费用支出都可以节省下来。由于价格稳定,连锁经营者可以减少做广告的次数,商品的广告册子更新也不快。沃尔玛商店在媒介广告上花的钱不到销售额的1%,而凯玛特商店则占2.5%。

三是稳定价格策略能为顾客提供更优质的服务。稳定的顾客人流与减价刺激顾客一哄而上是不同的,前者可以使销售人员有更多的时间和顾客在一起。从理论上讲,价格忽高忽低的连锁经营企业投入销售人员的数量同价格稳定的连锁经营企业是一样的,但是前者在销售高峰期间要更多的额外雇佣销售人员,到了非促销时期又要解雇他们。雇佣临时销售人员既花钱又不划算。这就足以说明,在销售服务方面,价格忽高忽低的连锁经营企业要想达到与价格稳定的连锁经营企业相同的质量水平,是非常困难的;三是稳定价格策略还可以改进日常的管理工作。因为管理人员将工作重点从管理减价销售活动转移到管理整个商店的日常工作上来,可以完善销售计划,增加产品的花色品种,组织更能吸引顾客、更井然有序的商品展示活动等。

四是稳定价格策略可以保持顾客的忠诚。目前许多顾客尤其是年轻顾客,对经常大降价的商店里其他商品的标价持怀疑态度,他们甚至养成了一种习惯——只在减价销售时才买东西,如果一种商品在顾客购买之后商店不久即降价,顾客会产生一种被欺骗或吃亏的感觉,并由此对商店的标价更不信任。而稳定价格策略会让顾客感觉标价诚实可信,不必延迟购买,不会产生被欺骗的感觉,因而会对商店更忠诚。

5.2.3 连锁企业商品的定价方法

连锁企业的定价方法,是企业在特定的定价目标指导下,依据对成本、需求及竞争等状况的研究,运用价格决策理论,对产品价格进行计算的具体方法。定价方法主要包括成本导向、需求导向和竞争导向等三种类型。

1. 成本导向的定价法

以产品单位成本为基本依据,再加上预期利润来确定价格的成本导向定价法,是中外企业最常用、最基本的定价方法。成本导向的价格确定往往采用成本加成定价法,这种定价法又可称为毛利率定价法、加额法或标高定价法。成本加成定价法是多数商店经常采用的一种定价方法。其优点是计算方便,而且在正常的情况下,即在市场环境诸因素基本稳定的情况下,采用这种方法可以保证商店获得正常的利润,从而保证商店经营的正常进行。同时,同类商品在各商店的成本和加成率都比较接近,定出的价格相差不大,相互之间的竞争不会太激烈。此外,这种方法在心理上给人一种公平合理的感觉,容易被消费者所接受。例如,早些年一些商店提出"十点利"、"八点利"等经营手法,就是将商品价格中的加成率定在10%、8%水平上,使消费者感觉价格低廉,定价合理。

成本导向定价法又衍生出了成本加成定价法、目标收益定价法、边际成本定价法、盈亏平衡定价法等几种具体的定价方法。

一是成本加成定价法。成本加成法的计算方法是按商品的成本加上若干百分比的加成(预期毛利)。具体计算公式如下:

$$商品零售价格 = 商品进货成本 \times (1 + 毛利率)$$

毛利率的习惯做法是确定一个较低的毛利率水平,然后平均在每一种商品上实施。这种方法实际上对顾客不会产生很强的吸引力。美国有"超级市场之父"之称的迈克尔·

卡伦认为，连锁店和超级市场的低价策略可以采取分品种分别加上一个毛利率的方法，这比平均加成的效果更好，因为其中有一部分商品定价很低，就会对顾客产生很强的吸引力。连锁店实行分别加成的定价方法，要依照商品特点选择低毛利率加成的商品。一般来说，进货量大、进货价低的商品，总代理与总经销的商品、自有品牌的商品应采取低价。商品种类不同，加价率存在的差异也较大，比如法国的连锁店、超级市场的食品杂货、饮料的加价率为9.58%，鲜活商品为16.77%，小商品为16.99%，纺织品为21.1%。

在以往的企业定价行为中，成本加成定价法是最常用的定价方法，目前大多数企业仍然使用这种定价法。这是因为，首先，它简便易行。销售者对成本的了解要比需求方多，将价格同成本挂钩便于企业简化自己的定价任务；其次，当行业内所有企业都使用这种定价方法时，它们的价格就会趋于相似。这样可以尽量减少价格竞争。第三，许多人认为成本加成定价法对买卖双方来讲都比较公平。在买方需求强烈时，卖方不会乘机抬价，同时仍能获得合理的利润。

然而，成本加成法定价所注重的是成本，而忽略了市场需求的状况，缺乏灵活性，会使商店失去许多获得利润的机会。有些人将这种方法看作是一种导致平庸财务绩效的计划，因为任何定价方法如果忽视了当前的需求、预期价值和竞争，就不可能制定出最佳价格。成本定价法是按进货成本和经营费用来制定价格。采用这种定价方法，首先确定单位变动成本，再加上平均分摊的固定成本，组成单位成本，在此基础上加一定比例的利润，成为销售价格。此方法利于连锁店保本销售，因此多在连锁店初期采用。比如，日本西友公司采用此方法定价，T恤衫零售价格的构成是：生产成本占3.5%，运输、仓储、销售费用占30%，零售毛利则为35%，西友公司靠批量进货压低进价，努力减少成本费用，以此增加利润。成本加成率的确定同控制毛利率定价法中的毛利率的确定一样，应针对不同品种的商品有所不同。

成本加成定价法往往导致在市场疲软时定价过高，在市场景气时定价过低。为避免这种情况发生，应先回答以下两个问题，即"为了以更低的价格赚得预期的利润，我们必须完成多大的销售量"以及"在更高的价格下，减少多少销售量仍可获得既定的利润"。为了修正以成本加成定价法可能产生的价格偏差，经理们往往允许有关部门在一定范围内有调整价格的机动性。采用成本加成定价法，确定合理的成本利润率是一个关键问题，而成本利润率的确定，必须考虑市场环境、行业特点等多种因素。某一行业的某一产品在特定市场以相同的价格出售时，成本低的企业能够获得较高的利润率，并且在进行价格竞争时可以拥有更大的回旋空间。

二是目标收益定价法。目标收益定价法又称投资收益率定价法，是根据企业的投资总额、预期销量和投资回收期等因素来确定价格。采用目标收益定价法确定价格的基本步骤为：

（A）确定目标收益率：

$$目标收益率 = 1/投资回收期 \times 100\%$$

（B）确定单位产品目标利润额：

$$单位产品目标利润额 = 总投资额 \times 目标收益率 \div 预期销量$$

（C）计算单位产品价格：

单位产品价格＝企业固定成本÷预期销量＋单位变动成本＋单位产品目标利润额

与成本加成定价法相类似，目标收益定价法很少考虑到市场竞争和需求的实际情况，只是从保证生产者的利益出发制定价格。另外，先确定产品销量，再计算产品价格的作法完全颠倒了价格与销量的因果关系，把销量看成是价格的决定因素，在实际上很难行得通。尤其是对于那些需求价格弹性较大的产品，用这种方法制定出来的价格，无法保证销量的必然实现。

三是边际成本定价法。边际成本是指每增加或减少单位产品所引起的总成本变化量。由于边际成本与变动成本比较接近，而变动成本的计算更容易一些，所以在定价实务中多用变动成本替代边际成本，而将边际成本定价法称为变动成本定价法。

采用边际成本定价法时是以单位产品变动成本作为定价依据和可接受价格的最低界限。在价格高于变动成本的情况下，企业出售产品的收入除完全补偿变动成本外，尚可用来补偿一部分固定成本，甚至可能提供利润。

边际成本定价法改变了售价低于总成本便拒绝交易的传统做法，在竞争激烈的市场条件下具有极大的定价灵活性，对于有效地应对竞争、开拓新市场、调节需求的季节差异、形成最优产品组合可以发挥巨大的作用。但是，过低的成本有可能被指控为从事不正当竞争，并招致竞争者的报复，在国际市场则易被进口国认定为"倾销"，产品价格会因"反倾销税"的征收而畸形上升，使结果适得其反。

四是盈亏平衡定价法。在销量既定的条件下，企业产品的价格必须达到一定的水平才能做到盈亏平衡、收支相抵。既定的销量就称为盈亏平衡点，这种制定价格的方法就称为盈亏平衡定价法。科学地预测销量和已知固定成本、变动成本是盈亏平衡定价的前提。

盈亏平衡点价格（P）＝固定总成本（F_C）÷销量（Q）＋单位变动成本（V_C）

以盈亏平衡点确定价格只能使企业的生产耗费得以补偿，而不能得到收益。因此，在实际中均将盈亏平衡点价格作为价格的最低限度，通常在加上单位产品目标利润后才作为最终市场价格。有时，为了开展价格竞争或应付供过于求的市场格局，企业通常采用这种定价方式以取得市场竞争的主动权。

2. 需求导向的定价法

现代市场营销观念要求企业的一切生产经营必须以消费者需求为中心，并在产品、价格、分销和促销等方面予以充分体现。根据市场需求状况和消费者对产品的感觉差异来确定价格的方法叫做顾客导向定价法，又称"市场导向定价法"或"需求导向定价法"。需求导向定价法主要包括以下几种不同的定价方法：

一是理解价值定价法。所谓"理解价值"，是指消费者对某种商品价值的主观评判。理解价值定价法是指企业以消费者对商品价值的理解度为定价依据，运用各种营销策略和手段，影响消费者对商品价值的认知，形成对企业有利的价值观念，再根据商品在消费者心目中的价值来制定价格。

理解价值定价法的关键和难点，是获得消费者对有关商品价值理解的准确资料。企业如果过高估计消费者的理解价值，其价格就可能过高，难以达到应有的销量；反之，若企业低估了消费者的理解价值，其定价就可能低于应有水平，使企业收入减少。因此，企业必须通过广泛的市场调研，了解消费者的需求偏好，根据产品的性能、用途、质量、品牌、服务等要素，判定消费者对商品的理解价值，制定商品的初始价格。然后，在初始价格条件下,预测可能的销量,分析目标成本和销售收入,在比较成本与收入、销量与价格的基础上,确定该定价方案的可行性,并制定最终价格。

二是需求差异定价法。所谓需求差异定价法,是指产品价格的确定以需求为依据,首先强调适应消费者需求的不同特性,而将成本补偿放在次要的地位。这种定价方法,对同一商品在同一市场上制订两个或两个以上的价格,或使不同商品价格之间的差额大于其成本之间的差额。其好处是可以使企业定价最大限度地符合市场需求,促进商品销售,有利于企业获取最佳的经济效益。

三是逆向定价法。这种定价方法主要不是考虑产品成本,而重点考虑需求状况。依据消费者能够接受的最终销售价格,逆向推算出中间商的批发价和生产企业的出厂价格。逆向定价法的特点是:价格能反映市场需求情况,有利于加强与中间商的良好关系,保证中间商的正常利润,使产品迅速向市场渗透,并可根据市场供求情况及时调整,定价比较灵活。

顾客是产品和价格的接受者,因此产品的价格也受顾客需求的影响。依据顾客的需求强度以及对价格的接受程度来制定价格策略,这就是需求定价法。随着消费需求的日益更新和市场竞争的日益激烈,价格制定是否合理,最终已不取决于生产者或经销商,而取决于消费者。连锁店定价时,在买方的价值判断和卖方的成本费用之间,更应侧重考虑前者,使制定的价格与消费者的价格心理、价格意识及承受能力相一致,这时价格策略才能起到最佳的促销作用。采用需求定价法的首要工作是连锁店通过对各分店收集的有关需求和价格的信息进行整理、分析,准确把握消费者需求状况和市场价格水平。采用需求定价法时应注意:要对消费者的需求作动态的预测,价格随需求的变化而变化;需求定价法不能是消极迎合需求,也要考虑产品成本。著名的英国马莎连锁店采用的就是需求定价法,马莎的定价准则是:不管一件产品的生产成本及现行市价是多少,最重要的是考虑所定的售价是否在大众的消费能力之内。需求定价法中还有把顾客的购买心理作为连锁店调价根据的方法,如尾数定价法、整数定价法、声望定价法、折扣定价法、习惯定价法等。

3. 竞争导向的定价法

在竞争十分激烈的市场上,企业通过研究竞争对手的生产条件、服务状况、价格水平等因素,依据自身的竞争实力、参考成本和供求状况来确定商品价格。这种定价方法就是通常所说的竞争导向定价法。竞争导向定价主要包括:

一是随行就市定价法。在垄断竞争和完全竞争的市场结构条件下,任何一家企业都无法凭借自己的实力而在市场上取得绝对的优势,为了避免竞争特别是价格竞争带来的损失,大多数企业都采用随行就市定价法,即将本企业某产品价格保持在市场平均价格水平上,利用这样的价格来获得平均报酬。此外,采用随行就市定价法,企业就不必去全面了解消费者对不同价差的反应,也不会引起价格波动。

二是产品差别定价法。产品差别定价法是指企业通过不同营销努力,使同种同质的产品在消费者心目中树立起不同的产品形象,进而根据自身特点,选取低于或高于竞争者的价格作为本企业产品价格。因此,产品差别定价法是一种进攻性的定价方法。

产品差别定价法的运用,首先要求企业必须具备一定的实力,在某一行业或某一区域市场占有较大的市场份额,消费者能够将企业产品与企业本身联系起来。其次,在质量大体相同的条件下实行差别定价是有限的,尤其对于定位为"质优价高"形象的企业来说,必须支付较大的广告、包装和售后服务方面的费用。因此，从长远来看，企业只有通过提高产品质量，才能真正赢得消费者的信任，才能在竞争中立于不败之地。

竞争导向定价的特点是：价格与商品成本和需求不发生直接关系；商品成本或市场需求变化了，但竞争者的价格未变，就应维持原价；反之，虽然成本或需求都没有变动，但竞争者的价格变动了，则相应地调整其商品价格。当然，为实现企业的定价目标和总体经营战略目标，谋求企业的生存或发展，企业可以在其他营销手段的配合下，将价格定得高于或低于竞争者的价格，并不一定要求和竞争对手的产品价格完全保持一致。

连锁店若要在竞争激烈的现代社会中占据市场，价格竞争是有利的武器。因而，连锁店制定价格也要考虑到连锁店所处的竞争环境，即市场竞争结构类型：完全竞争市场、不完全竞争市场、寡头竞争市场和垄断竞争市场。一个市场的竞争性越强，连锁店越需要运用竞争定价法，价格的制定和调整都要看竞争对手的价格，随行就市定价。竞争定价法可使连锁店简便地制定出较合理的价格，降低产品价格的制定成本，也可使产品的竞争力大大提高，有针对性地超越竞争对手，提高产品的市场占有率。在采取需求定价法、竞争定价法，尤其是竞争定价法时，连锁店价格统一性的特点表现不强，连锁店各分店的竞争环境、顾客需求存在差异，导致各分店的商品价格也存在差异。

5.2.4 连锁企业商品价格的调整

连锁企业在经营过程中，当影响到经营商品价格的因素发生变化时，连锁企业应当适时地对商品的售价进行调整。连锁企业的价格调整包括降价、提价和折扣或折让定价三种不同的调整方式。

1. 商品降价

连锁企业在考虑到要进行商品降价时，主要要考虑以下几个方面：

一是制定降价计划。连锁企业经常会对经营商品进行降价出售。降价有多种原因，但是归纳起来无非两个：清仓处理商品和促销与推广。当商品销售缓慢、商品过时、在销售季末，或者是价格高于其竞争对手的价格时，商店通常会采取降价的方式加速商品周转。一些人担心降价会损坏商店的形象，但如果商品放到下季出售，商品也许会变得破旧或过时，同时商店还得付出很高的库存成本。商店运用降价策略进行促销，通常会增加现金流量，从而可以购买新商品；同时，降价也可以增加顾客流量，顾客到商店后还可以购买其他正常价格的商品，有计划的降价促销实际上能提高商店总的营业额。

然而降价必须有计划地进行，商店首先应制订一个完善的促销计划，每期促销应选择什么商品作为促销商品，采购员要事先与供应商接触争取他们的促销配合。此外，商店还要对过去的销售记录保存完好，并对现时的销售情况及时分析。这意味着跟踪过去降价的商品类型，现在的季节有什么商品销不动了。例如，如果一种商品的某些尺寸过去常大量降价，则商店就应在本季减少对这些商品尺寸的进货。

实施降价控制时必须能够对降价做出估计，并修改最近各期的进货计划，以反映这种降价。事实上，降价范围太大可能说明采购员在进货时对风险的估计不足。评价降价理由的一种良好方法，是让采购员记录他所采购的商品每次降价的理由，并定期检查这些理由。例如，季节终了，如何与竞争者的价格相抗衡，陈旧的商品、过时的样式等都可以作为采购员的记录事项。

二是选择合适的降价时机。许多连锁店很早就开始降价，而那时的需求还相当活跃，通过及早降价销售，商店不必像在销售季节的晚期那样急剧降价。也有一些门店采取后期降价策略。尽管商店对安排降价的最佳时间顺序有不同的看法，但必须在保本期内把商品卖掉却是共识。在保本期内，可以选择早降价，迟降价或交错降价。

但是，频繁降价会使顾客产生不良的心理反应。如果商店频繁地搞商品降价处理，顾客就会认为"降价处理的商品价格就是该商品的本身价格"。如果顾客形成这样的印象，降价就失去了对顾客的吸引力。

三是控制适宜降价幅度。降价的幅度对降价的促销效果产生重要影响，一次降价幅度过小，不易引起顾客的注意，往往不能起到促销的作用，而一次降价幅度过大，顾客会对商品的使用价值、商品质量等产生怀疑，同样会阻碍商品销售。出售商品所需要的降价幅度很难确定，易变质的商品（如鲜肉和农产品）以及时尚商品需要比纺织品有更大的降价幅度。因为商品不同，打折的幅度就要有所不同，如对10万元的汽车降价10%可能比对2元的冰淇淋进行10%的降价更具有刺激性。

2. 商品提价

连锁企业在考虑到要进行商品提价时，主要要考虑以下几个方面：

一是要将提价的实情告诉顾客。企业中某些涨价的原因是可以被消费者接受的，例如当商店采购成本上涨时，而维持原价销售无法经营，商店不得不提高售价。因此，为减轻顾客的抵触心理，商店若是出于第一种情况考虑涨价，不妨将商品采购成本真实情况向顾客公布，取得顾客的谅解，说服顾客接受涨价的事实，建议顾客如何减轻涨价的负担（如选购代用品），则顾客会在理解的心态下接受涨价。商店需要注意的是，当你使用这一理由涨价时，必须在采购成本降下来之后立即将商品价格降下来，否则只有升，没有降，几次事件之后顾客会有受愚弄的感觉。

二是注意提价的幅度，分步骤提价。尽管商品的采购成本可能短时间内上涨过快，商店已经将采购成本实情公布于众，但大多数顾客一般并不关心商店出于什么原因涨价，而只是关心自己能否接受这一新价格，即涨价后的价格与心目中价格标准是否接近。如果涨价幅度过高，不论任何原因，都会导致顾客弃买，或转投其他商店。因此，商品的一次涨价幅度不能过大，尤其是顾客价格敏感度较高的商品，涨价幅度更要谨慎，也许这些商品正是招徕顾客的诱饵，涨价之后，不仅失去了这一部分顾客购买力，还将连带失去其他商品的营业额。从经济数据看，一次上调幅度，不宜超过10%。商店如果需要调整的价格幅度较大，最好采取分段调整的办法。当然，顾客对不同商品的敏感度是不同的，顾客对成本很高和经常购买的商品价格非常敏感，而对低成本的、不经常购买的商品则不太注意其价格是否上涨。不是所有商品的采购成本都在同时上涨，因此商店全部提价时，会遭到顾客的强烈抵制，为了减少顾客对商店涨价的抵触心理，商店采用部分提价为好。对于涨价的部分商品，随着时间的推移，顾客对于涨价之事会逐渐淡化，对原来无法接受的价格会逐渐适应，商店的销售量也会稳步回升。因此，商店即使需要对所有商品涨价，明智的做法是分阶段分步骤涨价，先选出一部分商品或不敏感商品涨价，然后再逐一提高其他商品价格。

三是选择适当涨价时机。降价与涨价时机都非常重要，涨价不能平白无故地涨价，最好在恰当的时机中进行，除非商品采购成本突然大涨，不得不当时涨价，否则涨价需要考虑时机。涨价一般是有恰当时机的，错过了机会，价格就难以提高了。商店通常选择的涨价时机有：其一是商品采购成本上升，商店已经出告示通知顾客一段时间，而顾客皆知采购成本上涨时；其二是季节性商品换季，如冬季商品换成春季商品时，对新上市的春季商品可以考虑高于上年价格的幅度销售；其三是年度交替。新年或春节期间消费比较热，顾客手中要花费的钱比较多，此时对商品价格敏感度减弱，在这一时期涨价会容易被顾客接受；其四是应节商品。传统节日和传统习俗时期，因为顾客这时对价格的关心程度较低，对商品本身的关心程度较高。这时提高价格往往不会遭到顾客的拒绝。

3. 折扣与折让定价

连锁经营企业为了鼓励顾客及早付清货款、大量购买、淡季购买，还可以酌情降低其基本价格。这种价格修订叫做折扣和折让。价格折扣和折让主要有以下五种类型：

一是现金折扣。这是企业给那些当场付清货款的顾客的一种减价优惠。例如，顾客在30天必须付清货款，如果10天内付清货款，则给以2%的折扣。

二是数量折扣。这种折扣是企业给那些大量购买某种产品的顾客一种减价，以鼓励顾客购买更多的货物。在我国通常称为"批量差价"，有两种做法：① 非累积数量折扣。对一次购买或订货达到一定数量或金额的买主，给予若干折扣。② 累积数量折扣。规定顾客在一定期限内，购买或订货达到一定数量或金额，按总量大小给予不同折扣。

三是功能折扣。这种价格折扣又叫贸易折扣或功能折扣。是制造商给某些批发商或连锁经营企业的一种额外折扣，促使他们执行某种市场营销职能（如推销、储存、服务）。

四是季节折扣，也称季节差价。制造商为保持均衡生产、加速资金周转和节省费用，鼓励客户淡季购买。例如，滑雪雪橇制造商在春夏季给连锁经营企业季节折扣，以鼓励连锁经营企业提前订货；旅馆、航空公司等在营业额下降时给旅客季节折扣。

五是折让。就是不改变售价，另给一定的优惠。例如，一辆小汽车标价为4000元，顾客以旧车折价500元购买，只需付给3500元。这叫做以旧换新折让。如果经销商同意参加制造商的促销活动，则制造商卖给经销商的货物可以打折扣。这叫做促销折让。

5.3 连锁经营的促销策略

5.3.1 连锁经营促销的含义与类型

连锁经营门店促销是指连锁企业为告知、劝说或提醒目标市场顾客关注有关企业任何方面的信息而进行的一切沟通联系活动。在现今激烈竞争的市场环境中，企业经营者日益认识到比选择适当的地点、商品、价格更重要的是与现有顾客及潜在顾客沟通。连锁门店要吸引消费者，创立竞争优势，必须不断地与顾客沟通，向顾客提供商店地点、商品、服务和价格方面的信息。通过影响顾客的态度与偏好说服顾客光顾商店，购买商品，使顾客对商店形成良好的印象。通过一系列有效沟通的促销活动，连锁门店吸引顾客进入商店，完成企业的销售业绩和经营目标。

连锁经营企业与连锁门店促销活动类型很多，主要包括开业促销、周年庆促销、例行性促销、竞争性促销等活动类型。

1. 开业促销活动

开业促销活动是指连锁门店在开业时进行的促销活动，几乎所有大中型连锁门店在开业时都会策划一个较为大型的促销活动，因为开业促销对连锁门店而言只有一次，而且它是顾客第一次接触门店，会在顾客心目中留下深刻的第一印象，影响顾客的将来购买行为。顾客往往根据自己的第一印象长久地留下对这家商店的商品、价格、服务、气氛等认识，而第一印象一旦形成，以后将很难改变，所以，每一家商店对开业促销活动不敢懈怠，莫不是全力以赴。如果开业促销策划成功，通常开业的前几天的营业额可以达到平时营业额的 5 倍以上。

2. 周年庆促销活动

周年庆促销活动是仅次于开业促销活动的一项重要活动，因为每年只有一次。而且，连锁企业对连锁门店的周年庆典也比较支持，会给予连锁门店更多的优惠条件。因此，连锁门店一般也会在这一时期举办较大型的促销活动，活动范围比较广。如果周年庆促销活动策划成功，其营业额可以达到平时营业额的 2 倍左右。

3. 例行性促销活动

除了开业和周年庆促销活动，商店还往往在一年的不同时期推出一系列的促销活动，这些促销活动的主题众多，有的以节日为主题，如大打国庆节、春节、中秋节、儿童节、情人节等牌子；有的以当年的重大活动为主题，如庆祝在北京申奥成功等，不一而足。尽管这些主题花样繁多，但每一商店在下年要做哪些促销活动已经提前做好计划，每年的变化不会太大，故称为例行性促销活动。而有些连锁超市或货仓式商店每隔半个月举办一次促销活动，均可算在例行性促销活动之列。一般的例行性促销活动期间，销售额会比平时提高 2～3 成。

4. 竞争性促销活动

竞争性促销活动是指针对竞争对手的促销活动而采取的临时性促销活动。由于目前新兴零售业态不断涌现，市场竞争日趋激烈，同一业态的门店在某一区域内出现过剩现象，于是，价格战、广告战、服务战等促销活动此起彼伏。为了与竞争对手相抗衡，防止竞争对手在某一促销时期将当地客源吸引过去，商店往往会针对竞争对手的促销行为推出相应的竞争性促销活动，以免自己的营业额因此衰落。

5.3.2 连锁经营的促销策划

1. 确定促销目标

连锁企业的促销目标包括长期目标和短期目标，总体说来就是提高业绩，增加销售，增强企业的竞争力。具体来看又包括增加某一时期的销售额，刺激顾客购买欲望，增加客流量，增进顾客忠诚度，加强企业形象，扩大企业知名度等。由于每一具体促销目标与不同的促销方式相对应，连锁企业在开展具体的一次促销活动之前，必须首先确定这次促销活动应该达到的具体目的。连锁企业的促销目标实现与顾客的购买行为直接相关，而顾客购买行为是顾客漫长决策过程的最后结果。营销人员必须了解目标顾客购买决策过程，并给目标顾客灌输某些观念，改变目标顾客的态度或促使目标顾客采取行动。

连锁企业在确定促销目标时，应注意促销目标要尽可能准确地阐述，该目标最好是定量的、可衡量的，这样企业才能精确地评估以后各步骤是否成功。

2. 制定总体促销预算

在制定总体促销预算时，具体有以下方法：

一是量力而行法。这是指连锁企业在自身财力允许的范围内确定预算。连锁企业采用这种方法确定促销预算，首先要预测周期内的销售额，计算各种支出和利润，然后确定能拿出多少钱来作为促销费用。这是最保守的预算方法，完全不考虑促销作为一种投资以及促销对销量的直接影响。如果企业的销售额不理想，那么促销就会被视为可有可无。这种方法导致年度预算的不确定性，从而使长期的促销目标难以实现。小型的、保守的连锁企业主要使用这种方法。

二是销售百分比法。这种方法是以年度预测的销售额为基础，用一个固定的比例来计算一年总的促销预算，然后再根据一年中计划举办的促销活动次数进行分摊。其中，使用的比率可能是过去使用的比率，也可能是参考了同行业中其他连锁经营企业的预算比率，或者是根据历史经验确定的。这种方法有如下几个好处：其一比较容易确定，容易控制，可以调整并将促销与销售额两者联系起来；其二能激发管理层努力协调促销成本、销售价格和单位利润这三者之间的关系，在此基础上考虑企业的日常运营；其三在一定程度上能增强竞争的稳定性。这种方法的不足之处在于没有将促销与销售的关系弄清楚，有一定程度上的因果倒置。这样会导致由资金到位水平而不是由市场机会去确定预算，没有考虑每次促销活动的实际需要。

三是目标任务法。这是连锁经营企业首先确定促销目标，再据此确定一年所计划举办的促销活动和每一次促销活动需要的具体金额，将所有促销活动的费用加起来，便得出全年的促销预算。这种方法的优点是以促销活动为主导，可充分表现促销诉求重点；但缺点是难以控制促销费用，如果促销没有达到相应效果，会影响经营效益。

四是竞争对等法。这是指连锁经营企业根据竞争者的行动来增加或减少预算。也就是说，企业确定促销预算，是为了取得与竞争对手对等的发言权。若某一区域的领先企业将其促销费用增加10%，则该区域的竞争者也做出相应的调整。采用这种方法的营销人员相信，只要在促销中与其竞争对手的花费占各自销售量的百分比相等，就会保持原有的市场份额。

3. 选择促销组合

连锁企业虽然可以选择的促销手段有很多，但归纳起来主要有四种：广告、销售促进、人员推销和公共关系。商店对这些促销手段有所选择地加以组合使用就是促销组合。由于各促销手段具有不同的特点，对于不同性质的产品和不同业态的连锁门店，促销手段起作用的程度各不相同。对于消费品市场而言，广告的作用最大，销售促进的作用次之，然后是人员推销和公共关系。

促销手段各有其特点和适用范围。在选择促销工具时要考虑如下因素：一是促销目标，不同的促销目标会选择不同的促销策略组合；二是连锁经营的经营类型及竞争环境，不同的经营业态和竞争环境有不同促销组合；三是促销费用预算，预算多的可以选择电视媒体广告，而预算少的只能选择POP广告等。

4. 促销计划执行

促销计划执行主要是考虑以下几个方面的内容：总体部署、促销时间、促销商品、促销主题、宣传媒体、人员分工及其他的不可测因素，具体执行可以通过促销计划执行表来反映（可参考表5-1）。

表5-1 促销计划执行表

序 号	内 容	内容细化	备 注
1	促销目标		
2	促销措施		
3	总体部署		
4	可能出现问题		
5	相应补救措施		
6	可行性分析		
7	实施前提		

制表人：_____ 填表日期：_____年____月____日

5. 评估促销效果并总结

连锁企业所进行的的促销效果评估包括事前、事中和事后评估。促销的事前评估是指在促销计划实施前进行的调查预测，用来评估该促销计划的可行性和有效性。促销事中评估主要采取消费者调查形式来了解促销活动在进行期间的消费者动态，比如参与者数量、购买量、重复购买率，参与活动的消费者结构，消费者反馈的意见，包括消费动机、态度、对企业或者产品的建议、消费者的要求与评价等。促销的事后评估则是通过比较促销前后产品和企业品牌的知名度、认知度、销售量、销售额等变化来评价其实际效果。与其他的企业营销活动一样，连锁企业的促销活动同样需要进行评估，因为连锁企业要保证促销活动按计划、高效率地进行，保证促销工作长期的开展下去，所以，对每一次促销活动都要进行评估，从而总结出每次促销活动的经验，寻找不足之处，为企业改进以后的促销工作提供依据，也为企业今后的促销工作提供宝贵的经验。连锁企业对促销效果评估的具体方法有以下几种：

一是目标评估法。这种方法是将促销实际业绩与目标进行比较分析，一般而言，在实际业绩与当初设定的目标比较，在95%～105%之间，算是正常表现，如果是在目标105%以上，就可以算是高标准表现，但是在设定目标95%以下，就要好好地反思。但是，有些促销目标很难用销售额来直接表示，使得促销活动的评估很难进行，这就需要营销人员研究一套专用的评估体系和办法来进行评估。有些目标只能定性地描述，如促销目标是树立企业良好形象、增进顾客忠诚，那么营销人员通常会在促销前后进行一系列调查，研究企业的形象问题以及老顾客的来店频率等情况。一般来说，促销目标越具体明确，评估工作越容易进行。

二是前后比较法。前后比较法是在即将开展促销活动之前、之中和之后三个不同时间段的销售额（量）进行比较来测评效果，这也是最常用的消费者促销评估方法。促销前、促销期间和促销后产品的销售量变化会呈现出几种不同的情况，这就能说明促销产生了不同的效果。通常，可能出现的情况有四种：①促销初期奏效，但在促销中期销售就逐渐下降，一旦到结束时，就已恢复到原来销售水平。这种促销冲击力强，但缺乏实质内容，没有能够对消费者产生真正的有关企业和产品的影响。其主要原因可能是促销活动缺乏长期性、策划创意缺乏特色、促销管理工作不力。②促销期间稍有影响，但是促销后期销售低于原来水平。这就是促销出现后遗症，这种情况说明由于产品本身的问题或外来的其他因素，使该品牌的原有消费者产生动摇，而且新的消费者又不愿加入，从而在促销期结束后，销售量没有上升。其中主要原因可能是促销方式选择有误、企业中主管部门干预、媒体协调出现问题、消费者不能接受，或者是竞争者的反攻生效，争夺了大量消费者。③促销期间的销售情况同促销前基本一致，在促销结束后也没有多大变化。这说明促销没有任何影响，且浪费了促销费用。这种情况说明该品牌基本上处于销售衰退期。造成这种情况的主要原因可能是企业对市场情况不熟悉、促销方式缺乏力度、信息传播方式和方法出现了问题或者企业经营的产品根本没有市场。④促销期间销售有明显增加，而且促销结束后销势不减或只是略有减少。这种情况说明促销效果明显，而且对今后的销售有积极影响，能说明这种促销方式是正确之举。促销产品的市场销售量上升，其增加的原因是由于促销对消费者产生吸引力。在促销活动结束后的一段时期内称为有货消耗期，消费者因消耗在促销期间积累的存货而没有实施新的购买，所以一般情况下如果促销期间效果好的话，在促销期结束后的一段时间内商品销量会略有下降，但这段时间过后，商品销量比促销前上升，说明促销取得了良好的效果，使产品的销售增加。

三是消费者调查法。连锁企业或者连锁门店组织有关人员抽取合适的消费者样本进行调查，向其了解促销活动的效果。例如，可以调查有多少消费者记得商店的促销活动，他们对企业或者门店的促销活动有何评价，是否感觉从中得到了利益，对他们今后购物场所的选择是否会有影响等，从而评估商店促销活动的效果。这种方法比较适合于评估企业促销活动的长期效果，这种方法的选择与执行有两个关键点要注意：①确定调查项目。调查的项目一般包括促销活动的知名度、消费者对促销活动的认同度、销售情况的变化、企业的形象在促销前后变化情况等。②市场调查法的实施方式。一般来说，这种调查方法执行的具体方式是寻找一组消费者样本和他们面谈，了解消费者是否记得促销活动、消费者对促销的印象如何、有多少人从中获得利益、对他们今后的品牌选择有何影响等。通过分析这些问题的答案，从而评价企业所进行的促销活动的效果。

5.3.3 连锁经营的广告策略

1. 连锁经营广告的特点

广告是指由企业以付费的方式对观念、商品或服务进行的非个人的沟通传达方式。连锁企业的广告是可以认明的连锁企业以付费的方式，向最终消费者提供关于商店、商品、服务、观念等信息，以影响消费者对商店的态度和偏好，直接或间接地引起销售增长的沟通传达方式。连锁企业之所以采用广告的方式，主要是由于广告具备以下优点：

一是广告的传播范围广，可以吸引大量的公众（POP 广告除外）。连锁企业在大型促销活动中常常使用广告的方式进行促销。

二是广告可供选择的投放媒体较多，可以与其他促销方式有效配合，从而实现促销的预期目标，同时连锁企业可以控制信息内容，而公关宣传的内容很难被连锁经营企业所控制。

三是广告内容的生动活泼以及表现方式的灵活多样，容易引起消费者的注意和提前了解企业和企业的产品。消费者和大众通过广告使顾客在购物前就对连锁企业及其产品和服务有所了解，这样就使得企业或连锁门店的自助服务或减少服务成为可能。

但是连锁经营的广告策略也有不足的地方，主要是体现在以下几个方面：

一是广告采用的是大众媒体，受众广泛，信息量有限，连锁经营企业无法针对个别顾客设计广告内容，同时，如果所采用媒体的广告较繁杂，连锁经营企业的广告很容易被淹没而难以引起公众注意。

二是大部分的广告的投入费用较大，中小型连锁经营企业承受不起，导致很多中小型的连锁企业没有办法使用这种策略。

三是许多媒体信息覆盖面广，超出了连锁经营企业的商圈范围，致使连锁经营企业的广告费用存在浪费现象，而且一些媒体需要一段较长前置时间来安排广告刊登，这不利于配合连锁企业临时促销活动的开展。

2. 连锁经营广告媒体选择

连锁经营企业或门店在进行广告的时候，广告媒体的选择也起着至关重要的作用，它关系着广告的成本费用和广告可能起到的作用。在选择广告媒体的时候，首先要考虑连锁经营的商品特性和行业特性。因为不同类型的商品拥有不同的特性，连锁企业在选择媒介的时候，也得选择不同的广告媒体，一般消费品可用视听广告媒体。还有一个要考虑的因素便是目标消费者的习惯，不同的目标消费者对媒体有着不同的使用习惯，同样需要采用不同的媒体来适应目标消费者的习惯。另外就是连锁企业必须确定商品销售的范围，广告宣传的范围要和商品推销的范围一致，否则就会导致广告费用的浪费。连锁经营广告媒体选择主要有电视媒体、报纸媒体、杂志媒体、户外广告媒体等。

一是电视广告媒体。在科学技术高度发展的今天，电视已成为信息传播的主要渠道，同样电视已经成为大众生活的一部分，连锁企业的经营者可以利用电视作为广告的媒体平台，电视广告是指连锁企业利用电视为媒体传播放映的广告。电视广告的优势首先在于其收视率高，插播于精彩节目的中间，观众为了收看电视节目愿意接受广告，虽然带有强制性，但是观众一般可以接受；其次是电视广告形声兼备，视觉刺激强，给人强烈的感观刺激；同时观看电视是家庭夜生活的一项主要内容，寓教于乐，寓广告于娱乐，收视效果佳，其广告效果是其他广告媒体无法媲美的。

二是报纸广告媒体。报纸作为一种印刷媒介，它的特点是发行频率高、发行量大、信息传递快，因此报纸广告可及时广泛发布。报纸广告的优点在于覆盖面宽，读者稳定，传递灵活迅速，新闻性、可读性、知识性、指导性和记录性显著，白纸黑字便于保存，可以多次传播信息，制作成本低廉。报纸广告以文字和图画为主要视觉刺激，不像其他广告媒介，如电视、广等受到时间的限制。鉴于报纸纸质及印制工艺上的原因，报纸广告中的商品外观形象、款式和色彩不能理想地反映出来。经营者要善于利用报纸发行量大、发行速度快的优点，充分利用报纸广告推广自己企业的商品。同时，报纸广告也有自己的不足之处，报纸以新闻为主，广告版面不可能居突出地位；广告的设计、制作较为简单粗糙，广告照片、图片运用极少，大多只用不同的字体编排，千人一面，呆板单调，广告用语也模式化，报纸广告较大的缺点就是缺乏活泼的形式。

三是杂志广告媒体。连锁企业店的经营者当然也应该注意杂志广告的使用，因为它的发行量仅次于报纸。这里所说的杂志广告是指利用杂志的封面、封底、内页、插页为媒体刊登的广告。与报纸广告相比较，杂志广告有着自己突出的优点：阅读有效时间长，便于长期保存，内容专业性较强，有独特的、固定的读者群。例如，妇女杂志、体育杂志、医药保健杂志、婚庆杂志、电子杂志、汽车摩托车杂志、家电电器杂志等，有利于有的放矢地刊登相对应的企业商品广告。同时，连锁企业要投放杂志广告时，必须要注意到的是杂志广告与报纸广告相比较，有较大的局限性，如周期较长，不利于快速传播，且由于截稿日期比报纸早，杂志广告的时间性、季节性不够鲜明等缺陷。

四是户外广告媒体。户外广告形式主要包括以下方面：首先是路牌广告（或称广告牌），它是户外广告的主要形式，除在铁皮、木板、铁板等耐用材料上制作、张贴外，还包括广告柱、广告商亭、公路上的拱形广告牌等；还有就是霓虹灯广告、灯箱广告、交通车厢广告、招贴广告、旗帜广告、气球广告等。户外广告形式可以以耳濡目染的形式不断加强消费者对品牌的印象。但是一般的户外广告花费也比较大，然而由于户外广告的持续时间相对来说比较长，因而经常被企业所采用。

除了以上的几种广告媒体之外，可供的选择还有广播、网络等媒介。总而言之，连锁企业如果考虑要投放广告进行促销活动，广告媒体的选择是关系到整个促销活动的成败的关键，企业在选择广告媒体时要根据实际情况做最佳的选择，否则就会造成浪费，且达不到预期的目标。

5.3.4 连锁企业的销售促进

1. 销售促进的概念及特点

销售促进（SP）源自英文 Sales Promotion，有时也被译为营业推广。一般而言，连锁企业的广告是作为引发消费者购买行为的原因，同时还要通过销售促进来刺激消费者购买行为。连锁经营企业的销售促进是连锁经营企业针对最终消费者所采取的除广告、公共关系和人员推销之外的能够刺激需求、激励购买、扩大销售的各种短暂性的促销措施。它不同于人员推销和广告。人员推销和广告是持续的、常规的促销活动，然而销售促进则是不经常的、无规则的促销活动。销售促进一般是用于暂时的和额外的促销工作，其作用是为了促进消费者立即购买，从而提高连锁企业或者连锁门店在某一时期的营业额或某种商品销售额。

连锁企业销售促进的特点主要有如下四个方面：其一是销售促进能引人注目，吸引力强，销售促进在销售中能产生更快和更多可衡量的反应；其二是销售促进的形式多样，能增强顾客的购买兴趣；其三是销售促进能吸引大批顾客，增加连锁门店的客流量，促进其他商品销售；其四是销售促进的效果是短暂性的，常常吸引品牌转换者，但并一定能够产生新的忠诚的顾客。

2. 连锁企业销售促进的方式

销售促进是连锁企业较为关注的促销方式之一，在具体的运用过程中，较为常见的销售促进方式有以下几种：

一是优惠券。连锁企业使用的优惠券的种类繁多，但是总的来说都不外乎以下三种：①直接折价式优惠券。这种优惠券是指某特定连锁门店在特定期间内，针对某特定品牌，可凭券购买以享受某种金额的折价优待。这种促销方式可运用在消费者量多的购买行为上。②免费送赠品优惠券。比如消费者在连锁门店购买了 A 商品，可凭此券免费获赠 B

商品。③送积分点券式优惠券。这种优惠券即购买某商品时,可获赠积分点券,凭这些点券可在该商店兑换自己喜欢的赠品,一般此券的价值常由连锁企业自己决定。连锁经营企业或连锁门店将印在报纸、杂志、宣传单或商品包装上的付有一定面值的优惠券或单独的优惠券,通过邮寄、挨户递送、销售点分发等形式发放,持券人可以凭此券在购买某种商品时免付一定金额的费用。连锁企业的优惠券只能在某一特定商店或连锁店使用,它绝大部分是以吸引顾客光临某一特定的商店为主要目的,而不是为了吸引顾客购买某一特定品牌的商品。另外,它也被广泛用来协助刺激对店内各种商品的购买欲望上。优惠券也是连锁经营企业与其他企业进行销售联盟的好的方式,其目的在于向消费者提供一个诱人的动因,以吸引他们到特定的门店购买特定的商品。

二是赠送商品。赠送商品即消费者免费或付出相对于商品价格较低的代价即可获得特定物品的活动。实践证明,赠送商品是吸引消费者来商店购买商品或劝其购买某种特定商品的较好方法。赠送商品是连锁经营企业常用的销售促进活动,包括两种方式:其一是免费赠送。这种方式是指消费者无需具备什么条件即可得到赠品。免费赠送时,一定要选择好赠送对象,这样才能达到事半功倍的效果。例如,有些门店并不固定赠送物品的种类和数量,而是视顾客的需要和心理情况而定。比如,在女士购买化妆品犹豫不定时,可以免费赠送化装包、化装棉棒等小物品,以促成顾客购买。其二是付费赠送。付费赠送是指连锁门店为吸引消费者而采用的只要消费者购买某种特定商品或购买金额达到一定数量时,就可免费获得赠品,或者消费者在购买某种商品的同时提供赠品的部分费用即可获得赠品。

三是折价优惠。折价优惠是连锁经营企业使用最广泛的一种促销方式。折价优惠是指连锁企业或门店在一定时期内,调低一定数量的商品售价,也可以说是适当减少自己的利润以回馈消费者的促销活动。折价优惠常在以价格作为主要竞争手段的商店使用,如货仓式商店、超级市场、折扣商店等,但它也广泛应用于其他零售业态商店,是国内众多的专卖店比如服装专卖店、家居专卖店等地方几乎天天打出折价优惠的招牌吸引顾客。

连锁企业和连锁门店之所以采用折价销售,主要是为了与其他商店在价格上抗衡,也为了吸引对价格比较敏感的品牌转换者。折价优惠虽然在单件商品上获得的利润会减少,但是低价格会促进销售,增加销售量,从总体角度看一般会增加企业和门店的利润。大部分连锁企业和门店经常采用折价优惠的方式来掌握已有的消费群,或是利用这一促销方式来抵制竞争对手的活动。通常,折价销售在销售现场能强烈地吸引消费者的注意,并促进购买欲望,明显地提高商店的销售额,甚至可以刺激消费者购买单价较高的商品。

四是有奖竞赛活动。有奖竞赛活动是一种让消费者运用和发挥自己的才能以解决或完成某一特定问题,即提供奖品鼓励顾客的活动。在日常生活中我们经常可以看到这种促销方式:比如说回答有关商品的优点;或为商店命名;或提供广告主题语和广告创意等。连锁企业或门店要搞此类活动通常需要具备三个要素:奖品、竞赛的内容以及某些参赛的规则。有奖竞赛着眼于趣味性及顾客的参与性,通常竞赛会吸引不少人来观看和参与,可连带达到增加客流量、扩大销售的目的。

五是抽奖活动。抽奖是指顾客在连锁门店购物满一定金额即可凭抽奖券在当时或指定时间参加商店组织的公开抽奖活动。抽奖并不需要顾客具有一定的才能,它不同于竞赛获奖顾客要有一定的能力取胜,抽奖全凭顾客的运气。这种活动的设计是基于利用人本身具有一定的侥幸、追求刺激的赌博心理，有以小搏大的乐趣，主办商店通常备有各式大小奖品吸引顾客。活动抽奖与赠送商品中的商品中奖、随货中奖是有区别的。首先抽奖是在购买商品后，凭购物小票等证明从商店方获得抽奖券，再参加抽奖。而商品中奖和随货中奖都是与商品有直接关系的，即奖品或奖券就在商品中，顾客获奖的直接原因是购买了该商品。生产厂商多采用商品中奖和随货中奖的促销手段，而连锁经营企业则多举办抽奖方式进行促销。

六是退费优惠。退费优待是指消费者提供了购买商品的某种证明之后，商店退还其购买商品的全部或部分付款，以吸引顾客，促进销售。例如，连锁门店规定在某个月的某一天，消费者购买的商品可以全部退款，而这一天是事先随机确定的，以刺激顾客的购买欲望。同时也有企业直接打出促销宣传："买一百退五元"。退费优惠适用于各行各业，由于其直接返利给顾客，所以效果十分明显。退费优惠也适用于绝大多数商品。实践证明，冲动式购买的差异化较小的商品，虽然不经常购买，但只要一买，常用得很快，再购频率很高，这种类型的商品运用退费优待效果很好。而对于高度个性化的商品，经久耐用的商品，一般就不宜采取这种促销的方式。

七是集分优惠。集分优惠又叫积分卡或商业印花（商业贴花），是指顾客每购买单位商品就可获得一张印花或者积分，若筹集到一定数量的印花或者积分就可以免费换取或换购（即支付少量金额）某种商品或奖品。对于消费者而言，他们对集分优惠的偏好不一，有的消费者对积分卡十分热衷，有些对积分卡不以为然，因而其对不同消费者的效果是不一样的。但真正对积分卡感兴趣的是商店的经常性客户，他们经常来这一商店购买商品，如果能用积分卡形式给这类顾客提供物有所值的回报，可以提高他们对商店的忠诚度。

八是商品演示。商品演示就是通过对商品的使用表演示范，提供实物证明，使顾客对商品的效能产生兴趣和信任，以激起冲动性的购买行为。商品演示的目的是向顾客进一步证实商品的效能和优点，要想能达到预期的效果，演示人员必须掌握商品的性能和演示的技巧。商品演示还包括门店现场试吃，也就是即现场提供免费样品供消费者食用的活动，此类活动对于以供应食品为主，且以家庭主妇为主要客户的超市，是提高特定商品销售量的有效方法。透过商品实际展示和专业人员的介绍，会增加消费者购买的信心及日后持续购买的意愿。

5.3.5 连锁经营的公共关系

1. 连锁经营公共关系的内涵

公共关系（Public Relations，PR）是市场营销的一个重要工具，它承担着为连锁企业在其公众中塑造良好形象的一切沟通联系活动。一个连锁经营企业不但与顾客、渠道成员发生联系，还和其他社会当中的群体如员工、投资者、政府、中介协会、新闻媒体及一般公众发生不同的联系。连锁经营企业与众多社会群体关系的好坏可以帮助或阻碍一个企业的发展。公共关系是由许许多多的不同的活动组成，它们除了包括一些典型的基本活动之外，也包括企业行为识别策划的内容，都对企业形象和企业的知名度的树立起着重要作用。公共关系作为社会关系的一种表现形态，科学形态的公共关系与其他任何关系都不尽相同，有其独特的地方：

一是公共关系的情感性。公共关系是一门创造美好企业形象的艺术，它所强调的是成功的人和环境、和谐的人事氛围、最佳的社会舆论，以此来赢得社会各界的了解、信任、好感与合作。我国自古就有"天时、地利、人和"之说，把"人和"作为事业成功的一个重要条件。公共关系就是要追求"人和"的境界，为组织的生存、发展或个人的活动创造最佳的软环境。

二是公共关系的双向性。公共关系是以真实为基础的双向沟通，而不是单向的公众传达或对公众舆论进行调查、监控，它是主体与公众之间的双向信息系统。组织一方面要吸取人情民意以调整决策，改善自身；另一方面又要对外传播，使公众认识和了解自己，达成有效的双向意见沟通。

三是公共关系的广泛性。公共关系的广泛性包含两层含义：其一是公共关系存在于主体的任何行为和过程中，即公共关系无处不在，无时不在，贯穿于主体的整个生存和发展过程中；另一层含义指的是其公众的广泛性。公共关系的对象可以是任何个人、群体和组织，也就是说可以是已经与主体发生关系的任何公众，也可以是将要或有可能发生关系的任何暂时无关的人们。

四是公共关系的整体性。公共关系的宗旨是使公众全面地了解自己，从而建立起企业的声誉和知名度。它侧重于一个组织机构或个人在社会中的竞争地位和整体形象，从而使人们对企业本身产生整体性的认识。它并不是要单纯地传递信息给公众，宣传自己的地位和社会威望，而是要使人们对自己各方面做全面的了解。

五是公共关系的长期性。公共关系的实践告知连锁企业不能把公共关系人员当作"救火队"，而应把他们当作"常备军"。公共关系的管理职能应该是经常性的和有计划性的，这就是说公共关系不是水龙头，想开就开，想关就关，它是一种长期性和战略性的工作。

2．连锁经营公共关系的活动方式

连锁经营公共关系可以利用的活动方式广泛多样，但是其主要采用的活动方式主要有以下几种类型。

（1）连锁企业的新闻发布会。

新闻发布会是连锁经营企业由专门的人向大众新闻媒介报告或散发希望社会各界公众了解信息的会议。新闻发布会是连锁经营企业传播各类信息的重要形式之一。新闻发布会是连锁经营企业以郑重的形式向新闻媒介发布信息，具有较高的规格和一定的规模，是创造连锁经营企业与新闻媒介的双向沟通的机会，便于加强连锁经营企业同新闻媒介和社会公众的联系。连锁企业的新闻发布会属于一种专题活动，通过新闻发言人的阐述、解说、解释、回答咨询等，让社会通过新闻了解连锁经营企业的理念和形象。连锁经营企业面临困难或困境的时候，通过新闻发布，求得公众的理解和同情。通过新闻发布会与公众沟通，实现连锁经营企业与新闻媒介进而同社会公众的双向沟通，这是新闻发布会的主要特点。做好新闻发布会主要从以下两个方面努力：

① 确定新闻发布会的主题。连锁企业新闻发布会首先必须确定会议的主题，确定主题的一个前提条件就是，主题本身必须是"新"闻，主题必须是新闻对象（读者、观众）所关心的问题。能作为连锁企业主题的内容，一般有这样的特征，即它必须与公众利益有关。利益包括心理的和物质的，以下几方面内容可以作为主题：能引起公众心理刺激的消息可以作为主题，例如，能引起好奇、同情、愤怒、新鲜，甚至妒忌、猜疑等心理的事件

可作为主题；能给消费者带来利益的事件可以作为主题；能对社会和公众产生影响的事件可以作为主题等。总之，连锁企业新闻发布会的主题确立必须具有新闻性、真实性、客观性、可接受性，连锁企业必须站在新闻媒介和社会公众的立场上，看某一事件是否有新闻价值，公众是否能够接受，对企业形象会产生何种影响等。一般一次新闻发布会只能有一个主题，多主题的结果是无主题，其新闻价值不能实现。在确定主题时必须抓住不同时期人们所关心的问题是不同的这一特点，对于新闻事件的捕捉需要正确选择时机。一个事件在某些时候是新闻，换了时间、地点、条件就不是新闻，这一点对于连锁企业的新闻发布会尤为重要，时机选择正确，可以收到事半功倍的效果。

② 有效新闻发布会的计划和管理。连锁企业的新闻发布会应做到事前有计划，事后有详尽的效果评价，也就是说收集被发布的消息和公众反馈的信息。在对新闻发布会进行有效计划和管理时主要从三个方面进行：其一是确定会议的主要发言人和主持人。由于主要发言人及主持人担当着新闻发布会的主要角色，因此对他们的要求很高。主要发言人事先必须准备好发言提纲，要透彻地掌握本连锁经营企业的总体状况及各项方针策略。当主持人面对新闻记者的各种提问，需要头脑冷静，思维清晰，反应灵敏，具有很强的语言表达能力。要做到措词准确，语言精练、流畅，发表的意见具有权威性等基本要求。主要发言人一般由连锁经营企业负责人或其部门负责人担任。会议主持人的作用在于把握主题范围、掌握会议过程、控制和调节会场气氛，促使会议的顺利进行，除此之外在必要时还承担着消除过分紧张的气氛，化解新闻发布会过程中的对立情绪，打破僵局等特殊任务。因此，主持人的表现应适当活跃，谈吐具有幽默感和亲切感，不能给人生硬、冷漠的距离感。同时，主要发言人和主持人都应有时间观念，因为记者出席会议的时间不可能太长，要争取在有限的时间收到最好的效果。其二是充分准备有关资料。资料的准备是围绕新闻发布会的主题，要充分考虑到提供记者的有关资料，主要包括以下内容：会议的主题内容以及相关的标准新闻稿、会议的宣传要点、观点的事实资料、企业的有关背景材料，如有关单位或公众反映信件、数据、照片、图片、录音带、录像带等。其三是有关新闻发布会的场地和设备的准备，主要包括会场布置、有关的声像设备、有关的电源、通讯、安全保卫设备等。

（2）连锁企业的社会赞助活动。

社会赞助是对社会各种公益事业提供金钱或物质上的支持，提高连锁企业良好社会形象的公共关系专题活动。连锁经营企业通过向公益事业提供赞助或捐赠等资金或人力、物力上的支持，以此来表明作为社会一员，义不容辞地承担着一定的企业社会责任和义务，这是取得社会信任的重要活动。赞助包括两方面内容，即态度上的支持和物质方面的支持。连锁企业的赞助包括的范围很广，主要有以下几类：其一是赞助教育与科学研究事业。例如，对希望工程的资助、投资办学，设立奖学金、研究基金，为教学提供实验基地、专业培训基地，为科学研究提供资金，为教学科研人员设立奖励基金等。其二是赞助社会福利事业。例如，援助灾区，为残疾人、孤寡老人、孤儿、荣烈军属等提供资助；出资支持国家、城市、地区举行节日庆典；为城市建设提供资金等。其三是赞助新闻、文化事业。例如，为新闻大赛及好新闻评选活动提供资助：为电影、电视、音乐、歌曲、戏剧的创作或制作提供资助，为知识竞赛、展览提供资金、物力支持；为图书馆提供藏书等。其四是赞助体育、卫生事业。例如为国际、国内重大体育活动提供资助；主办各种体育比赛；资助运动队；出资支持电台、电视台、报纸、杂志等各新闻媒介的体育节目、专栏以及知识竞赛、体育明星选举活动等。为医院基本建设提供资助、免费或优惠提供医疗器械、设立医学研究项目等。其五是赞助军事、国防事业。例如，为边防战士、部队战士提供文化、生活、体育、娱乐设施用品，为营房开设某些服务设施、项目等。其六是资助环境保护。一方面企业自身不要造成环境污染；另一方面应积极支持和资助环境污染治理，资助有关动植物保护等；还要为社会风气的改善进行支持和资助以及为振兴民族精神、弘扬民族文化进行资助和支持等。总之，赞助活动的范围可以涉及社会的各个领域、各条战线，只要是对于社会公众有益的都包括在内，但是连锁企业在进行赞助活动的选择时，应该考虑企业自身的产品和行业特性，将赞助活动和自己的经营战略结合起来作为一项长期的事业，而不是一次性的赞助活动。在进行一项赞助活动时，要做好赞助活动的筹备工作与具体的实施工作，主要是从以下几个方面着手：

① 研究论证赞助项目。连锁企业确定的赞助项目首先应当符合社会及公众的长远利益，同时也要符合企业发展战略。连锁经营企业作为一个企业，能力是有限的，但是，连锁企业承担相应的社会责任也是义不容辞的。因此，赞助活动应认真考察，在自己能力可及的范围内，尽自己义务，确确实实地为社会和公众办些好事。连锁企业赞助项目本身，就能反映一个企业的理念、它对问题的看法，以及它所反映的道德水平和对待企业社会责任的态度，这是公众所关心的，能反映整个企业的形象。

② 选择合适的企业赞助方式。企业的赞助方式要能引起公众的广泛关注。企业应该做到表现出的赞助是发自内心，而不是给人哗众取宠的感觉。在赞助方式的选择上可以通过媒体大势张扬；也可以默默无闻，通过公众评说。显然后者要好于前者，它反映了一个企业的修养和道德水准。

③ 进行成本核算并建立严格的财务审计制度。连锁企业赞助成本的高低要视所赞助活动的性质、形式而定，但是赞助成本无论高低都应对照可能的收益进行核算。同时对赞助活动在财务上要严格管理，杜绝赞助费用流向以社会公益事业的名义，做一些低级劣质的骗人勾当的活动，企业的内部要严格执行赞助活动的审计制度。

（3）公共关系出版物。

连锁经营企业具有地理位置分散、环境复杂、影响范围巨大的特点。在搞好企业内外部的信息沟通、树立企业形象方面，利用公共关系出版物是一项重要手段。公共关系出版物是指由连锁经营企业自己控制编撰制作的，以特定目标公众为传播沟通目标的、书面或视听的公共传播媒体。其种类有定期或不定期出版的报纸、杂志、宣传册、书籍、各种音像资料和国际互联网上的网页或网站等。与其他类型的公共关系传播工具相比较，公共关系出版物具有以下突出的特点：公共关系出版物是一种独立的，由组织自行控制的传播工具。它从编辑方针、内容编撰、形式设计到对象选择，完全可根据组织的需要来确定。它是公共关系活动中能够最有效地配合组织公共关系目标，经常性、有计划、有步骤地进行传播沟通的媒介；公共关系出版物在全面、深入地传播组织的各种信息上具有明显的优势。与其他传播手段相比较，公共关系出版物能为传播组织的公共关系信息提供最充裕的空间和时间。能为连锁经营企业全面、翔实、深入、重复地报道某一项事实，解释某一项策略，宣扬某种思想观念提供最自由、最理想的选择；公共关系出版物是一种针对性很强的传播工具。它们可以专门针对特定公众的特点和兴趣来设计、编写和制作，并能做到准确地发送信息。

连锁企业的公共关系出版物分为内部出版物和外部出版物，它们必须遵守国家对出版发行的有关规定，尤其是外部出版物。企业在决定编撰和制作自己的公共关系出版物时，应注意处理好以下几个方面的问题：

① 解决好出版物的总体设计问题。公共关系出版物的设计包括：目标的确定、宣传对象的确定、专栏和内容及出版物的形式、名称、出版量、出版周期等。从公共关系活动的整体看，企业的公共关系出版物的编撰制作，只是整个公共关系活动的一部分和一个专项。因此，这些问题的决定，要受企业总体公共关系目标，以及根据这一目标所制定出来的具体的公共关系计划和公共关系预算的制约。出版物的对象，一般是根据出版物的目标来确定的，比起其他公共关系传播手段，公共关系出版物的对象一般更为具体和专门化。出版物的内容是由出版物的目标和受众等因素确定的。一方面要根据企业公共关系的需要；另一方面又要考虑受众对象的特点、兴趣爱好及接受能力等作为考虑问题的出发点。寻求共同的利益结合点，是出版物的核心。为对象提供更多他们感兴趣的、与他们利益直接有关的信息和内容是出版物能够生存的基础。

出版物的形式、出版量、出版周期等，同样由出版目标、预算及受众状况来定。不同形式的出版物，在公共关系传播上有各自不同的作用和效果。如公告报、报纸、杂志、电视专题片各有其特殊作用。此外，不同传播媒介，投资相差甚大，不能不加以考虑。出版量和单位出版物的容量、周期同样也直接关系到投资问题和公众联络的效果问题。一方面要考虑需要，另一方面要尽可能考虑经济核算的问题。在同样投资的情况下，一般以保证出版量，缩短出版周期，提高接触频率为好。

连锁经营企业出版物的命名要有自己的特色，要与为之服务的连锁店名称、服务的种类以及连锁经营企业的理念等联系起来。

② 出版管理要解决经费和发行问题。经费来源一般有三个方面：一是公共关系费的专项拨款；二是向读者收取一定的工本费；三是刊载广告。公共关系出版物一般都由连锁经营企业自己独立发行。对外出版物，可在产品售点、展览场所、会议现场派发。

出版的影像资料可分送到各分支机构、消费者团体、职工团体、娱乐和购物场所进行播放。发行的方法可有各种各样。最主要的原则就是要满足公共关系的特定需要，针对特定的对象，采取灵活的发行方式。

③ 提高专业水平。大型连锁经营企业要注意建立起自己专业化的编撰、制作队伍，并外聘专业作家、记者或编辑当顾问。中、小型连锁企业如果有较大型的出版业务，一般需要考虑委托具有专业水平的外部咨询或代理机构帮助设计和制作，以此来保证公共关系出版物的专业化水平。

连锁经营企业公共关系出版物主要有以下类型：其一是连锁经营企业报刊，这是最常见的公共关系出版物。它按对象分有三大类：一是针对员工的组织内部刊物，二是针对连锁经营企业外部各类公众的对外刊物，三是兼有对内对外的刊物。它按形式主要有：简单的通讯或报刊摘要；报纸、杂志或兼有报纸与杂志风格的刊物等。其二是手册和书籍。为推行公共关系管理，组织出版一些小册子或书籍也是连锁经营企业经常采用的形式。小册子一般有：综合性的企业识别手册、规章制度手册、公共关系手册、业务信息手册、商品目录、各类的年度报表等。而书籍一般则是追述连锁店历史、创始人传记、行业的历史和相关的总结，阐述其经营管理经验和管理思想的专著等。其三是音像出版物，音像出版物在公共关系传播上的最大价值是能感受直观的形象，将现场的感觉传递给不同空间里的特定受众。它能将连锁经营企业机构作迅速、形象直观的介绍，能将复杂的工作场面、产品使用方法、各种业务的处理程序、在各种不同文化区域内如何拓展业务、开展公共关系交往工作等展示出来。它在向公众介绍一个企业、进行职业训练、市场教育和消费观念教育上有突出的效果。

（4）连锁企业的对外开放及参观。

连锁企业举办对外开放活动和参观活动的目的在于让社会公众对连锁经营企业的全貌或某一方面的情况增加感性和理性认识，能够起到消除误解、增进亲切感、提高员工的士气和凝聚力的作用，通过这类活动还可以为社区公众提供服务。连锁企业在组织和策划组织开放活动时，为达到预定的目的，就应注意抓好以下几个方面的工作：其一是要提前制订计划，以免仓促开场。做出活动计划的大纲、详细的时间表，以及将各项具体工作进行全面的组织，确定专人负责。要成立各种专门小组，在各具体活动项目里，不论经理和职工都要参加，要尽可能让更多的员工出来分担一部分工作，以增进职工的参与感，激发员工的积极性。要尽可能利用本组织机构的专业人员和企业中具有各种特长的职工亲自动手，激发各方面人才的积极性和对连锁经营企业的向心力。同时还要尽早通过各种传播渠道宣布活动消息。通过宣传引起人们的重视，增强活动的效果，必要的时候还可以利用广告来配合整个活动，及时准确地将消息传播出去；其二是要在活动中安排多样化的节目。如表演、展览、比赛、娱乐活动等项目，对于节目的选定和安排，一方面要考虑照顾大多数参加者的兴趣和利益，以及容易参与等问题；另一方面要考虑其在活跃气氛方面的作用，做合理安排。其三规划好活动的纪念品或纪念性赠品。

复习思考题：

1. 连锁经营策略包括哪些方面？
2. 简述连锁经营企业的产品策略。
3. 简述连锁经营企业的价格策略。
4. 简述连锁经营企业的促销策略。
5. 连锁经营的策略组合要考虑哪些因素？

【**驱动任务与实训项目**】

1. 任务与实训内容

搜集这个行业的相关资料并在学校所在城市选择一家连锁经营的企业或者门店，对企业或者门店经营产品进行分析。假设自己要开一家同样产品的门店，以自己所选择的门店或者企业作为竞争对手，分析其经营策略和自己应该采取的经营策略，形成分析报告和策略策划报告，在课堂上进行交流与讨论。

2. 实训目的

（1）认知连锁经营的策略组合，学会从理论上分析连锁经营策略的构成。

（2）学会观察市场中竞争对手的策略组合，能对自己观察的情况与所学的理论结合制定出自己的竞争策略。

3. 实训要求

（1）在上课之前安排学生进行门店寻找和考察。

（2）学生完成文档报告并在课堂上进行交流与互评。

【课后案例】

如何成为连锁专营店品牌的黑马

化妆品专卖店的发展与更新和化妆品的洗牌有着重大的关系，在前期化妆品专业线的封闭式运作的概念中充斥着各种承诺兑现不到位的诚信问题，也就衍生了化妆品专业线由高暴利、高利润的金字塔运作模式走向市场扁平化的操作规划，就像现在的"化妆品专营店"以终端为主导方向的操作，在渠道的选择以"专业的理论知识来丰富思路、精细的日化终端管理来引导促销"为经营原则。随着化妆品的不断变革，也造就了连锁加盟的"整店输出"操作，如专业线"百莲凯"化妆品连锁，以扛起中国连锁大旗的口号来刺激连锁行业的蓬勃发展。目前在二、三线市场的美容院运作中，日化产品比比皆是，因而扰乱了专业美容线原有的运作体系，主要原因如下：

（1）产品从专业线的封闭式运作到价格透明化的过程，导致了美容线产品的举步维艰。

（2）越来越多的专营店化妆品在各方面结合专业线的运作风格，如教育系统、规范化的促销技能、系统化的管理。

（3）售后维护的过程中全面化，如促销计划、沙龙会、顾客档案的管理越来越完善。

在市场的运作过程中，专营店产品更加取向于市场需求变化而进行。例如，后期的专业线公司转型的公司"美素"的自然堂、"环亚的美肤宝"等在国内二、三线市场做得成功的品牌，在市场操作中都沉淀了专业线运作的精髓，专业线产品的经营文化是连锁行业必须引导的方向。

因此笔者认为，在目前行业背景下，化妆品连锁加盟是非取不可的战略路线。笔者从目前在局部连锁做得非常出色的南京"百分女人"全国连锁机构了解到，早在2001年，"百分女人"已经在市场运作中展现出了化妆品连锁的初步运作规模，他们在运营诉求的方式中强调了"维护品牌价值、加盟商盈利、消费者受益"的基本点！

"百分女人"从几间化妆品销售专柜发展到目前在全国已经拥有300多家连锁店的机构，在化妆品连锁行业内是一个奇迹，在惊叹它的专营店连锁加盟经营速度之外，笔者不仅沉思："百分女人"连锁加盟经营店模式，是建立在专业线与日化专营终端的基础上的，它如何对店面品牌结构进行把控及采取何种盈利模式？它又是如何有效地搭建采购、物流的平台？怎样进行人员组织架构和内部培训管理体系的完善？在区域市场形成了怎样的核心竞争力？"百分女人"连锁机构在渠道的直接控制操作上和利润分配等方面是值得研究的。

把握时机

首先从"百分女人"目前的发展状态来分析它是如何在区分专业线、专营店的不同终端操作，进而转型于连锁加盟，其中有三个重要环节：

(1) 从2000年市场终端的初步规模化，到现在重回终端操作精细化，说明化妆品专营店在终端市场的运作空间正在逐步缩小。

(2) 化妆品利润透明化，导致了各个渠道在发生变革。例如，化妆品不断洗牌、调整而引发经销商对市场需求越来越理性，对利润、产品质量、企业文化的需求越来越高。

(3) 经销商对化妆品要求的是一种利润渗透与良好服务相结合的"整店输出"运作模式，因此化妆品连锁加盟能够将"散兵游泳式"的闲散资源，充分整合成"正规军"去作战，也就是现行的团队协助市场操作。

从以上三点可以说明，"百分女人"的连锁加盟发展，把握机会，发挥了经营管理优势，并善于整合中小型化妆品专营店潜在的庞大市场资源，与以大型超市、商场、美容院为渠道终端的企业进行相互抗衡。

经典案例

为此我们也来了解一下"百分女人"发展历程中的几个重要市场运作案例：

案例一："百分女人"连锁机构把握终端市场诉求，除了在方向上进行战略调整，在操作模式上将"资源整合+品牌文化+服务"定为连锁加盟特色之一。

我国经济发展前阶段是追赶型经济，市场变化是跳跃性的。"百分女人"成功的关键之一，是由连锁模式操作至今，始终深入第一线，观察市场变化，力求准确把握前进方式。前几年是中国化妆品风起云涌、快速变化的一年：口服精油、金丝植入被封杀；祛斑、丰胸、减肥药禁止电视直销；SK-Ⅱ从中国市场全面撤出等。美容院往何处走？化妆品店的方向在哪？正是在这个时刻，"百分女人"从中洞察商机，果断奠定了以长江三角区、华东地区为圆点辐射全国的战略思路：美容院品牌知名度不够，顾客认知度不够，顾客严重流失；在日化店，消费者无法仅从外观、包装上准确判断产品的价值感，"美容院+专营店"（连锁加盟模式）的售后服务可以增加消费价值，能够非常明显地提升销售，带来更多的利润，同时也解决了在零售店最难控制的顾客停留时间。

专营店重视的是品牌，美容院重视的是服务，"品牌+服务"是现阶段较完美的组合。在目前专业线和日化线界限日渐模糊的今天，"百分女人"认为连锁加盟已成为必然趋势，是一种潮流、一种模式。

案例二："百分女人"在专营店、前店后院和商超的夹缝中进行了更大的生存空间与潜力挖掘。

化妆品在经过几年残酷的地盘争夺后，一些美容院、日化店由于起点低，缺乏相应资金，没有成熟的经营思路，有的仅仅是一定的客户资源（其客户资源也正在流失）。其结果是：美容院和日化店高达40%的淘汰率，给了终端业主太多迷惘、教训、思考。面对客户忠诚度不高，顾客流失严重，还要面对国际品牌冲击，如何走向成功，是终端经营业主不得不面对与思考的问题。为什么"百分女人"能够在专营店、前店后院和商场超市中运用新的模式打造一片蓝天？笔者认为与其市场操作有着很大的关联，我们来了解一个案例：

有一家××化妆品店，因为在市场操作中，模式单一且传统，在利润产品、畅销产品、辅助产品的配比上相当不合理，导致消费者对其抱怨较深，该店生意每况愈下。通过"百分女人"在产品架构上的资源组合，从而改变其销售良性运作。

在化妆品行业竞争激烈、品牌忠诚度不高的今天，"前店后院"加盟模式可以明显提高化妆品的销售和美容院的消费。因此，该店在产品结构、经营模式、销售方法等方面进行整合塑造，实行"前店后院"方案后，立即吸引了众多的消费者，最大限度地实现了资源整合、优势互补、互利互赢的目的。

案例三："百分女人"在产品细分、利润组合上做到"一条龙"式服务。

与商场、超市竞争，产品结构差异化是门店定位的基础，也是调整利润的核心。随着城市规模发展，商场超市满足不了品牌的陈列空间，而且对品牌的要求也将越来越高。"百分女人"由于拥有众多的品牌资源，每个店都有国内外知名度较高的一线或二线品牌，因此在产品选择方面，明确了后期的品牌发展路线：

（1）对货源渠道不明确的品牌产品，公司不予考虑。

（2）不主张通过小品牌来获得利润，所有品牌必须是正规厂家自己出品的，有长远规划的。不吸纳小品牌，出于两个方面的考虑：一方面，小品牌虽然折扣低、利润高，暂时能够形成与超市商场品牌结构的差异，但是由于小品牌在产品质量、信誉方面缺少保障，影响客户的忠诚度，从而最终损害门店的长期利益；另一方面，随着顾客消费意识的提升，他们对品牌和产品的了解也更细致和理性化，这就使得质量不稳定的小品牌更加难以长期发展。

化妆品是一种满足社交需求、尊重需求、自我实现等情感为主要目的的产品，因此品牌所彰显的不同身份、品位、生活方式、审美情趣成为品牌间的最大差异。"百分女人"有20多个品牌：(A) 招客类产品：兰蔻、倩碧、雅诗兰黛、欧莱雅、欧珀莱、高丝、妮维雅、玉兰油、蝶妆、羽西、资生堂等；(B) 彩妆类产品：美宝莲、粉红女郎、韩国红丫头等；(C) 终端类产品：法国UR、法国颜蔻、泊妍、V20、韩国Q10、雅格斯丹等。

如何有效地处理好这些品牌的层次关系？各个品牌定位于不同的细分市场，不仅要从产品、价格和包装上对各个品牌进行区分，而且还必须利用渠道、促销和服务来区分不同定位的品牌。为此，"百分女人"在服务上倡导"一条龙"售后服务的模式，为每位新加盟"百分女人"的业主提供以下的详细细化服务。

市场加盟的品牌越来越多，加盟需要结合市场特性、终端渠道分布将任务分解到各区域市场的加盟客户，并确定各项目标，如加盟的客户是否适合区域性的要求等。"百分女人"在后期的市场操作中，应该根据任务考核时限，逐项分解。例如：

（1）拓展。连贯性、辐射性、时间性（每年2次的调柜时间，前期持续性工作）。

（2）销售。结合网点开发进度、季节性因素及其他外因预估（活动、人员）。

案例四："百分女人"在选择合作伙伴的过程中注重的是"宁缺毋滥"运营规则，确保市场的长期合作前景。

"百分女人"侧重选择希望兼顾家庭和事业的女性创业者，但是在培养加盟连锁的经营合作者方面，绝对不能降低资金要求和经营理念的门槛，为此，"百分女人"选择投资者有一套自己的标准：

● 首先是热爱日化行业。对品牌操作有独创的理念，对门店地址的商圈进行评估，最大可能地保证加盟者获利和发展，"百分女人"全面启动"商场＋超市＋化妆品精品店"的战略。

● 有选择性地在主要城市商场设立专岛、专柜。有一些地方开发面积在100平方米以上的形象店和旗舰店。

●推陈出新。结合"百分女人"的实际情况，根据各地网点的情况及市场特点，做到每年推出1或2个强式品牌产品，阶段性淘汰不合时宜的品牌。

●全面启动电脑化管理，产品与电脑、专卖店与总部电脑联网。实施终端标准化运作，远程化电子管理。老店分批、分阶段、分片配置。专卖店由总部配送POS机（收银软件），联合银行协商，在条件许可的加盟业主门店配备银联刷卡业务以方便顾客。

"百分女人"在市场操作上注重实际，不追求概念的炒作，注意服务内涵的构筑和延伸，注意消费理念的挖掘和提升，注意行业规范、管理体制的完善和健全，注意品牌价值的提高。通过高质量、全方位的市场运作，将"新模式"提升到行业内更专业的"标准化"高度，从而推动整个加盟体系的整体实力、行业地位和品牌价值的提升。

案例五："百分女人"在行业内良好的口碑与诚信决定了方向正确、以品牌为主的策略。

"百分女人"在化妆品连锁行业里已成为一个品牌，也是其成功的必然。"前店后院"加盟模式的战略，进一步奠定其在市场战略的优势，而且在未来的竞争中这种优势还将会进一步发挥更加强大的威力。因此在产品整店运作的策略上，"百分女人"还需要有更多的创意来延伸品牌的建设，如在市场的加盟方式上运用从"点到面的加盟管理模式"。

●"百分女人"的整店输出的视觉系统、导向进行市场开拓辐射管理。

●启用"家族模式"的加盟形式，如：家庭人员运营，感受到规模与利润后，就发展身边的亲人、朋友运营合作，曾经在苏北的一个区域连锁加盟模式达到20多家的加盟店合作。

以上所分析的"百分女人"连锁的在操作上的一些性质，是通过了解在大环境的状态下进一步分解各项指标，从而实行计划，这样有利于做到胸有成竹。

下面笔者再从"百分女人"的经营策略上分析其采取哪方面措施去应对，而进一步剖析"百分女人"在近几年的发展思路与战略眼光，用行业术语来形容"百分女人"就像化妆品连锁经营的一匹"黑马"，能够在华东乃至整个行业内影响巨大，这和它高度战略意识与其独特的经营模式有很大的关联，现就"百分女人"的策略管理执行划分以下几个部分：

（1）做消费者放心的产品，根据市场的信息而采取相应的管理策略。

"百分女人"在努力打造化妆品连锁企业形象的同时，注重其经营产品的内涵，注意产品的品质含量，选择与有多年生产实力的化妆品企业合作，如国内二、三线品牌还有自然堂、埃顿·雪雅等品质俱全的大众喜欢的产品，品质是决定与"百分女人"加盟合作经营者忠诚度的一个重要因素。在化妆品行业飞速变化的今天，"百分女人"将"心态变、规则变、行为变"的服务理念，"加盟经营者的责任高于泰山"的服务态度永远放在第一位，这是其成功的关键。

（2）先渠道建设后品牌宣传策略。

"百分女人"品牌的运营策略是其成功之一。"百分女人"在渠道的建设上进行强有力的布局，强调"只做精，不做量"的原则，以步步为营的终端策略，在产品结构、价格机制、终端优化建设，以及品牌推广有效性等方面倍加努力，用渠道的根基建设来铸造品牌。

"百分女人"先渠道建设后品牌的策略，促进了加盟商的信心，以其近段时间加盟的

12家专营店为例，在开店一年后开了第二家连锁店，其中6位加盟经营者开第三家店，有24位加盟者是通过品牌的影响力来要求合作，这充分说明"百分女人"在先稳抓渠道建设而后宣传品牌的策略，已将"百分女人"加盟店的渠道效应、品牌效应突显，使其得到了良好的口碑宣传，提升了品牌的知名度。

"百分女人"后期发展启动高度的战略意识，以企业的核心竞争力来划分行业连锁的蛋糕，打出加盟口号是："加盟8.8万不是一个数字，而是一个符号"的豪言壮语，"百分女人"能够从最初的2.2万元加盟到2.6万元加盟，再到4.6万元，以及现在的8.8万元，主要得益于它从以前的单一服务提升到现在的规模化操作，并以优质的售后服务、人员跟进、单点针对性培训等相关联的管理手段并肩战斗而著称，同时强调与加盟经营者的合作根据市场的去制定产品，完善区域化因地制宜的操作手法，这在行业内还是很有特色的。

如今，尽管"百分女人"每个月以12家的开店速度发展，但其在战略上仍将进一步秉承以"少开店，开好店，不在于量而在于精"的原则，从粗放式到细化形式的管理方向执行，打造"百分女人"独特的个人风格和经营理念。

其实"百分女人"现在的发展规模，确实是行业里异军突起的专营连锁加盟现象，行业平均利润下降、终端渗透常态、专营店、商超、美容院的管理混乱，所以要想树立自己的旗帜，标新立异是有风险的。从8年前的前店后院、专营店、精品店，到大型KA卖场的规模店等各种无形、无规则的操作手段，犹如一个炒股票的散户，要想在股市里面盈利，只能寄希望于大户机构参与支撑，而化妆品连锁需要的是将各种势力不一的加盟经营者，再整合成一支庞大的团队力量去面对市场的挑战。

要做到如此，"百分女人"在战略规划统筹上，需要更细化营销资源，建议如下：

① 回避与行业内龙头连锁企业的直面市场抢夺，根据"百分女人"连锁企业的自身优、劣势情况，继续发挥渠道的定位开拓线路，综合目前近300多家的连锁加盟店整合是势在必行的工作，这需要通过有效的"资源再利用，模式再分享，操作再复制"的指导管理理念去改变某些根本问题，如专营店发展后的维护、内部管理、物流系统的及时性、客服的服务、讲师的指导是后期战略的首要任务。

② 需要有好的"开业方案"指导促销，有利于做良性管理。企业的管理在初期阶段到中期再到后期，是有一定的企业生长年龄变迁，在各个阶段需要有相应的对策，而不是"陈年老调，在唱着同一首歌"，时尚、学习、创新，将是中期与后期发展的根本之路，避免出现企业在执行重大策略时，"用老思维套用在新问题上"，那将是连锁化妆品行业的噩梦。"百分女人"要想在行业内继续上升，做得强大，有特色的教育培训是成功之道，如，可以形成专业的培训讲师队伍，利用资源帮连锁加盟经营者强化培训经营理念、利润分析、策略通解、顾客档案管理指导、会员制度等，从而有效地让连锁加盟经营者赚到钱，让一线导购人员学到更新的理念，能够让"百分女人"的企业形象牢不可破地刻在加盟店经营者的脑海中。

③ "百分女人"的加盟店（含直营店）虽然有一定的数量，但在强势如云的连锁行业中，直营店的布局与规划是重中之重，至少需要占加盟店总数的30%，以避免加盟店数量的泡沫化成分，直控专营店可以在大战略运用中，起到稳定军心的作用，能够有效地在各种环境下进行抗压性，保障相对应的市场，从而确保后期发展的道路。

④ "百分女人"的企业文化也是更需升华的部分，企业文化是一项长期建设的工程，逐步推进是正确的，但慢慢来是不对的，著名的科特和阿司贝先生指出一定要让员工在 30 天内感觉到、看到文化的变化，是很有道理的。如果不能在短期内达到明显成效，企业文化的长期工作就会不了了之。首先，从长远的组织目的和组织目标来看，"百分女人"的企业文化中的使命和愿景决定了企业战略，引领和决定着企业的战略方向；其次，从"百分女人"的一个个发展阶段来看，一旦战略发生转移，企业文化又能支撑和匹配着"百分女人"的后期连锁的大战略方向。所以企业文化与"百分女人"的战略关系是至为重要的，它能够持续提升"百分女人"连锁机构的核心价值。

要想在高手如云的化妆品连锁加盟店的拼杀中保留市场份额，连锁加盟店化妆品机构的操作不能停留在口头上计划，而是需要在以人才为中心、以战略为目标的基础上，建立较强的区域保护制度和在精细化的系统管理，计划在前、执行在后，同时需要建立严谨的反馈机制，能做到信息迅速传达、管理一致。因为统一的才是专业的，只有这样你才具备抗风险能力，才能在市场与其他竞争产品"玩"！因此连锁企业在操作专营店品牌的过程中需要有个性的管理体制、务实操作理念、企业的明确性的市场定位作引导，否则只是局外人而已，永远做不大，作为"百分女人"连锁机构，一定要在"知己知彼，百战不殆"大战略指导方向的同时，也要避免抱着指南针而不知道方向在哪里，那绝对是遗憾的事情。笔者也相信"百分女人"会在当今化妆品竞争如此白热化情况下随着当前市场环境的变化，突破各种瓶颈，完善其在化妆品连锁各方面的不足，时常把握其命脉、能及时做出准确的判断、走捷径、减少走弯路！保持自身的市场竞争力。

连锁加盟店在思路要求上要有远景的规划，打造坚固的运作团队体系，只要化妆品连锁企业秉承的核心服务机制以及诚信的市场理念，规模肯定是越做越大。"百分女人"的成功模式是行业内的一盏明灯，它也告诉连锁行业的从业者，只要把握机会，坚持就会成功！

资料来源：http：//wlmq.linkmall.cn/viewthread.php？tid=28480.

案例思考：
1. 通过网络查找当前有关化妆品行业的连锁经营现状？
2. 百分女人为什么会成功？其经营策略有何特点？

项目6 连锁经营的培训与督导体系构建

【知识目标】

1. 掌握连锁经营培训体系的内涵与具体内容；
2. 掌握连锁经营督导体系的内涵与具体内容。

【能力目标】

1. 能构建连锁经营的培训体系；
2. 能构建连锁经营的督导体系。

【教学任务】

1. 连锁经营的培训体系；
2. 连锁经营的督导体系。

【引导案例】

构建连锁企业培训体系的"5大烦"

培训体系的构建是连锁企业不可或缺的关键部分，在连锁企业中有特殊的位置，与一般企业所谈的培训体系有本质上的不同。笔者在《无限连锁》一书中曾指出，连锁网络的不断拓展，在一定意义上就是进行连锁总部竞争优势的复制，以达到连锁企业规模的不断成长，实现连锁品牌打造的目的。基于此，连锁企业经营管理的复制与输出就显得至关重要，尤其是加盟网络，如何复制呢？培训在这里发挥了独特且关键的作用。

连锁平台的整个运营管理系统，我们可以简单地梳理为三部分：运营管理、培训体系、督导体系。运营管理是需要复制的内容，培训体系是进行复制的方法，督导体系是进行监督控制的保障；由此看来连锁企业的培训体系构建，是必须要完成的任务，是整个连锁平台的桥梁部分。在理论上，我们希望先沉淀好运营管理，再进行培训，而后进行督导。在现实的连锁企业发展过程中，往往是三者并行，同时发生，难分先后，尤其是经营模式还没有成熟的连锁企业，就会暴露出培训体系构建中的种种"烦心事"。

1. 如何构建适合连锁企业发展阶段的培训体系，确保连锁分部（店）运营标准的一致性？

连锁企业的经营者与培训负责人经常有个现实性的问题，"想做的和能做的"不是一回事，每一个连锁企业都希望在进行复制时，最好是同卵双胞胎，越"一致"越好，可往往缺乏资源，复制的内容还没有很好的模块化，复制的方法不够专业，合格的复制人员也比较少，虽然在复制过程我们要考虑特殊情况下的变通，但如果一看就是后娘生的，往往也很难尽如人意，尤其是在发展初期的连锁平台往往更加明显。曾经见过一个餐饮连锁企业在一个不大的二级城市开了六家连锁店，一看就是六个风格，如果说要寻找所谓复制的痕迹的话，只有把商号告诉我们，大家是一家人；老板讲："我也很想复制，但是搞不清楚哪种风格最好，其中也有几家是一致的，但据特定商圈调整后，就成这样了"。我们也没有搞清楚，究竟是如何在特定的商圈调整就变成六个风格。显然，所谓的连锁企业的运营管理模式还不够成熟，还没有搞清楚方向，那该如何复制？这种发展初期的连锁企业该如何构建培训体系？

有一个家具企业，通过特许专卖对渠道商进行整合后，连锁加盟网络已基本成型，为了加强品牌建设，希望通过培训，对连锁加盟网络进行一致化建设，本是件好事，可到最后，发现自家没有这样的人，谁去培训呢？一下子就来一支内部讲师团队，好像只能是幻想。我和他们开玩笑：现在没有反而是件好事，如果真有了，第二天大家就去做自由讲师了，因为那更加适合他的生涯规划。一句话，这样的培训体系构建有些"大跃进"的味道，与企业的发展阶段不符。

到底如何构建与企业发展阶段相符的培训体系，确保连锁分部（店）运营标准的一致性？连锁企业的培训体系应该有几个发展阶段？此乃第一烦。

2. 拥有忠诚加盟网络何时才不只是美丽梦想？如何通过有效培训打造忠诚加盟网络？

对于采取特许加盟的连锁企业来讲，打造忠诚加盟商是连锁总部天天讲、时时抓的主旋律，好不容易建设的连锁平台如何保持稳健发展、盈利，是连锁企业的必修内容，而培训体系在其中又发挥了核心的作用。通过强大有效的培训体系，来统一加盟网络的思想，构建和谐加盟体系，提升加盟网络的市场竞争力，是所有盟主美妙的设想。

在现实操作中我们却看到了太多的"易帜"现象，"谭鱼头"变成了"李老爹"、"狗不理"，无奈之下，把几十家加盟商的经营权收回，因为太多的背叛让盟主提心吊胆，我做A品牌的加盟商，我的某某亲戚做B品牌的加盟商，实际上都是自己衣服上的口袋，"一女许二男"，玩平衡之术。

如何建立强大的培训体系，对加盟商"洗脑"，对"党"忠诚，不再背叛，此为第二烦。

3. 加盟网络不教会不行，教太多了也危险，如何既培训得非常到位，又不至于造就潜在竞争对手？

为了保证运营标准的一致性，为了让加盟商实现盈利，连锁总部有必要将连锁门店运营管理的相关内容和盘托出，提升整个加盟网络的竞争力，但往往会被"歪嘴和尚念歪了经文"，教多了，加盟店有实力时，就改头换面，"竞争对手就诞生了"，再反戈一击，可谓自己给自己添堵。由于国内在连锁经营、特许加盟方面法律的缺失，迄今为止，也就是2005年2月份商务部颁布了一个《管理办法》而已，再加上国内在知识产权保护方面的众多问题，使一些别有用心的加盟者有可乘之机。如何不至于"养虎为患"，形成"封疆大吏"，而后成"独立王国"，这是加盟网络培训体系设计时的第三烦。

4. 培训内容复杂烦琐，不易被连锁分店消化吸收，如何设计"傻瓜型"的专业培训内容？

培训内容的设计是培训体系的重要组成部分，专业的培训内容设计要达到培训者容易讲、受训者容易学，一讲就能讲清楚，一听就能听得懂，切忌要刻苦学习、发扬"大长今"的坚韧精神方可吸收消化。曾经研究过一个国内知名医药连锁企业的培训体系，看完后，我自己也觉得头晕，很多东西故弄玄虚，本来可以很通俗地表达，非要显得"有文化"，还穿插些古文式的表达，文笔是不错，但实用性很难恭维，这与连锁企业"四个基本点"中的"简单化"是背道而驰的。如此这般，店面的店长、店员们可就难受了，要想真正地消化公司的培训内容，先必须学一段时间古文，最好都是本科以上毕业。显然这样的培训效果很难理想，所谓的执行、一致性将都很难保证。如何将培训内容变得简单，甚至是"傻瓜型"的，只要认识字就能看得懂、听得懂，这是第四烦。

5. 当我们高兴地研究别人的运营手册时，有否考虑自己的培训手册如何确保不被竞争对手全盘研究？

连锁企业在发展期，借鉴同行优秀企业，或参考连锁企业中"大腕儿"的成功经验是在所难免的，故而，也就有了研究别人《运营手册》、《培训手册》的嗜好，大家往往乐此不疲。幸运的是我们的运气还是不错的，国内的诸多连锁巨头的运营管理手册，我们几乎能够一网打尽，全套资料能研究个底朝天，如国内零售连锁的华联、华润万家，连锁家电的标杆型企业国美、苏宁。当然这种研究的内容都是"偷"出来的，相关企业可没这么大方。当然在研究别人时，很是兴奋，如果是我们的《相关手册》被别人全盘研究时，我们的心情又将如何？

不过，也常听到这样的抱怨："麦当劳、沃尔玛等跨国巨头的手册要不就是'拿'不到，要不就是'拿来'的很零碎，几乎缺乏研究价值，最多研究一下别人的写法，具体是怎样的运作手法还是搞不清"。

为什么有的企业的相关手册能"全盘研究"，而有的却不行？尤其是跨国连锁巨头，是采用了什么"魔法"，让我们只见树木，不见森林？如何使我们的培训体系也拥有此等"魔法"，确保自己的培训手册不被竞争对手全盘研究？这为构建连锁企业培训体系的第五烦。

资料来源：http://www.sun1000.com/ExpertsView246.html.

阅读讨论：

1. 如何认识连锁经营的培训体系？
2. 连锁经营培训体系如何构建？构建过程中存在哪些问题？
3. 连锁经营培训内容的效果该如何评价？督导体系与培训体系的有机结合应该注意哪些问题？

6.1 连锁经营培训体系

6.1.1 连锁经营培训体系的内涵

连锁经营的各个体系与架构建立起来后，就要传播与复制，便于连锁店的拓展或加盟。连锁经营的培训体系使连锁经营企业具备了造血机制，是连锁运营管理标准、流程进行输出的保障，通过培训体系的正常运转，保证连锁网络运营、管理、服务标准的一致性。连锁经营培训体系包括了连锁经营管理手册的复制与输出和连锁经营内容保密机制的建立。

1. 连锁经营内容的培训

连锁经营内容的培训主要是为了确保连锁门店的一致性和简单化，包括经营管理软件（手册）的复制与输出，具体内容有连锁经营企业的愿景、使命、战略、产品、销售等方面的内容。在培训的实施方面，可以选择通过资料的发放让学习者自行学习或者通过总部集中培训的方式来实现。

2. 建立连锁经营培训内容的保密机制

连锁经营管理手册和运营管理模式的所有内容属于连锁企业的内部机密文件，尤其是有关连锁企业核心的资料，绝对不能外泄，不能让加盟商和其他竞争对手轻易获取。但是这些内容一旦被自己的员工或者加盟门店掌握，在一定的程度上就不可避免有外泄的可能性，这就要求连锁经营企业对培训内容建立保密机制。一般而言，连锁经营企业可以通过两种方式进行内容的保密防范：其一是连锁经营培训内容的分级授权持有。在连锁经营的培训实施过程中，连锁企业对于经营管理和运营管理模式的不同内容应该进行分级授权设计。在整个连锁营运体系中不同职位的员工能接触到的核心管理内容是不同的。一般而言，在企业当中职位越高的员工能获取到的培训资料越全面，反之，在企业当中职位越低的员工能获取到的培训资料越少。其二是培训内容的表现形式相互牵制。在连锁经营企业的培训方面，为了使培训内容不易外泄，可以通过连锁经营手册的表现方式的多样化，在表现形式方面做到不易于传播，比如可以采取录像、文档、手册之类的多种方式结合起来。这样想刺探企业内部核心机密的人就不容易收集到全面的资料。比如，培训手册是由一本纸制文本加系列录像带组成的，而这两部分内容并不在同一个人手里，这样就大大加大了全部资料外泄的难度。

6.1.2 连锁经营培训体系的具体规划——"五T模型"

培训体系本质上是运营体系的变换，也就是把营运体系的手册拷贝、复制，再进行输出。所以应该让培训内容易于传播，容易被加盟商接受、听懂，内容表现要简单。授课内容要容易学习，以流程化和操作步骤、规范的形式出现。一个完整的连锁经营培训体系包括：连锁经营的培训的标准设定；连锁经营培训的计划制定；连锁经营培训内容规划；培训方式的规划；连锁经营培训实施与控制。具体而言，完整的连锁经营培训体系可以归结为"五T模型"：培训制度标准（Touchstone）、标准化的培训课程（Text）、连锁经营培训实施（Training）、培训测试考核（Test）、完善工具（Tool）。

1. 培训制度标准

培训制度标准即公司培训的相关制度标准、计划、预算等方面的内容，从制度上保障培训的相关内容成为企业运行不可分割的一部分。一般而言，具体包括以下几个组成部分：其一是组织设置。连锁经营可以根据企业自身的具体情况，设立相关的培训部门或相关岗位，从组织上保证培训相关工作的正常开展，在企业内部做到有专人负责连锁经营的培训工作。其二是培训计划。连锁经营企业在年度计划中，要制定企业的年度培训计划，把培训计划规划到整个企业计划的重要组成部分，包括具体的部门、岗位在一年中的培训规划，不要是想到培训什么才去做培训工作。其三是培训预算。培训预算即在制订培训计划的时候就要考虑到年度中的培训费用，培训的预算应为企业整个预算当中的组成部分。其四是日常管理。连锁经营的培训日常管理应该根据所设定的管理规范进行，按照培训部门的职责和培训人员的岗位职责进行管理。

在连锁经营的培训计划制定过程中,主要考虑三个方面,即"Who"、"What"和"How"的问题。Who 有两层含义,即谁来做培训师,还有谁来接受培训,这些都是培训计划要制定的内容。What:培训的时间确定,是职前培训、在职培训还是离职培训。How:怎么培训,即培训的方式确定,可以采用"店内训练"和"内训+互训"的培训方式。

2. 标准化的培训课程

标准化的培训课程是指企业的培训内容体系,在连锁经营企业要想进行培训和达到培训的效果,必须事先规划好培训的内容,并且形成标准化的课程。连锁企业在规划其培训课程内容的时候,应该是一个完整的 IMS 体系,相关培训内容可通过一个 IMS 矩阵进行规划(见表 6-1)。

表 6-1　IMS 培训内容规划矩阵

项目	店铺管理	促销推广	商品物流	……
理念意识(Idea)				
方法套路(Means)				
实操技巧(Skill)				

在 IMS 矩阵中,横向项目可以根据企业的情况进行调整,纵向固定不变。也就是说,任一个主题的课程内容基本上可以分成三个层次:

I:理念意识类的课程内容。

M:方法套路类内容。

S:具体操作技巧类内容。

连锁经营企业可以根据该矩阵将公司需培训的课程内容进行分类规划。

3. 连锁经营培训实施

连锁经营培训的实施包括以下具体的内容:其一是具体的培训资源规划,即选择内部资源还是外部资源;其二是培训方式选择,即公司内部培训还是外部培训,是自己培训还是外聘培训师,培训方式是研讨、演练还是演讲等。

4. 培训测试考核

培训测试考核是指对培训组织、培训师、受训对象等多方位的测试、评估,以及对受训对象学习情况的考核等。通过测试可提高连锁经营的培训水平,增进连锁体系中员工的学习效果,并将相关内容纳入公司考核体系。

5. 完善工具

完善工具是"培训体系"的自我完善工具、方法体系。通过培训体系专业的工具、方法对企业的培训需求进行诊断、提炼、描述,同时依据相关需求对培训的课程内容、方法等方面进行不断的改进完善,以不断提供最适企业的培训内容、方法、规范等,使公司的培训体系持续完善、发展。

6.1.3　连锁经营门店店长的培训课程规划

连锁经营门店培训体系的具体内容主要包括连锁经营门店的培训制度、连锁门店的培训实施、连锁门店培训的考核、培训课程内容标准化等。连锁经营专卖店员工岗位的设置各有不同，进行培训内容规划的时候，应该根据不同的岗位进行设计。但是，总的来说，在进行课程规划时一般是从门店运营管理和门店销售技巧两个方面入手，制定标准化的培训手册。其中连锁门店店长培训课程和连锁门店店员培训课程的规划是连锁经营培训体系运转的关键所在。

1. 连锁经营门店店长工作流程规划

门店店长培训课程应该考虑到连锁门店店长的工作流程，以便门店店长能够按照企业的要求开展每天、每周和每个月的正常工作。连锁经营门店店长的工作流程规划主要包括日工作流程、周工作流程和月工作流程。

【相关链接】

连锁门店店长的日工作流程

一、开门前

（1）开启店门及照明设备；
（2）检查店员着装：工作服的整齐、胸牌的正确佩带；
（3）安排卫生打扫及货架的整理；
（4）召开晨会（每周一次）：上周营业情况分析，工作表现检讨，传达公司文件，激励员工；
（5）清点备用金；
（6）核对前日营业报表。

二、营业期间

（1）督导收银工作，掌握销售情况；
（2）维护商品陈列；
（3）协助店员对顾客提出的商品问题给予解答；
（4）督促促销活动的实施；
（5）督促处理营业中的顾客投诉；
（6）对新员工进行相应的指导与培训，包括：日常工作流程、礼仪、商品基本知识等；
（7）安排接收货品，点货验收；
（8）做好促销活动开展前的准备活动和结束后的收尾工作。

三、午晚餐期间

（1）安排员工外出进餐；
（2）交流工作中的经验，以及对工作中的问题相互沟通；
（3）店长外出情况下指定代管人；

（4）营业备用零钱的兑换。

四、营业结束

（1）核对账务，填写好当天的营业报表；
（2）关闭所有电器，包括：音响、空调、日光灯、POS机；
（3）核对营业款并妥善保管，留好备用金；
（4）如为盘点当日，做好盘点工作；
（5）如第二天休息，应做好相应的交接工作。

2．门店店长工作职责与技能培训规划

门店店长接受公司的授权，全面负责门店的日常运营，管理直属门店的工作。在开展工作过程中应该让店长熟知自己的工作职责。工作技能主要从店铺运营管理、销售、人事、商品管理等方面进行规划。

6.1.4 连锁经营门店店员培训课程规划内容

1．商店经营策略

店员往往是专营店的代言人。在绝大多数情况下，顾客与专卖店是通过售货员来联系的。因此，重要的是售货员要通晓商店经营策略，特别是那些与顾客直接有关的策略，比如商品经营利润、对偷窃商品的人的处理、赊销业务、商品储藏、送货和议价等。除此之外，销售人员还应当了解关于营业时间、休息时间、午餐和晚餐时间、酬金和定额办法、非售货任务以及定期考核标准等策略。

2．商品知识

专卖店培训销售人员，使他们对店内商品的性能、使用方法及优缺点有详尽的了解。支持销售人员协助顾客选购最能满足顾客需要的商品，提供给顾客各种合理的建议。此外，店员还应当了解竞争对手供应的商品的优点和缺点，更需要熟悉店内经营的商品的保质期以及商品的耐用性。

3．销售技能

如果销售人员能懂得如何接待顾客，使顾客感到满意，将大大提高专营店的销售额。

4．时间管理

应当确定标准，以使销售人员充分利用他们的工作时间。销售人员的工作时间可以花费在以下四个方面：一是售货时间，指应顾客购买需要，帮助顾客选购所花费的全部时间。这包括接待顾客，与顾客交谈，进行商品介绍和宣传，并写售货单据，或者是其他可能为商店增加收入方面为顾客提供的服务。二是非售货时间，指花费在上述非售货任务方面的任何时间。三是闲散时间，指店员在售货场所花费的与任何业务经营无关的时间。四是不在售货场所的时间，指销售人员不在售货场所的任何时间。专卖店可以为以上各类时间制定一定的标准。比如，标准的时间分配建议销售人员的工作时间，70%花在售货上，20%花在非销售活动上，5%的闲散时间，5%可以不在售货场所。对这些标准的任何偏离，应进行了解；如有必要，应当采取纠正措施。

5. 工作职能与工作要领

门店根据岗位设置的不同，有不同岗位的店员，比如导购员、收银员等，要根据不同的店员进行工作职能的教育和培训。门店中对工作要领的要求主要根据门店的作业活动来划分，具体的作业活动划分如下：门店进货作业、标价作业、补货上架作业、领货作业、盘点作业、货物搬运作业、验收作业等活动。

【相关链接】

浅谈特许连锁企业培训体系的建立

特许连锁是在 20 世纪初在美国等西方国家开始兴起的一种商业模式，在中国真正兴起也就是 20 世纪 90 年代以后的事情。近二十年来中国经济的持续发展造就了一大批富裕阶层，这部分群体有钱也有干一番事业的渴望，但是往往苦于缺乏项目，有了项目又往往缺乏市场运作的模式和经验，而特许连锁恰如一场及时雨，很好地满足了这一需求。

此外，特许连锁经营作为连锁经营的高级形式，一方面特许总部可以在不直接投资的情况下，迅速复制式发展，实现低风险、低成本扩张；另一方面加盟店也可在基本保持其独立经营的同时，分享总部品牌、服务、信息等方面的优势，降低自身的经营风险。正因为如此，特许连锁经营在中国乃至世界各国都显示出了强大的生命力，成为当今商业发展的国际潮流。然而回顾整个中国特许连锁企业的发展现状，加上对这么多特许连锁经营企业实战咨询，笔者不禁感慨，在中国特许连锁企业的加盟店中"连而不锁"、"锁而不坚"的现象还是较为普遍。很多国内的特许连锁企业加盟店上千家，看似"繁花似锦"，实则"外强中干"，数量虽多，品牌却没有建立起来，商品的利润空间也无法拉动起来。稍有变故，就"恰如一夜东风来"，什么"倒戈"、"易帜"、"经营第二品牌"、"冲货"、"价格混乱"的事情屡有发生。为什么会屡屡发生这种"崩盘"情况呢？不可否认的是，特许连锁企业普遍缺乏对企业核心竞争力的战略审视，产品技术含量低、管理效能低、品牌价值低等均是发生这种"崩盘"现象的原因，但是笔者认为缺乏对加盟商渠道的全面把控，尤其是经营理念、经营模式的控制才是幕后元凶。特许连锁企业的扩张，说到底是它的经营理念和成功的管理模式的扩张，不是将所经营的商品、营业时间、经营定位甚至是人员工资都要克隆。而经营理念和成功管理模式的扩张，说到底也就是知识产权的输出过程，因此作为经营理念和管理模式的输出者，连锁企业培训体系的完善程度在此就起着极其重要的作用。

现代特许连锁企业趋势就是要强调"学习型组织"的建立，学习型组织的特点就是维持企业的"再生力"。而培训是特许连锁企业实现"学习型组织"的关键。其实培训在现代连锁企业中已经显示了其重要性，对内能提高员工对企业和产品的认同感、提高市场人员辅佐和管理加盟商的能力，相应地提高了工作效率；对外可以调整加盟商的心态，提高店内人员经营技能，大大提高单店的存活率和盈利能力；培训能促进公司各店面、各部门、店内各人员的协调合作，培养团队和整体作业精神。

特许连锁企业要实现高效快速的扩张和高质的单店盈利能力，必须满足人、财和信息的协调发展，而其中最重要、最现实、最迫切解决的环节是人，人才困境也是制约特许连锁店盈利能力的真正"元凶"。但是如何保证对特许加盟店人才模式化、标准化的输出，成为很多特许连锁企业培训加盟店时面临的一个困境。俗话云："一母生九子，个个都不同！"人的个性化、素质的差异导致特许连锁企业在人才培养上的诸多困境。缺乏完善系统的培训体系导致最直接后果只能实现外在形式的"锁"，而无法在经营理念、经营模式等方面实现统一，结果很多时候加盟店的成功往往就只能寄托在加盟商个人的悟性之上。结果导致单店成活率低下，或者处于微利，严重打击了加盟商经营的信心和决心。这显然是与特许连锁商业本质相背离的。

虽然目前的中国特许连锁企业对培训的重要作用开始逐渐认可，但是回顾整个特许连锁企业的培训，我们不禁发现在中国的特许连锁企业中，培训往往成为被忽视的配角角色，或者沦为一种形式主义，有其名却无其实。将企业对培训的漠视往往体现在如下三个方面：

一是企业对培训作用缺乏重视。中国很多特许连锁企业本质上对培训的作用还缺乏真正的认可和重视，有时往往只是将培训作为一种对加盟商的"承诺"而已，甚至沦为一种形式，无法真正体现对加盟商的指导和帮助。

二是缺乏组织保障和互补的优秀培训师团队。很多的特许连锁企业往往缺乏相应完善的培训组织保障，缺乏能力方面互补的培训师队伍，例如笔者前一阵负责咨询的一家企业，所谓的培训部也只有一个刚刚毕业的大学生而已，试问如何实现对加盟商的辅导呢？

三是培训内容设计缺乏针对性和实战性。在培训内容的设计上，特许连锁企业普遍缺乏辅导加盟商的实战经验，再加上具备实战经验的优秀培训师缺乏，在培训内容的设计上缺乏体系，缺乏针对性和实战性，有的只是理念和产品知识的反复灌输，结果导致培训课程成了加盟店店员眼中的"鸡肋"。

那么特许连锁企业究竟如何建立完善系统的培训体系呢？如何真正实现对加盟商系统性、实战性、针对性的辅导呢？如何真正让培训成为提升加盟店盈利能力的利器呢？如何真正让培训成为掌控加盟商的"降龙十八掌"呢？笔者认为应从如下几个方面入手。

1. 从理念、文化入手

特许连锁要想实现真正的"连锁"，必须首先实现加盟商思想的统一，把企业的价值观、管理模式等核心文化灌输给每位加盟商，使新开张店能从本质上、骨子里把总店克隆过来。世界最大的快餐连锁店麦当劳的创始人——克罗克，创造了美国乃至影响了整个世界的饮食文化，他倡导大家做最好的商人。正是这种理念造就了无数的追随者，使一个小小的汉堡包跨越了整个地球。而这个过程的实现，必须要求将企业的文化与我们的加盟伙伴共享，共同发展。而培训是最好的方式，因为培训是个单向灌输的过程；此外在培训的过程中，可以通过丰富的案例、活泼生动的形式让大家很自然地在潜移默化过程中接受企业的文化。一旦加盟商接受了你的企业文化，忠诚度将大为增强，管理的难度也将大为降低。每一个加盟商都会追随你与你奋斗一生。

2. 从培训内容设计入手

怎么的培训才算真正的实战、实效、实操呢？怎样才具有系统性、针对性呢？俗话说："多则惑，少则明"，笔者认为关键是培训内容的简单化、标准化，必须完成从理念到动作的落地。大多数去过麦当劳餐厅的人都会惊讶于如出一辙的服务内容，无论你到哪家店，一个微笑、一个话语都会那么的相似而亲切。那么他们是如何做到的呢？为了保证QSCV（品质、服务、清洁、价值）经营理念的实现，我们看看麦当劳公司的做法吧。

(1) 营业训练手册。用来详细培训麦当劳的各项策略，餐厅服务的程序、步骤与方法。通过充分培训学习这本手册，可以保证所属连锁店提供同样水平的服务。

(2) 岗位操作检查表。用来详细培训各工作段应检查的项目、步骤和岗位职责，员工的晋升不取决于资历、学历，而重在能力与表现。所有员工全部接受系统训练。

(3) 质量指南。用来培训管理人员，详细说明有关半成品的接货温度、储存温度等，对各种有关质量和数量进行细致指导。

很多人读完这段文字之后都会发出这样的感慨："好详细！好细致啊！"从中我们能发现什么秘密呢？每一个环节、每一个操作步骤都有非常具体的规范，这样细致的、标准化培训，智商再低的人也可以马上操作。

而国内目前很多的特许连锁企业的培训大多偏重理念，轻动作；重产品，轻营销和管理。在我们目前加盟商和加盟店店员整体素质不高的情况下，培训效果非常有限。如果我们培训内容的设计能做到将所做的工作分解成容易操作的各个动作，并制订相应的标准，无疑将大大提高培训的效果和日后的可操作性。

3. 从优秀的培训师入手

要保证培训的质量，我们绝对不能忽视最重要的关键因素——人，正如做菜，基本的元素永远是两样东西：原料和厨师。没有原料，巧妇也难为无米之炊；没有厨师，怎么也不会做出好菜来。而我们的培训师就相当于这个厨师，很多的企业总认为：不就这么一点东西，都写好了，谁说还不一样，所以对培训师能力往往比较忽视。其实同样一个内容，一个好的培训师和差的培训师讲解的效果是完全不一样，正如同样的原料，不同的厨师可以做出完全不同口味的菜一样。

4. 从培训方式的多样性入手

很多特许连锁企业在给加盟商培训时往往形式比较单一，基本是集中在单向的集中式培训上，最多外加实习一下，缺乏双向的互动交流，往往效果欠佳。其实培训并不是讲一堂课那么简单，首先在形式上它应该是多样的，比如以前笔者在给国内某家橱柜连锁企业的加盟店培训时就采用了一客一议、即时教育、模拟演习、实战练习、内部研讨、电话咨询、同行交流、手把手传帮带等多种方式，效果不错。特许连锁企业应该帮助加盟店建立店内的内部培训机制，这样才能真正实现企业的长远发展。

5. 从培训的系统性入手

目前不少特许连锁企业重开业培训，而缺乏后续的持续性针对性培训，其实培训应该是不断延续的过程，不同的阶段应该有不同的针对性的培训内容。作为连锁企业的培训师，应该随时关注加盟店的需求和所面临的问题，不断地开发出新的有针对性的培训课程，保证加盟商的持续成长。

6. 从加盟店人员招聘检核入手

讲到培训师，我们也就必须涉及另外一个重要的群体——受训人员。国内很多的连锁企业一般很少干涉加盟店的人员招聘，缺乏对各加盟店人员的检核流程，结果往往会导致三种情况出现：第一，加盟店人员素质参差不齐，有些基本素质缺乏，有些根本无法认同企业文化和产品，给我们的日后培训造成困难；第二，很多不适合人员加入，流失率高，造成企业培训资源的浪费；第三，造成管理上的困境，到时发现不合适，开除吧，已经投入那么多资源，不开除吧，又影响单店营业能力。

所谓人才,前提必须是适合,也就是必须符合企业所需的"人模",不是每个人我们都可以培养出来的,或者说短时间内培养出来的。所以很多优秀的连锁企业,例如星巴克等很重视人员的招聘环节,一个新人过来一定要经过三道关,其中一关就是区域主管的面试,一般会看看个人的沟通能力、亲和力,是否认同星巴克的文化,对咖啡的热爱和了解程度等;确定是适合星巴克的人后,才进行产品知识的培训。由于人员的素质很符合星巴克的特色,所以相对来说所需的培训很少,而且人员的稳定性高,避免了培训资源的浪费。

7. 从考核和评估体系入手

成功的培训绝对不能忽视对培训效果的考核和评估,不能忽视对培训的成果执行的监督和固化。让我们先来看看DELL公司"太太式培训"的例子。所谓"太太式培训"就是把销售经理比喻为销售新人的"太太",销售经理像太太一样不断地在新人耳边唠叨、鼓励,才能让新人形成长期的良好销售习惯,培训是由培训经理和销售经理一起完成的。销售新人不仅要向直线经理汇报,还要向培训经理汇报。培训经理承担技能培训和跟踪、考核职能(每周给销售新人排名,用E-mail把排名情况通知他们。销售经理承担教练和管理职能,通过新人的最终执行,达到提高业绩的目的。每周末召开会议,销售经理与培训经理都参加,检查新人上周销售进度,讨论分享工作心得,分析新的销售机会,制定下周的销售计划。销售经理与培训经理、新人们一起讨论新人的成长、下一步的走向。最终,"太太"在工作中能够自觉指导新人运用销售技巧,及时鼓励新人、有效管理新人。太太式培训效果非常惊人,其中的关键是"太太"每天的重复强调和跟踪,有专门的组织和培训经理不断地进行考核、跟踪、评估,有一套完善的考核和评估体系保证培训效果。

资料来源:全球品牌网

6.2 连锁经营督导体系

6.2.1 构建连锁专卖网络督导体系的含义

顾名思义,督导就是监督和指导的意思。连锁企业的督导,就是对连锁门店中提供服务的员工进行监督和指导的人。店员督导要对连锁店员工的服务质量与数量负责,同时也要负责满足员工的需求,而且只有通过激励的手段才能使员工人尽其职,使产品和服务质量得到保障。要使连锁门店的员工积极有效地工作,除了要不断地对他们进行激励和训练外,同时还要对他们进行必要的监督与指导,而这项工作主要由督导来完成。

督导的目的就是要发现存在的问题,并及时加以改善,这是连锁品牌专卖店终端风格和服务得以持续提升的前提和基础。对于连锁经营企业而言,完善系统的连锁督导机制是连锁运营标准执行、改善的有效监督机制,这样的机制可以在营销组织的基础上,通过职能来实现平稳过渡,让传统的营销队伍转化为连锁体系中的市场与督导人员。

一个连锁经营企业,完善的督导体系应该包括:督导标准的科学设定,即督导内容以及执行标准;督导方式的有效设置,如日常监督、影子顾客等;督导使用工具的设计,如科学的督导表单工具等;以及督导改进循环体系设计等。这些都必须成为手册化、制度化的工具体系,从而在督导手中被有效地实施。

总的来说,连锁经营企业要从战略的高度来发展自己的连锁经营网络,实施商业化运作,通过构建连锁专卖的运营、训练与督导体系来进行连锁经营的规范化管理,并在现有的营销组织中培育、丰满、成型。

6.2.2 构建连锁专卖网络督导体系的具体内容

在连锁经营的企业中,构建一个完善的连锁经营督导体系主要从以下六个方面着手:连锁经营的督导机制、督导组织架构、督导任职标准、督导岗位职责、督导计划和督导手册。

1. 连锁经营的督导机制

督导的工作性质决定了其在连锁经营体系中的重要地位,连锁经营体系运营系统确立了连锁门店的操作标准与流程,连锁经营的培训系统使得运营系统的标准与流程得以复制,而督导系统则是运营系统标准复制的保证。在连锁经营企业中,运营管理、培训教育和督导三者相辅相成、相互促进,任何一环的破坏都将影响到整个连锁专卖体系的成功建设。因此,连锁经营企业体必须从一开始就坚持将督导功能作为一项重要职能加以建设。

2. 督导组织架构

督导体系是连锁经营体系中的重要一环,其依据连锁门店营运的模式、标准,利用专业方法进行监督、控制和评估,并在督导总部的统一指挥下由专业的督导人员贯彻执行。针对连锁经营业的具体情况,连锁经营企业可以在总部设置督导部门。同时鉴于连锁门店分散于全国各地,总部督导人员无法及时掌握各级门店的具体情况,因此区域各级可以设置督导人员。在企业的发展初期与建设阶段,各区域办事处负责人可暂时履行区域督导员的工作职责,一旦连锁专卖店在全国各地高速发展,各级督导员就应由专人担任,并由专门部门统一管理。

3. 督导任职标准

连锁企业的督导任职标准主要是针对任职人员的形象、素质和专业进行制订的,连锁企业可以建立相应的管理机制,具体管理机制可以由人力资源部操作。连锁经营企业的督导员必须按照《督导任职标准》选拔人选,并经过严格训练、考核。

4. 督导岗位职责

连锁经营企业的专卖店督导员岗位职责主要包括三个方面:

(1) 连锁企业的督导介于总部和连锁门店之间,是二者沟通的关键桥梁,因此其职责是:必须清楚地了解连锁企业发展历程、企业文化、经营理念以及各项作业规定;同时还必须清晰地掌握专卖店现实经营状况和发展前景。

(2) 对本区域内的连锁门店的经营状况进行检核与评估,通过店面具体运作,寻找和发现问题,拟定适当的改善方案,并在与连锁门店充分沟通协调的基础上进行辅导作业,协助其业务的正常运作,以达成更佳的销售业绩。

(3) 对连锁企业的区域市场进行情报收集和摸底调查,并经过科学分析,向连锁总部提供明确的市场信息,以作为连锁总部决策的依据。

5. 督导计划

连锁督导总部对各级连锁门店实施定期督导和不定期督导,定期督导由总部派出督导员,至少保证每店每年一次;不定期督导由总部派出督导员针对具体情况做出督导计划安排。专卖店定期督导考核作为连锁总部对各级连锁门店运营的评估依据,以之确定针对门店下一年度的经销策略和奖惩措施。

6. 督导手册

连锁企业的督导员巡店时必须严格按照巡店流程进行作业，督导员巡店过程必须填写相应的督导工具名称。按照标准的督导手册要求进行督导工作，防止人为的主观因素。督导手册是督导的作业标准，能让督导员认真督导、仔细观察发现问题，并进行公正合理地评估等。督导员公正合理地评估对提高店员的工作积极性十分重要，也有利于连锁企业向更加良好的方向发展。

6.2.3 连锁专卖店督导流程、工作内容与评估考核

在连锁经营企业中，作为连锁体系的督导员，不管是总部督导员还是区域督导员，其工作流程都是由两个部分组成：督导员巡店作业流程和督导员督导作业流程。

1. 连锁专卖督导员巡店作业流程

连锁总部督导员和区域督导员在对各连锁专卖店进行巡店作业时，必须按照严格的巡店作业流程进行操作。

2. 连锁专卖督导员督导作业流程

督导员的巡店作业是一个采集连锁门店经营管理信息的过程，通过借助专业工具采集相关资料和信息，从而可以清晰地认识到专卖店经营管理中的不足之处，从而发挥督导职能，进行连锁门店存在问题的调整改善。督导作业需要发现与解决问题，而解决这些问题就要求连锁企业制定出系统的督导员的督导作业流程。

3. 连锁经营的督导工作内容

连锁门店督导工作的主要内容包括：品牌使用情况检查、人员作业情况检查、店面状况检查、店面卫生情况检查、商品价格检查、售后服务情况检查（顾客服务情况）、督导人员入店督导访谈表（经销商、员工等）、门店督导情况汇总、督导人员巡店工作汇报等。而在督导这些工作的执行情况时，这些内容基本上都以表格的形式表现出来。

4. 连锁经营门店的评估考核

连锁经营企业总部一般是指根据督导的结果，对连锁经营门店进行评估考核，在此基础上来督促专卖店进行运营质量的提升与优化，实现连锁专卖网络服务的一致性与规范性。例如门店日常管理评估表，见表6-2。

表6-2 某连锁企业门店日常管理评估表

店名： 日期

项目	内容		评估标准		
店堂	店堂、门头清洁	(321)	清洁	一般	脏
	灯光	(321)	按公司要求	偶尔违规	不按公司要求
	样品整洁度	(321)	整洁	一般	杂乱无章
	产品陈列标准化	(321)	标准	一般	差
	店铺整体布置生动化	(321)	生动	一般	沉闷
	音响状况	(321)	良好	一般	差
	店铺整体CI标准化	(321)	标准	一般	差

续上表

项目	内　容	评估标准		
管理水平	店员仪表形象标准化　（321）	标准	一般	差
	导购员工作流程标准化　（321）	标准	一般	差
	售后服务标准化　（321）	标准	一般	差
	价格维护标准化　（321）	标准	一般	差
	市场维护标准化　（321）	没有窜货	有时窜货	经常窜货
	推广与促销　（321）	1月一次	2月一次	季度一次
	库存管理　（321）	良好	一般	差
	导购员培训次数　（321）	一月4次	一月2次	一月1次
	店主出席经营会议的质量　（321）	准备充分	不充分	没有准备
	服务硬件的标准化　（321）	标准	一般	差
	顾客投诉状况　（321）	低于5%	5%～20%	30%以上
店主素质	团队领导能力　（321）	强	一般	差
	沟通能力　（321）	良好	一般	差
	分析能力　（321）	良好	一般	差
	解决问题能力　（321）	良好	一般	差
	仪表　（321）	整洁	一般	不修边幅
	忠诚度　（321）	高	一般	低
	决策执行能力　（321）	强	一般	差
	财务基础知识　（321）	良好	一般	差
	合计得分			

总之，督导不但要对卖场员工的运营标准与执行状态进行监督，还有必要对员工进行指导、训练，使他们正确地开展工作，同时还要对卖场员工进行必要的激励。督导要善于发现问题，公正、客观地描述所发现的问题，并要把问题如实反映给公司有关部门，以便公司及时做出修正和改善，并为员工训练提供参考。

【相关链接】

连锁经营企业如何建立有效的督导体系

"连而不锁，锁而不紧"是许多连锁经营企业的通病，随着加盟店数量的迅速膨胀，总部对加盟商的控制变得越来越难。"摊子越大，越难管理，有组织，无纪律"。其实，这是连锁经营发展过程中必然要面临的"少年维特的烦恼"。只要树立先进的管理理念，建立有效的督导体系，这样的问题就会迎刃而解。

连锁经营企业建立督导体系的3W1H法,具体包括:What(督导什么)、Who(谁去督导)、When(何时督导)以及How(怎么督导)。

What——督导什么

督导,顾名思义,就是督促和指导。但督导工作并不仅仅是简单的检查、考核,而是要协助加盟商发现单店的经营行为中存在的问题,并帮助其改进完善,进而有效地提高经营水平和业绩。

一般来讲,督导的内容包括:

1. 店面形象督导

店面形象:店面空间、店面外观、橱窗摆设、店内布局、色彩、陈列设备及用具的维护和选用;店面容易让顾客进入的程度;店面展示陈列状况。

2. 商品管理督导

店面商品构成:主力商品、辅助商品、刺激性商品(销售性商品、观赏性商品、诱导性商品);商品陈列配置:空间配置、色彩配置、种类配置;商品价格;库存盘点;其他:商品包装、质量、来源、附赠品等。

3. 销售管理督导

销售状况;促销状况。

4. 顾客服务管理督导

顾客服务程序,顾客服务内容,顾客接待技术,顾客档案管理,顾客服务的相关硬件状况。

5. 岗位人员工作督导

仪容仪表:着装、化妆、工作牌佩戴情况;言谈举止;精神面貌。

6. 培训工作督导

培训课时,培训人数,培训覆盖率,培训记录,培训效果。

7. 企业文化宣传贯彻督导

对企业文化理念的熟知程度,企业文化活动开展情况。

8. 其他方面的督导

广告宣传,合同履行情况,总部规定的其他事宜。

Who——谁来督导

一般来说,总部会设置专职的督导员来进行对加盟商的督导,对这个职位的综合素质要求很高,他(她)需要对总部的整个连锁经营体系非常了解,对总部、加盟商的人、财、物等信息全面掌握,不然的话,在很短的时间发现问题并给予指导将是一项"不可能完成的任务"。

对于督导员的素质要求可分为三个部分,即知识、能力和技能。

督导员既可以是总部的专职人员,有时也可以邀请一些"超级顾客"(高度认同连锁经营体系所销售的产品或服务,是忠实顾客)来积极参与。

When——何时督导

督导工作是"未雨绸缪",千万不要等到出了一大堆问题的时候才想到去督导。

不同的业态、不同的发展阶段和发展规模决定了督导工作的频次和力度。

一般来讲,督导工作可分为日常督导、定期督导和专项督导三种。

日常督导就是日常性工作的督导方式，较多的连锁企业将这部分职能下放给加盟商，平常提交相关表单即可。定期督导根据不同企业的情况可以分为季度、月度、旬、周为周期来进行，督导员以巡店方式来进行督导，并提出改善建议。专项督导是根据国家或行业相关策略、法令，针对经营管理环节的某一问题进行专项整治。有时候外部人员也会参与督导工作。

How——怎么督导

一种好的督导方法能对店员督导起到事半功倍的效果。一般来说，对加盟商的督导方法主要是日常督导和神秘顾客两种。日常督导就是督导员对加盟商日常经营情况进行监督和指导。神秘顾客，又称影子顾客，是指企业聘请一些"超级顾客"以顾客的身份、立场和态度来体验加盟商单店的服务，从中发现经营中存在的问题。在日常督导中，门店巡查是最重要也是最基础的工作。在日常的巡店过程中要特别注意的是：工作必须细致化，要求能从所看到的表象中发现门店的日常操作行为是否规范，也要从门店客观反映的实际情况来寻找店长平时的工作痕迹。

在平时的督导工作中要求能用"五步法"作为巡店的基本工作流程。

"五步法"即看、听、查、问、反馈的督导工作方法。看，就是通过对门店现场的观察去判断工作是否到位。听，就是以一个顾客的身份来进入门店去充分感觉员工的四声服务：即顾客买单时的招呼声，报价声，唱收唱付声，道别声。查，每个门店都有一些基本台账，通过对这些台账的检查可以反映出店长平时的管理水平、管理深度及管理效果。问，巡店过程中要非常用心与顾客、店长及员工进行沟通。要从顾客方面了解他们所需要的商品，了解他们所需要的服务，了解工作中所存在的问题。反馈，包括对门店所存在问题的及时解决，也包括对一些涉及其他部门的问题的传达，而且要在下次巡店过程中对这些问题进行反馈。

督导工作的本质是服务，即为门店的盈利竭尽全力地服务。笔者在咨询过程中也遇到一些连锁企业，督导员每次去门店，全副武装，不抓出点毛病来誓不罢休，门店听说督导员要来，皆严阵以待，如临大敌。而整个公司的督导系统则是以依据条款扣分为目的，方法简单粗暴，根本达不到提升门店运营的目的。总部与门店之间的关系则变为了猫和老鼠的一场游戏，长此以往，情何以堪。如果我们的连锁经营企业的督导人员能够彻底转变思想，以服务门店为目的，以监督门店为工具，以指导门店为导向，在工作方式上严厉但不粗暴，在工作态度上温和而又坚持原则，把每一个门店员工当成自己的兄弟姐妹，把每一次门店提升当作自己的工作业绩，设身处地，倾听门店呼声，解决门店疑难，真正把自己当成是总部与门店之间的一座沟通的桥梁，而不是作威作福的上级领导，那我们整个连锁行业的运营水平必将进入新的天地。

资料来源：http://www.3216.com/anli3.asp?id=1743.

复习思考题：

1. 连锁经营企业培训体系该如何构建？
2. 简述连锁门店课程规划内容。
3. 连锁经营企业督导体系该如何构建？
4. 连锁经营企业中督导的意义何在？

【驱动任务与实训项目】

1. 任务与实训内容

在学校附近考察采访一家连锁经营的门店，根据自己考察的实际情况，分析门店内工作人员的工作流程，并书写形成文档，在课堂上以培训的方式进行讲授。

2. 实训目的

（1）认知具体连锁门店工作人员的工作流程。

（2）学会观察与分析工作人员的工作，能对自己观察的情况与理论结合形成标准化的培训教材。

3. 实训要求

（1）在上课之前安排学生进行门店寻找和考察。

（2）学生完成文档报告并在课堂上进行交流与互评。

【课后案例】

好店长不一定就是好督导

笔者曾听到过这样一个真实故事：上海某著名连锁药店有一位金牌店长，她工作勤勉踏实，并且业绩非常突出，企业管理层由于门店数量迅速增长急需督导人才，因此提拔她为区域督导，负责管理几十家门店。管理层的初衷是认为该店长既然能管好一家店，应该也能管好更多的门店，然而过了一段时间后，该金牌店长却强烈要求不再担任督导而宁愿重新做一家大店店长。为什么该金牌店长不愿管"一群羊"而宁可只管"一只羊"呢？笔者心里从此留下了一个疑问。此后由于项目关系，笔者与一些药店连锁企业的高管、运营经理以及督导做了深入交流和调研，发现目前督导体系建设存在很多问题，督导人员工资低、素质低、工作积极性低，巡视门店时的停留时间一般为十五分钟到半小时，也很少能与店长交流如何提高门店业绩，往往沦为回款业务员、报表统计员、货品传递员，究其原因还在于企业对督导的作用认识不清、定位模糊、职责不明。

事实上，督导在连锁药店中的作用是非常重要的，好的督导就是一名内部顾问，能够拉高连锁药店的平均经营水平（前提是实现门店标准化管理之后），因为单体药店店长只知道一家店的经营情况也就只能总结有限的经验，而连锁药店则能由督导通过若干家门店的经营情况汇总和讨论获得更全面丰富的信息和经验，信息系统能提供定量化信息，而大量微妙的市场和顾客信息则需要督导通过经验来进行定性和定量的综合分析，因此督导体系和信息系统结合才能真正发挥连锁药店的竞争优势，否则只是"连而不锁"。

我们重新回头来看文章开头的故事，可以发现一个误区：认为做得好店长也做得好督导。这实际上是我们药店企业对督导定位不明导致的，而我们从国内外优秀零售连锁企业的督导发展历史来看，一个店长倘能管好门店商品和人员并服务好顾客，也只是具有成为好督导的潜力，但未必一定就能成为好督导。以日本 7-eleven 的督导体系为例：7-eleven 的新进人员必须经过五个阶段的培养与磨炼才可能成为督导，一般不会有立马上任的督导。在第一阶段，员工首先从事为期半年到一年的诸如装、卸货之类的杂务；第二阶段，则要担任7-eleven直营店的店员，从事为期两年到两年半的日常门店经营的具体业务；第三阶段，开始担任该直营店的经理，在遵循门店经营的四个基本原则基础上进行门店管理，时间最短为半年，如果被认为是很有实力很出色的店经理，就可以进入下一阶段；第四阶段，这些有潜力成为督导的店经理会接受专门的培训（培训内容主要是组织听课、现场实习），最后在通过笔试、面试后，才初步具有门店督导的身份（笔试主要考察他们有关商品管理、检验的基础知识，面试主要由地区经理主持，测验他们的应变能力及分析能力）。初步具有督导身份的员工开始实习，时间为2～3个月，实习期通过后才真正开始督导工作。7-eleven每周都把全日本的1000多名督导召回总部开会，总裁首先会和所有督导沟通，传达他所发现的问题与他的指导思想，使得所有督导统一思想和认识，之后每个大区督导分别开会，落实经营计划并检讨问题。

从日本7-eleven的督导体系来看，督导应该是有着丰富的一线实践经验，脱胎于店长又有着与店长不同的视角和素养。那么，医药连锁企业的督导应该是怎样的呢？笔者认为，医药连锁企业的督导必须以三种视角来开展工作，即顾客的视角（从顾客角度审视门店）、店长的视角（站在店长的角度考虑）、警觉敏锐的视角（能敏感预见到门店可能会出现的问题）。同时督导还应该具有以下素质：热情，锲而不舍的精神，观察能力和分析能力，良好的沟通和表达能力。

由于中国社会还是一个讲究人情和关系的社会，因此督导也必须有高度的情商，深刻认识人性的特点，在坚持原则的基础上，懂得沟通和妥协，把连锁药店的经营诀窍真正掌握，以客观事实、数据和成功案例为切入点来与店长沟通，避免傲慢地说"以我的经验来看……"或者只会说一定要"清洁整齐"之类的话，才能有效引导和说服店长。

此外，督导的作用应该主要体现在以下三点：

首先是经营指导作用。由于督导具有非常丰富的实战经验并受过专业培训，更加上其具有的信息优势，因此能够给门店带去价值。这里笔者想谈谈督导对信息的利用，相对于一家门店而言，督导要能够掌握负责的几十家门店信息，要对大商圈的各种信息了解得更加充分，因此督导应当对周围环境和各种要素的变化保持敏感性，时刻收集和检测门店的各种相关信息，在此基础上从事门店经营指导活动。平时，督导应该多磨砺自己的敏锐感觉，对各种变化随时会有反应和联想，比如季节、时令、气温一有变化就会马上想到可能会有什么样的药品和保健品与之对应等。督导只有在全面掌握各方面信息，加深对消费者需求和竞争态势理解的基础上，才能提出具有创造性的经营建议。

其次是规范化管理的作用。督导每次巡查门店时会根据门店核查表的每项内容逐项进行检查，并与店长进行确认。督导巡视完门店后，还要将指导、检查的结果和问题做成书面报告（目前已采用掌上电脑制作电子书面报告）并提交给总部，而经验更加丰富的区域经理（相当于高级督导）通过书面报告就能判断督导的指导是否恰当，是否存在被忽视的问题；如有不妥之处，可以迅速加以纠正，确保给予店长及时准确的指导。

这里值得特别指出的是，督导的规范化管理前提是企业必须有规范的运营指导手册。如，7-eleven要求店员每天清扫次数、每次清扫哪些部位、如何进行清扫、每个部门的清扫店员应该用什么样的工具、用什么样的洗涤品、以什么方式清扫、清扫的顺序都必须按详细的规定操作；又如，店内地板的清扫，店员必须先用拖把、再用抹布和清洗上光机清扫，一般上午11时用拖把清扫，然后用湿抹布清扫；此后，店员下午2时30分、5时、

9时、11时、凌晨2时、早上6时，一昼夜共拖7次，其中用浸湿的抹布擦拭次数为4次，每天要用清洗上光机的次数为2次，分别是下午2时30分和凌晨2时30分，而且用机器清扫后，必须用拖把再拖一次；正常天气如此。若是雨雪天气，则要求次数更加频繁。

第三是示范作用，即督导除了要向门店提出各种好的建议外，还必须亲自动手，为门店示范。例如，7-eleven督导见到失去鲜度的商品时，会立即将商品丢弃，而不是指示店员去做；此外督导每次巡视门店时，会在腰间别着一把毛刷，当发现灰尘时，他必须向店长演示如何用毛刷轻轻地将灰尘抹去，而不是挥舞着打扫，以免将灰尘掸到其他商品上。

故事中的金牌店长辞去督导的遭遇实际上还因为企业管理机制的一些不配套问题，企业内部的流程没理顺，督导就很难有效解决门店的实际问题，经营指导无异于空谈。因此金牌店长当督导并不顺手，一直无法解决负责的几十家门店的实际问题，其挫折感越来越大而终于放弃督导工作。这实际上也提醒我们企业管理层，建立督导体系并不是建个部门招几个人就能一蹴而就，而是一个系统工程，相关问题都必须协调解决，比如理顺门店与总部之间的流程，确立任务派单制度、各部门的服务承诺和门店问题经营例会，为督导解决门店问题创造企业和谐环境，通过人力资源规划重新制定解决督导的人员的素质、待遇和培训内容（专题培训，轮岗实习等）问题等。

资料来源：http：//www.emkt.com.cn/article/380/38060.html.

案例思考：

1. 督导的主要作用是什么？好店长为什么不能做好督导？
2. 店长和督导的职能有哪些不同？从培训的角度看，店长和督导的侧重点有什么不同？
3. 如何才能从店长跨越为好的督导？

参考文献

[1] 马瑞光. 中国式连锁 [M]. 北京：经济科学出版社，2007.
[2] 刘星原. 连锁经营与管理 [M]. 北京：中国商务出版社，2005.
[3] 王明东. 连锁经营管理 [M]. 大连：东北财经大学出版社，2009.
[5] 肖怡. 零售学 [M]. 北京：高等教育出版社，2009.
[6] 缪兴锋，叶小明. 现代管理学原理与应用 [M]. 广州：华南理工大学出版社，2009.
[8] 赵涛. 连锁经营与管理 [M]. 北京：北京工业大学出版社，2006.
[9] 顾国建. 超级市场营销管理 [M]. 上海：立信会计出版社，2000.
[10] 顾国建. 零售业：发展热点思辨 [M]. 北京：中国商业出版社，2003.
[11] 杨谊青. 连锁经营管理原理与管理技术 [M]. 北京：高等教育出版社，2001.
[12] 中国加盟商网.
[13] 全球品牌网.
[14] 逸马顾问 http：//www. fh01. com/.
[15] 中国连锁经营协会 http：//www. ccfa. org. cn/index. jsp.
[16] 中国连锁经营实战网.